狙殺太陽旗

Killing the Rising Sun

美國如何擊潰大日本帝國

How America Vanquished World War II Japan

Bill O'Reilly　Martin Dugard

比爾・歐萊利、馬汀・杜格 ——— 著

莊逸抒、劉曉同、劉彥之 ——— 譯

謹以此書向所有二戰將士致敬，自由因你而鳴

「日本國者，倭國之別種也。以其國在日邊，故以日本為名。」

——《舊唐書》，卷一百九十九上 列傳第一百四十九上 東夷 倭國 日本國

目錄

地圖圖示

同盟國		日本
→	推進	←
←	退卻	→
	兵力	

軍事圖示

前線

交戰

交戰各國

美國

蘇聯

日本

地形圖示

主要公路

次要公路

鐵路

河流

地形

林地

城區

原爆點

寫給讀者的話

二〇〇一年九月十一日，蓋達組織的恐怖分子對美國發動了慘絕人寰的襲擊，五天後的九月十六日，長期擔任歐巴馬（Barack Obama）芝加哥教會牧師的傑瑞米亞・萊特（Jeremiah Wright Jr.）在教堂佈道時，發表了瞠目結舌的反美言論。他一一列舉美國過去的種種惡行，說那是九一一大規模恐怖攻擊發生的原因。萊特還譴責美國不該在一九四五年向日本投下兩顆原子彈。

「我們轟炸了廣島，我們轟炸了長崎，我們用原子彈炸死的日本人遠遠超過紐約和五角大廈的上千人……美國要自食惡果了。」

七年後，媒體披露了萊特的爆炸性言論。歐巴馬參議員其時正在競選美國總統，當即批判了萊特的言論，急忙與他劃清界線。而這位激進的牧師曾是歐巴馬夫婦的證婚人，與歐巴馬關係甚篤，有著約二十年的交情。

毫不誇張地說，世界上許多人對萊特的話知之甚少，甚至一無所知。當然，大部分人知道美國投下了原子彈，給日本帶來了毀滅性災難。但不得不說，投放原子彈事件才終結了第二次世界大戰這一點，卻不再是人人都知道的事情。因此，像萊特這種煽動性言論有時也並未受到公然的質疑。

全球每個人都面臨著一個共同的威脅：核子毀滅。今天核武器毀滅性的威力遠遠超過第一代原子彈。近期，伊朗核武談判增強了人們對於核彈威脅的意識，但核子武器的起源以及一九四〇年代那個殘酷的世界卻不再是眾所周知的事情了。

翻開此書，警鐘響起：書中包含了一些令人感到不舒服的內容。一九四五年世界所經歷的暴行是史無前例的，詳細內容將在本書中一一呈現。

馬汀·杜格和我將會告訴你們血淋淋的事實。理解美國打敗日本的方式非常重要，因為二戰存在的問題仍遍佈於當今世上。

《狙殺太陽旗》是我們歷史書系的第六本。相信你們讀完此書後會更加了解美國。我們也相信讀者有能力理性看待萊特牧師等人的言論。

我們生活的時代充斥著謊言，了解真相很重要。

而真相就在這裡。

比爾·歐萊利

長島，紐約

二〇一六年三月

引言

我們要有所行動

白宮，橢圓形辦公室
華府
一九三九年十月十二日
上午十時

毀滅性的時代，即將降臨。

「你有什麼好主意？」小羅斯福（Franklin Delano Roosevelt）向亞歷山大・薩赫斯（Alexander Sachs）問道。薩赫斯是華爾街的金融家，曾作為「新政」的重要顧問之一，協助美國走出大蕭條時期。這位四十六歲的經濟學家現正坐在總統厚實的木造書桌的對面。

羅斯福如往常熬到後半夜。由於平日事務繁忙、勞累過度，又少有外出，他眼袋厚重、皮膚蒼白，雖只有五十七歲，但看起來更顯蒼老。他手裡正拿著根駱駝牌香菸，這是他今天第二十根以上的菸了，但並沒有因此而更顯硬朗。

薩赫斯的回答十分謹慎。會議屬最高機密層級，是不會出現在總統每日行程的官方紀錄中。薩赫斯只希望今天和羅斯福一小時的會面能比昨天更順利。昨天的一小時中，他沒能用合適的言語來形容什麼才是人類面臨的最大威脅。

納粹德國入侵波蘭已有四週，以此為起點爆發了人人皆知的第二次世界大戰。一個月之前的八月二日，理論物理學家愛因斯坦給羅斯福總統寫了一封急件以示警告：「大量的鈾物質可能會產生核連鎖反應，一種新型炸彈將因此誕生，威力無窮。」

愛因斯坦是羅斯福的老朋友，但當時，他覺得讓薩赫斯親自送信能最有效地傳達他的想法。然而昨天上午薩赫斯終於有機會受到羅斯福接見時，這位自大的金融家卻無法清楚表達。

他來到總統辦公室後，沒有把愛因斯坦兩頁長的信大聲唸出來，而是拿了一疊具體到美國鈾產量的技術性論文，從他那八百多字的總結開始唸起。他隻字不提愛因斯坦和其他頂級科學家認為新型炸彈能摧毀整座城市，也沒說納粹德國現在正在加緊製造這種武器。薩赫斯流水帳似地唸著，羅斯福聽著聽著便失去耐心。由於案牘勞形，羅斯福便讓薩赫斯先行離開，第二天再來。

第二天便是現在。薩赫斯此時意識到他犯下大錯，想讓事情回到正軌。趁著羅斯福側耳傾聽，華爾街巨頭將愛因斯坦的信大聲唸出來。看起來總統昨天可能是左耳進右耳出，但實際上有一些問題他還是領會了。羅斯福問了薩赫斯一些有關鈾、納粹和新型炸彈的問題。愛因斯坦的信很清晰地說明德國已經控制了捷克斯洛伐克的主要鈾礦，位於柏林的德皇威廉協會（Kaiser Wilhelm Society）試圖用鈾來製造核連鎖反應，可能會形成史上最致命的爆炸。

最後，羅斯福聽得差不多了。「亞歷克斯，」他為金融家總結道，「你接下來要做的就是不要讓納粹轟炸我們。」

「當然。」薩赫斯鬆了口氣回答道。

羅斯福馬上召見貼身祕書[1]，已退休的陸軍少將愛德溫・「帕」・華生（Edwin "Pa" Watson）前來總統辦公室。

「帕，」羅斯福命令道，「我們要有所行動。」

1 編註：其角色相當於今天的白宮幕僚長。

第一章
他不會是最後一個犧牲者

貝里琉，加羅林群島
太平洋
一九四四年九月十五日
〇八三二時

帝國存亡，危在旦夕。

清晨，驕陽似火，令人難以忍受，美國海軍陸戰隊劉易斯・巴塞爾下士（Corporal Lewis K. Bausell）熱得呼吸困難。他和十幾個來自第一陸戰師的士兵擠在兩棲登陸車（LVT）裡，準備向日軍據守的橘一灘前進[1]。早在清晨時分，溫度就徘徊在攝氏三十八度上下了。隨著裝甲登陸車距離灘頭越來越近，美軍大汗淋漓，一方面是因為天氣炎熱，另一方面是緊張。陸戰隊員很清楚他們可能馬上就會犧牲，或者終

1 編註：貝里琉登陸作戰分成五個灘頭代號，左起白一、白二、橘一、橘二、橘三。橘一正好位於整個登陸灘頭的正中央。

生殘疾，但只有很少人知道將面對什麼狀況。

不同於歐洲戰場更為受到關注，恩尼派爾（Ernie Pyle）和愛德華·蒙洛（Edward R. Murrow）等記者以報導歐洲戰場而揚名四海。今天，並沒有記者或攝影師來到這偏遠的海灘。殘酷的對日戰役一觸即發，卻鮮為人知。

貝里琉（Peleliu）之所以重要是因為島上的機場，一處適合長程戰鬥－轟炸機起飛的機場。全島只有六英里長、兩英里寬，地面崎嶇不平，珊瑚礁和石灰岩上覆蓋著一層薄薄的灰土。海灘一千碼後是叢林密佈的烏穆爾布羅格爾山（Umurbrogo），綿延而嶙峋的山峰並不高聳，勾勒出島嶼的脊樑。貝里琉地處偏遠，日本覬覦已久，早在一九一四

登陸貝里琉島前的時刻。（Everett Collection）

貝里琉戰役
1944.09.15-10.15
134°13′ E
134°14′ E
134°15′ E
134°16′ E
134°17′ E
中國
日本
太平洋
菲律賓海
菲律賓
（美國）
貝里琉
荷屬東印度
孔高魯島
尼吉西布斯島
機場
阿卡拉克羅角
阿米安卡山
菲律賓海
陸軍321步兵團
09.23
陸軍323步兵團
10.15
珊瑚礁
戰線（9.20）
中川州男
第十四師團
魯伯特斯
第 1 陸戰師
納瑞克可
阿西亞斯
尼格爾多羅克
貝
里
琉
第 1 陸戰團
機場
第 5 陸戰團
戰線（9.15）
第 7 陸戰團
09.15 登陸
太平洋
珊瑚礁
7°04′ N
7°03′ N
7°02′ N
7°01′ N
7°N
6°59′ N
6°58′ N
英里
0
½
1
2
Map by Gene Thorp

年就佔領了這座杳無人煙的小島。二十多年來幾乎未經開發，但隨著戰爭來臨，日本再次意識到它重要的戰略地位。前一年夏天，日軍得知美國很快將襲擊貝里琉後，耗費人力將其改造成軍事堡壘。

大部分陸戰隊員對貝里琉的歷史並不關心。每個人都以各自的方式去面對作戰。有些人靠抽菸來壓抑恐懼，有些人嘔吐在甲板上，另一些人則擔心褲子濕掉。但每個人都有共同的信念：登陸灘頭的那一刻，無論發生了什麼，都絕不投降。

劉易斯·巴塞爾此前經歷過這一切。他年方二十，之前在華府當書本裝訂工學徒，他有著拳擊手那樣的塌鼻子，臉上掛著隨和的微笑，頭髮短得可以直接看到頭皮。當日軍在一九四一年十二月轟炸珍珠港時，巴塞爾還有一個學期就可以從麥金利技術高中（McKinley Technical High School）畢業。珍珠港事件後，他馬上輟學，申請入伍海軍卻被拒絕，不過獲准加入海軍陸戰隊。在為國效力的兩年多時間裡，巴塞爾贏得了同伴的尊敬。儘管還未正式頒佈，不過在一個月前，由於他在索羅門群島的杜拉吉島（Tulagi）、加布圖島（Gavutu）、瓜達康納爾（Guadalcanal）、格洛斯特角（Cape Gloucester）等戰役[2]中英勇奮戰、領導有方，選定要升上中士了。

此時，兩棲登陸車正穿過平靜的海面，駛向貝里琉，巴塞爾扣上了頭盔帶。登陸車立刻在離岸一百碼的珊瑚礁上停了下來，沒多久又繼續朝著登陸區翻滾前行。巴塞爾低下頭，冒險從登陸車邊窺探戰場。眾所周知，日本狙擊手喜歡瞄準好奇心重的人。

突然，登陸車周圍的水柱噴起。一五〇毫米迫擊砲射了過來。很多敵兵都找到了目標，子彈打中了其他登陸車上巴塞爾的戰友。爆炸聲與大砲的轟鳴聲震耳欲聾，以至於巴塞爾與戰友們只有大聲吶喊才能聽到彼此的聲音。頃刻間，硝煙四起，一片澄澈的藍天被黑煙籠罩。今天，這裡變成活生生的人間煉獄。

「衝向灘頭，」兩棲登陸車的跳板觸碰到海岸時，一名中士大聲喊道。巴塞爾縱身一跳，越過登陸車邊緣，穩穩地落在白色沙灘和珊瑚上。日軍機槍突突掃射，迫使巴塞爾不得不匍匐前行。他周圍，爆炸不斷，火光四濺，海灘邊一排排棕櫚樹熊熊燃燒，美軍的鮮血與砲彈的黃磷相互混在一起。

「所有人只能忍受，祈求活命，」一名陸戰隊員後來形容來到貝里琉上的第一印象。「在槍林彈雨中，恐怕只有自殺才能讓人解脫吧。」

巴塞爾之前被告知有關日軍據點的說法，顯然因為他在這裡的所見所聞而不攻自破了。為發動「和棋二號行動」（Operation Stalemate II），美國海軍用十天空襲，以及兩天砲轟了貝里琉。在如此頻繁的轟擊下，不可能還有人能夠存活下來。「能炸的地方我們都炸了，」海軍一名高階軍官抱怨道。美軍情報單位同意這個說法，認為敵人的反抗將會是最微弱的。登陸作戰由陸戰隊軍官負責指揮，魯伯特斯少將（William Rupertus）預言戰役可以速戰速決：「猛烈的話四天就搞定，頂多五天。」

但巴塞爾下士和他的戰友們現在可以斷言，貝里琉之戰會無比艱辛。敵人精心準備了好幾個月，日軍為了精準地攻擊美軍現在上岸的地方，將迫擊砲和火砲隱藏在兩千兩百碼外的岸上。另外，日軍還建立了反戰車壕，在加羅林群島（Caroline Islands）埋了數百個地雷，並在海灘沿岸佈下了一圈有刺鐵線網。

2 原註：美國在太平洋的軍事行動是採取「跳島戰術」。美國海軍、陸軍、以及海軍陸戰隊攻佔了日本在太平洋的島嶼據點，逐漸北上攻進日本，那些不重要的島嶼就忽略。

「蜘蛛陷阱」——由椰子樹做成的機槍陣地群——偽裝得如此之好，以至於美軍在叢林與沙灘交界的沼澤幾乎發現不了它們。

然而日軍指揮官中川州男大佐是一位務實主義者，他知道美軍最終會有辦法上岸，美軍的戰力是如此的龐大。聰明的大佐採取了一個在戰爭中只試用過一次的策略[3]。儘管美軍正受到可怖的迎擊，但他的目標並不是要在海灘上贏得此戰。海灘上只有一小部分日軍與美軍交戰，但其他上千日軍精英部隊還在內陸等候，躲藏在附近烏穆爾布羅格爾高地中五百個隱秘的坑道網中。

複郭陣地[4]將使得中川和他的士兵可以與美軍交戰，他們在美軍最始料不及之時，從掩身之處殺出突襲敵方。

日本神出鬼沒的攻擊方式讓英國高級將領威廉・仕林（William Slim）認為這是「史上最嚴峻的戰鬥」，中川州男的第十四師團官兵印證了這種說法。大部分日本兵都是經歷了多年戰鬥的老兵，他們住在地下五層，每天只吃魚和米飯，忍受上級的打罵，遵守嚴酷的紀律，都是日本軍隊的典型特色。「你可能會因為任何事情挨揍。」一位日本士兵之後回憶道，「太矮或太高，甚至有人不喜歡你喝咖啡的樣子。這些都是為了讓士兵絕對服從命令，迅速出擊，取得成效。若想讓士兵驍勇善戰，就必須嚴格訓練他們。」

士兵還被灌輸另一個重要觀念：日本人生來優越，毋庸置疑能戰勝低等的美軍。

這是個謊言。

但對於大日本帝國陸軍的士兵而言，這無關緊要。他們強大的信念就是武士道精神，強調投降是不忠的表現之一。「一個人不想被人瞧不起就必須變得強大。」日軍的《戰陣訓》是一本行為準則的小手冊，每個士兵人手一本，其中有這樣一句話，「作為軍人活著就不能接受被俘虜囚禁的侮辱，理當以忠孝赤誠之心勇往直前，雖死猶生」。

這就是中川大佐成功佈局的基礎。

日軍沒有退路，也沒有逃生的計畫。中川大佐已經四十六歲，在中日戰爭早期因功九次受到表彰，這次他已經告訴妻子，將與她永別。

很快，不多久之後，他將把毫無戒備的美軍引誘到烏穆爾布羅格爾高地，再將他們一網打盡。

但與此同時，日軍也會慘遭屠殺。

投降不是個選項。

劉易斯・巴塞爾下士從沙灘爬起，縱身一躍，呈蹲伏姿勢，他想借助內陸一百碼寬的小珊瑚群的掩護，他奔跑的時候，周圍傳來聲聲吶喊：「快離開這該死的海灘！」同時還夾雜著求助「醫務兵」的絕

---

3 原註：持久戰，與速決戰相對，指打一場曠日持久的保衛戰來消磨美軍的鬥志。最先用在新幾內亞西北海岸的小島比亞克（Biak），但失敗了，日軍被殲滅，六千一百名戰士犧牲。美軍第四十一師士兵大多數來自俄勒岡州和蒙大拿州，他們在茂密的熱帶雨林中大獲全勝，因而獲得了「叢林戰士」的美稱。美軍犧牲的人數不到五百人。

4 編註：為持續作最後抵抗而在要塞內部的適當地方所構築的堡壘。複郭陣地亦有最後據點之意。

望呼聲。巴塞爾從未見過此番慘象，今天將有兩百名陸戰隊員犧牲，還有幾百人受傷。隨著日軍重砲襲來、火力相交，所有的下士和列兵眼睜睜看著同胞的身體被炸得四分五裂，感到驚恐不已。

「一名戰友的身體在空中被炸分離了，」一位陸戰隊員如此回憶極其悲慘的死亡場面，「我非常清楚地看見他的腦袋和一條腿被炸飛了，太恐怖了。」

「我看到，一名受傷的陸戰隊員在我旁邊搖晃欲倒，」另一人回憶道，「他的臉有一半血肉模糊，手臂上只餘支離破碎的血肉，木然低垂……他在我身後倒下，倒在白色沙灘被染紅的泥濘裡。」

每個人都知道日軍對待處理戰俘。日軍不會囚禁，反倒會用最殘忍的方式殺死他們。此前與日軍交戰的老兵曾目睹日軍將活人折磨死，有些人被捆在樹上當活人靶，有些人的頭顱、手臂和大腿被割下來，許多陸戰隊員雖然已經死了，但日軍還是用刺刀將他們閹割。

「要麼殺敵，要麼被殺，」陸戰隊列兵丹·羅拉（Dan Lawler）回憶道，「日軍不抓俘虜，所以我們也不抓。」

或許這樣，陸戰隊上校劉易斯·「挺胸王」·普勒（Lewis "Chesty" Puller）在貝里琉戰役前命令他的士兵：「你們不用抓俘虜！把那些黃皮王八蛋統統殺光，這就夠了！」

時間似乎長久得無窮無盡，但巴塞爾下士和幾個戰友離開海灘才過了一個小時。原本滿臉笑容的巴塞爾，現在卻雙唇緊抿、神情緊張。有了之前的登陸經驗，他的直覺變得更加靈敏，巴塞爾目光掃過林線，尋找敵軍瞄準來襲者的機槍掩體。突然一道火光引起巴塞爾的注意。日軍機關槍射擊的曳光彈雖然可以協助修正目標，但同時也會暴露位置。巴塞爾看到一縷煙從一個小山洞中升起，山洞對灘頭有著絕佳的視野。在灌木叢和雜草的掩護下，巴塞爾一行人繼續前行。

帶領著班兵，示意戰友們跟隨他朝著山洞的位置走去。他率先到達山洞口，然後朝一個小洞口開槍。來自密西西比州格林維爾（Greenville）的陸戰隊少尉傑克．金伯（Jack Kimble）帶領噴火器兩人小組隨後到達，向洞中噴射火焰，迫使日軍出洞。巴塞爾下士同時準備著等敵軍一出現就馬上射擊。

第一個從洞中逃出的日本兵邊跑邊喊，手裡拿著手榴彈，他在巴塞爾發射M1卡賓槍前就把手榴彈的安全栓拔除了。爆炸不僅讓這名日本兵喪生，手榴彈碎片也傷到了旁邊的幾名陸戰隊員。

更多的火焰噴進洞裡，第二個日本兵出來了。

這次，巴塞爾將他一槍擊斃。

然而，第三個日本兵從洞裡跑出來，在步槍火力中選擇了一條死路。他也拿著一個手榴彈，巴塞爾舉起武器時，他將手榴彈朝美軍扔了過來。

手榴彈在巴塞爾射擊之前丟了出來，落在他和其他幾個弟兄身旁，這次爆炸可能會讓他們全軍覆沒。巴塞爾毫不遲疑，迅速撲向手榴彈，他的身軀隨著手榴彈的爆炸從地面飛起，壓制爆炸範圍，他的弟兄都安然無事。

「抓住那個小日本！」巴塞爾喊道。何其幸運，他還活著。

噴火器小組噴出一團火焰，立即將日本兵變成一個火把人。

登陸貝里琉不到兩小時，劉易斯・巴塞爾下士就被抬上擔架，扛回灘頭去。他被放上兩棲登陸車，後送到寬宏號醫院船（USS Bountiful, AH-9），馬上進行搶救。

但巴塞爾血流不止，醫生無能為力。日軍的手榴彈爆炸後，致命的破片已經深深插入巴塞爾的內臟。一九四四年九月十八日，登陸貝里琉第三天，劉易斯・巴塞爾下士英勇捐軀。

不同於二戰時在歐洲前線奮戰的士兵，他的遺體不會埋進土裡，也不會給他立一塊紀念碑，讓他的家人也許有一天來緬懷。相反，他的遺體裹上帆布，捆綁一顆砲彈，送入海裡下葬。

劉易斯・巴塞爾下士是第一位在貝里琉戰役壯烈犧牲的美國海軍陸戰隊士兵，他的行為超越了他的義務，他因此獲頒美國表揚英勇最高等級的獎章——榮譽勳章。

但他不會是最後一個犧牲者。

第二章
麥克亞瑟：我回來了

雷伊泰，維薩亞斯（Visayas Islands）
菲律賓
一九四四年十月二十日
一三〇〇時

麥克亞瑟將軍開懷大笑。「正如雷普利（Ripley）所說，不管你信不信，反正我們回來了。」他向參謀長自豪地說道。

往西七百英里，陸戰隊士兵正深陷於貝里琉戰場第五週的膠著血戰之中。六十四歲的美軍西南太平洋司令倚靠在「納什維爾」號巡洋艦（USS Nashville, CL-43）的圍欄[1]。他深情眺望著遠方的菲律賓，

1 原註：麥克亞瑟登陸兩個月後，日本神風特攻隊戰機飛進納什維爾號，該艦之後仍在海上漂浮，但劇烈的爆炸卻造成一三三名官兵死亡，一一九〇人受傷。

在他的指揮下，在四小時之前，十幾萬美軍登陸菲律賓。歐洲的同行艾森豪將軍，因前一年六月成功攻下法國的諾曼第登陸而聞名遐邇。因此自尊心極強的麥克亞瑟把行動日稱為「A-Day」，意為「攻擊日」[2]。

如同對貝里琉的判斷，有關敵軍抵抗程度將會是薄弱的情報是還錯誤的。日軍正在菲律賓進行激烈的抵抗。即使在離海岸周邊幾英里的地方，麥克亞瑟也能聽到椰林中傳來連續不斷的機槍聲，看到叢林中升起洶湧翻滾的黑煙。美軍戰鬥機從頭頂上轟隆隆地朝著敵方目標位置前進，並密切留意著日本零式戰鬥機的動向。

兩年前，菲律賓落入日本之手，這是麥克亞瑟職業生涯中最羞恥的失敗經歷。麥帥曾經許下承諾，終有一天會奪回菲律賓，凱旋歸來。現在，他準備兌現承諾。

麥克亞瑟喜歡用第三人稱方式自稱，他身高六英尺，父親是一名獲得了榮譽勳章的將軍，因為父親的緣故，麥克亞瑟對菲律賓有著一生的眷戀。父親小亞瑟．麥克亞瑟年輕時參與了南北戰爭，在美西戰爭之後，當上了菲律賓軍事總督[3]。而麥克亞瑟以名列前茅的成績從西點軍校畢業，至今仍和一九〇三年任官當天一樣體格精壯、身體健康。

納什維爾號舷側放下了網梯，麥克亞瑟從上面爬下來登上停靠的登陸艇。如平常一樣，將軍身穿剛剛燙平的卡其軍服，沒有佩掛任何臂章或勳標。他通過頻繁的更衣，過份講究要保持襯衫袖口和褲子的完美摺痕，並為上岸登陸剛剛換上了一套新衣。萬一登陸失敗，麥克亞瑟可能會淪為階下囚，他在褲子後口袋放了一把裝滿子彈的掌心雷手槍——父親留給他的遺物。

麥克亞瑟的元帥帽已經破舊，帽子邊緣的金色穗帶早已汗跡斑斑；他戴著金屬邊框的雷朋太陽眼鏡遮擋海洋的反射強光，保護他深棕色的雙眸；再加上牙齒緊咬著未點燃的玉米芯菸斗[4]，將軍出場時的既定行頭都備齊了，這些都是使麥克亞瑟成為全球矚目標誌性人物的配件。

參謀長理查・薩瑟蘭（Richard Sutherland）中將，在麥克亞瑟之後爬下網梯。待麥克亞瑟「巴丹幫」成員下來登上登陸艇後，一組挑選過的戰地記者也加入了他們。麥克亞瑟非常清楚良好公關形象的價值，因此精心設計了他的登陸，如此偉大時刻的畫面就可以很快地登上世界各地的頭版。他計畫在碼頭而非灘頭上登陸，攝影師會率先從登陸艇中走出，然後回頭拍下將軍再次踏上菲律賓土地的畫面，堪稱完美。

不過和許多預設劇本中的場景一樣，總會發生出人意料的事。

麥克亞瑟將軍逃離菲律賓將近一千天了，今天他在這發號施令，指揮登陸艇靠岸前進。

他已經回來了。

2 原註：雷伊泰是二戰規模第二大的兩棲登陸行動，僅次於諾曼第。不同的是，美軍必須要航行四千英里——這距離比美國本土還要寬廣——才能開始登陸。而從英國到諾曼第的距離大概是二十英里。

3 原註：一八三六年十一月二十五日，查塔努加附近關鍵的宣教嶺戰役，當時十八歲的小亞瑟・麥克亞瑟集結起聯邦軍隊。作為前威斯康辛州長的兒子，麥克亞瑟在戰爭最激烈的時候衝到山頂，插上了第二十四威斯康辛州志願步兵團的軍旗，並大喊：「在威斯康辛州周圍集合！」

4 原註：麥克亞瑟的菸斗是由密蘇里海泡石公司根據他的精準規格訂做的，該公司繼續出售他的深斗、長柄菸斗的複製品。同樣，雷朋在一九八七年為紀念麥克亞瑟而推出了「將軍」系列墨鏡。

麥克亞瑟很清楚登陸菲律賓對於最終攻打日本的計畫非常關鍵。儘管計畫還在構思階段，但行動至少還需要一年時間才能實施，人們認為這將會是史上最重大的兩棲登陸行動。預計成千上萬的美國陸軍、海軍陸戰隊員、飛行員以及水兵會參與其中，其規模會讓諾曼第登陸相形見絀。當然代價是慘重的，估計雙方都會有百萬人犧牲。麥克亞瑟作為太平洋最受崇敬的將軍，當然會成為領導這場災難性行動的不二人選。

然而，若不是四年前羅斯福總統——一個麥克亞瑟能夠容忍但並不敬佩的人物——直接下達命令，麥帥是不會被考慮授予如此榮耀的指揮任務的[5]。事實上他最有可能在一座戰俘營裡餓死。

當時是一九四一年十二月七日，日本對夏威夷珍珠港的美國軍艦發動了突襲。在這個「恥辱的日子」，日本殺美國個措手不及，隨後，美國對日本及其盟友德國宣戰。

一天過後，日軍再次發動攻擊，目標是開闊的太平洋西部相距珍珠港五千多英里的地方。剛過中午，日本第十一航空艦隊[6]派出戰鬥機及轟炸機，摧毀了菲律賓的克拉克機場。兩天後，又有兩架日本飛機大搖大擺飛過甲米地海軍基地（Cavite Navy Yard），摧毀了碼頭，美國皮斯伯里號（USS Pillsbury, DD-227）和皮爾號（USS Peary, DD-226）驅逐艦勉強脫逃，海獅號（USS Sealion, SS-195）潛艇在泊位被炸。正如攻擊克拉克機場一樣，日軍選擇中午之後在甲米地投下炸彈。難以置信的是，駭人聽聞的珍珠港事件過去兩天後，美國許多部隊仍未全面警戒，反而掉以輕心，攻擊開始時他們還在吃午飯。

但菲律賓群島不同於珍珠港，地理位置更接近日本。因此從戰術上講，佔領菲律賓群島變得迫在眉睫。如果日本佔領了菲律賓，很快就能控制西太平洋。大日本[7]軍隊意圖控制整個菲律賓，而不是進行野蠻的空襲。攻擊行動計畫了將近十年，一開始是日本軍人喬裝成移民湧入菲律賓，對菲律賓七千多個島嶼做有系統的地圖繪製，對菲律賓海岸防禦進行情蒐。「直至後來，」菲律賓奎松總統（Manuel Quezon）回憶道，「我才發現我的園丁是日本少佐，我的按摩師是日本大佐。」

當時美國在菲律賓最高階官員是麥克亞瑟。他和他的妻子珍以及三歲兒子亞瑟一起住在馬尼拉飯店頂層的豪華套房。麥克亞瑟在輝煌的軍旅生涯後，於一九三七年離開美國陸軍，然後接受了一個高薪職務，擔任菲律賓陸軍元帥。但是在一九四一年七月，因為戰爭一觸即發，他被召回並委以美國遠東軍司令。顯而易見，他能勝任這個職位，不僅因為他在一九二〇年代和三〇年代生活在具有關鍵戰略地位的菲律賓，還因為他親手建立了菲律賓軍隊[8]。

很快，日軍的炸彈摧毀了麥克亞瑟陸地上的空軍力量，麥克亞瑟的軍隊無力反抗。麥帥逃離馬尼拉，

---

5 原註：麥克亞瑟是一個右翼共和黨人，他的政治理念和羅斯福的自由主義並不一致。

6 編註：由兩隊以上海軍航空戰隊編成，航空戰隊是由兩艘以上航空母艦或兩隊以上的地面基地航空隊編成。航空艦隊有由航空母艦的戰隊所編成的海上航空部隊與陸上基地航空隊所編成的陸上基地航空部隊兩種。當時第十一航空艦隊其中包括有以東港、高雄、台南為根據地的海軍航空隊所組成。

7 原註：「大日本」是指在二戰開始後，受日本控制的島嶼和殖民地的統稱。這個用法類似於「大不列顛」一詞，是另一個島國的名稱，它依賴殖民地和掠奪方式為帝國提供資源。

8 原註：此外，在麥克亞瑟漫長的軍旅生涯中，他獲得的功勳卓著，指揮作戰經驗頗豐，因此任何有自知之明的將軍都不會越過他接受這個職務。麥克亞瑟對太平洋生活方式的熱愛甚至拓展到東方——在放鬆的時候，他經常穿著日本和服。

撤退到巴丹半島的安全地帶，他承諾部下馬上就會有援兵。

但情況並非如此。美國和英國的戰略是，先集中兵力打敗德國，之後再對付日本[9]。即使沒有這樣的戰略佈局，由於菲律賓地處偏遠，以及日本海軍對太平洋的優勢制海，援軍無法在還來得及之前抵達。羅斯福總統聽到麥克亞瑟對部下的承諾後，稱他這樣說是種「犯罪」。

接下來的兩個月，日本繼續推進。在麥克亞瑟指揮下美國和菲律賓一小部隊被逼退到巴丹半島一隅，許多人在科雷希多島（Corregidor）的堡壘避難。即使顯而易見，美軍馬上就會失掉巴丹半島和科雷希多島，但麥克亞瑟依然在馬林塔隧道（Malinta Tunnel）安全的地下掩體指揮官兵抵抗。他的背水一戰成為在太平洋地區抵抗日本的標竿，媒體將麥克亞瑟刻畫成英雄人物，使他揚名四海。

羅斯福總統很快就看清形勢，不得不拯救麥克亞瑟。他別無選擇：美國突然陷入戰爭，舉國上下惶恐不安。日軍似乎所向披靡。若麥克亞瑟淪為戰俘，全國上下士氣必將大大受挫。

二月二十二日，羅斯福命麥克亞瑟突圍。海軍悄悄帶走他的家人以及二十個參謀人員，連同他兒子的華人保母阿招（Ah Cheu）[10]，乘坐魚雷艇離開菲律賓。有些人認為應該由一個陸軍的護士而不是保母同行，但麥克亞瑟堅持要她一起。隨行的所有人都被告知，每個人可以帶一個手提行李，將乘坐四艘魚雷艇穿過寬闊的海洋，航行六百英里，希望能到達民答那峨（Mindanao）。

在巴丹和科雷希多留下的美國和菲律賓士兵原屬麥克亞瑟的官兵，現在由「瘦皮猴」喬納森·溫萊特中將（Jonathan "Skinny" Wainwright）[11]指揮。

至此，兩段艱苦旅程分別並行開始。巴丹和科雷希多守軍陷入地獄之中，巴丹半島於一九四二年四月失守，後來廣為人知的「巴丹死亡行軍」，七萬六千名被俘美國和菲律賓士兵的隨身財物被日軍掠奪一空，並強迫步行六十五英里去戰俘營。過程中，他們的雙手都被捆綁著，在酷熱的天氣下無法跟上隊伍的人會被衛兵射殺、刺刀刺死或斬首。倒下的人被日軍卡車碾斃。總共有七千多人死亡。

一個月後科雷希多失守，溫萊特將軍和其餘人被關進戰俘營，日軍在之後三年半繼續對美國人進行精神摧殘和屠殺。戰爭期間，日本帝國軍隊把美國囚犯變成奴隸，集中營的生活條件極其惡劣，戰俘死於痢疾、腳氣病或飢餓。溫萊特將軍在戰爭開始時就已經很瘦了，被囚禁期間更是變得瘦骨嶙峋。羈押期間時，他曾被提名授予榮譽勳章，但麥克亞瑟反對，並指出溫萊特永遠都不應該投降[12]。

與此同時，麥克亞瑟最終抵達澳洲，擔任西南太平洋戰區盟軍司令。許多美國人認為他從科雷希多

---

9 原註：阿卡迪亞會議（Arcadia Conference）是一九四一年十二月和一九四二年一月在華府舉行的美英首腦會議，會上達成了「歐洲優先」的共識。當兩國為打敗德國緊密合作時，英國在太平洋戰區所扮演的角色反映在仕林將軍於緬甸戰場獲得的勝利上。二戰的最後一年，主要還是美軍與日本的對戰。

10 編註：廣東籍人士，原名羅招（音譯 Loh Chiu），三〇年代後期開始到麥帥府上工作。

11 編註：溫萊特於一九四二年五月五日給羅斯福發出最後一封電報後向日軍投降，之後先後被關押在花蓮、屏東及滿洲國西安縣等地的日軍戰俘營直至二戰結束為止。

12 原註：一九四二年七月三十日，馬歇爾將軍建議授予溫萊特榮譽勳章。麥克亞瑟依然抨擊溫萊特不該在科雷希多島投降，公然反對此項建議，這是榮譽勳章歷史上前所未聞的情況。麥克亞瑟在給馬歇爾的一封信中寫道：「相對來說，授予溫萊特將軍榮譽勳章將對許多將軍非常不公平，他們事實上也承擔了一樣責任重大的職務，他們不僅表現優異，以非凡的個人勇氣獲得了優異服務十字勳章（Distinguished Service Cross），而且展現了出色的領導力和對士氣的鼓舞，這樣的能力遠勝過溫萊特將軍，因此也為穩定的指揮和成功的戰役做出了更大的貢獻。提名溫萊特將軍將是一個嚴重的錯誤，如果他得了這個勳章，未來很可能會導致令人尷尬的抨擊。」馬歇爾取消了提名。溫萊特從未對麥克亞瑟耿耿於懷，他認為麥克亞瑟是一個親近的朋友和偉大的將軍。戰爭結束後，溫萊特離開戰俘營，並待以國家英雄的地位，於紐約遊行受到民眾的盛大歡迎。一九四五年九月十日，他最終獲得了榮譽勳章。

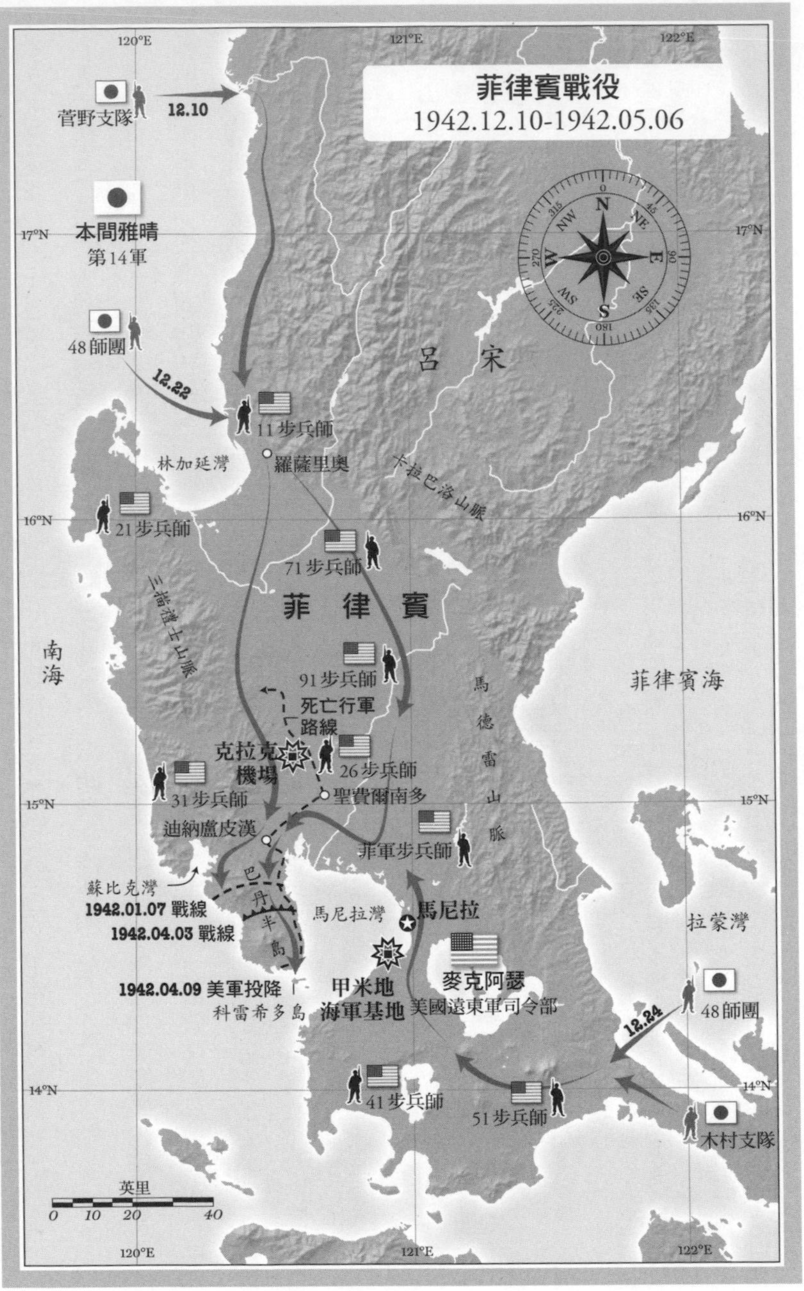

菲律賓戰役
1942.12.10-1942.05.06
120°E
121°E
122°E
17°N
16°N
15°N
14°N
菅野支隊
12.10
本間雅晴
第14軍
48師團
12.22
11步兵師
羅薩里奧
林加延灣
卡拉巴洛山脈
呂宋
21步兵師
71步兵師
三描禮士山脈
菲律賓
南海
91步兵師
死亡行軍
路線
馬德雷山脈
菲律賓海
克拉克
機場
26步兵師
31步兵師
聖費爾南多
迪納盧皮漢
菲軍步兵師
巴丹半島
蘇比克灣
1942.01.07 戰線
1942.04.03 戰線
馬尼拉灣
馬尼拉
拉蒙灣
1942.04.09 美軍投降
科雷希多島
甲米地
海軍基地
麥克阿瑟
美國遠東軍司令部
48師團
12.24
41步兵師
51步兵師
木村支隊
英里
0 10 20 40

島逃脫是智勇雙全的行動，但有些人認為他臨陣逃脫是貪生怕死的表現。麥克亞瑟在澳洲向記者解釋他的行為：「美國總統命令我突破日軍防線，從科雷希多島前往澳洲，我認為，如此做的目的是組織美軍向日本反攻，主要目標是解放菲律賓。如今我突圍成功了，將來我一定會回去的。」

一九四二年四月一日，麥克亞瑟因英勇保衛菲律賓時表現出「卓越的領導能力」而獲得榮譽勳章，使得他與父親成為美國史上第一對榮獲榮譽勳章的父子[13]。

在重返菲律賓的過程中，麥帥指揮部下奪回了一座座被日軍佔領的島嶼，重新控制了太平洋。他渴望彌補自己的過錯，這種欲望勝過其他一切動機，但也招來海軍指揮官的批評[14]。貝里琉的毀滅性戰鬥導致了四千名美國人傷亡，它之所以會發生是因為麥克亞瑟擔心日本戰機將從機場跑道起飛，並對登陸菲律賓的部隊造成干擾。事實上，美國海軍在這個時間點掌控了海權和空權，要阻止空中攻擊並不困難。

13 原註：老羅斯福（Teddy Roosevelt，去世之後於二〇〇一年獲得榮譽勳章）和他的兒子狄奧多．羅斯福三世（Theodore III）是第二對獲得榮譽勳章的父子。

14 原註：金恩和尼米茲海軍上將認為，重新奪回菲律賓並非優先任務，完全可以繞過這個群島。他們覺得麥克亞瑟對菲律賓有太深的情感，以至於他覺得菲律賓具有關鍵的戰略地位。即使麥克亞瑟在華府的上級馬歇爾將軍告誡他：「我們必須小心翼翼，切不可感情用事……不顧我們的大目標，即盡早結束對日戰爭……『繞過』與『放棄』不是同義詞。」麥克亞瑟拒絕改變自己主張攻打菲律賓的立場，最終在一九四四年夏天贏得了這場爭論。

麥克亞瑟花了將近三年的時間才終於讓登陸艇到達雷伊泰（Leyte）的紅灘[15]。當他從登陸艇上走出，踏入及膝的海水時，將軍神情嚴肅，他褲子上明顯的摺痕瞬間消失了。

「叫他們用走的。」一名海軍軍官負責指揮在紅灘上登陸駁船的運輸，當他聽說麥克亞瑟想要一個特別的碼頭登陸時，他大聲地呼喊道。這位海軍軍官是灘勤隊長（beachmaster），是登陸灘頭的最高指揮官，就連偉大的麥克亞瑟也沒有特殊待遇。

從登陸艇到岸上要走四十步。麥克亞瑟涉過平靜的海面時，怒視無禮的年輕海軍軍官。他的個人攝影師法雷斯上尉（Gaetano Faillace）為後人捕抓到這一畫面，而當時藏在周圍椰子樹高處的日本狙擊手，很可能輕易瞄準站在白色沙灘上的六十四歲將軍。

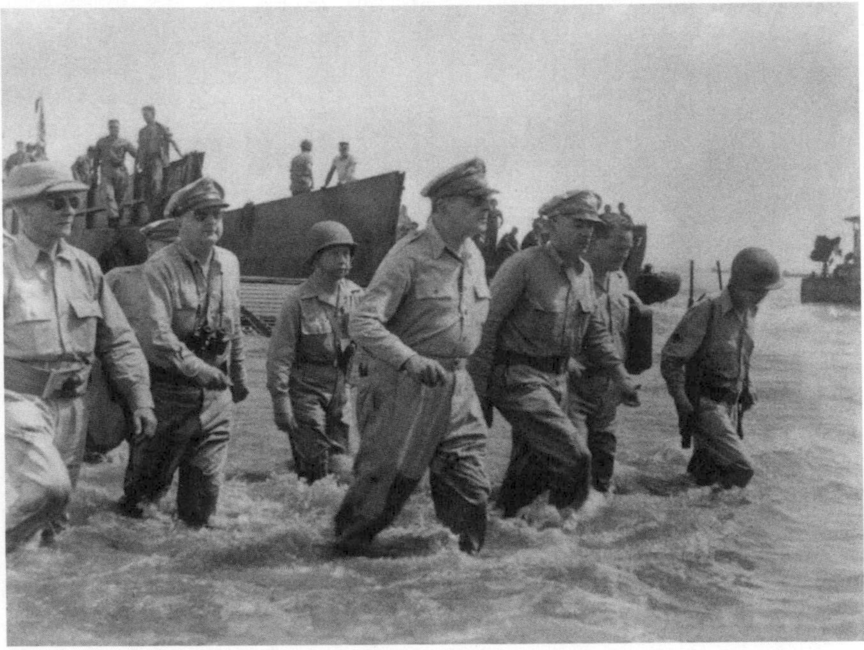

麥克亞瑟將軍涉水走上雷伊泰島海岸，完成了他重返菲律賓的諾言。（Everett Collection）

剛上岸，麥克亞瑟就接過麥克風，「菲律賓人民，」他大聲宣告，「我回來了！」平日沉著冷靜的麥克亞瑟，今天激動得雙手發抖。

之後，麥克亞瑟上將很快轉身涉水回到登陸艇，馬上將他帶回安全的「納什維爾」號上。

15 編註：登陸灘頭的代號。

第三章
「誰是杜魯門？」

坎薩斯城，密蘇里州
一九四四年十一月三日
晚上九時

「我早就不在乎被人惡意抹黑了，而且我發現最好的方法就是視而不見。」杜魯門在寫給朋友內勒（J.L.Naylor）的一封信中提到，那時他正坐火車去坎薩斯城跑競選行程。六十歲的杜魯門乾了一杯「老祖父」（Old Grand-Dad）波旁威士忌，然後把杯子放在寫字檯上。這一列帶著他跑遍美國的火車很快到達坎薩斯城的聯合車站，在這裡，民主黨副總統候選人長達一個月的競選活動也將告一段落。

儘管杜魯門非常勤勞，但與他的演講和集會相比，戰爭受到媒體的關注是更為顯著的——合情合理。遠在八千英里外太平洋上的貝里琉的情況壞透了，數千名陸戰隊員或是身受重傷，或是戰死沙場。麥克亞瑟本想在菲律賓輕鬆獲勝，但希望落空了，因為敵軍的頑強抵抗，我方差勁的戰略規劃，以及一件出人意料的因素：神風特攻隊——突然冒出來的日本自殺式飛行員開飛機故意撞沉美國軍艦，與其同歸於盡。

今晚，杜魯門將睡在一家豪華飯店，而不是火車上狹窄的床鋪，他知道已竭盡所能幫助羅斯福總統以達成第四次的連任。在清晨早餐時間，杜魯門也許會像他有時喜歡的那樣，用少量老祖父波旁威士忌來慶祝旅程的結束。

夜晚凍得令人瑟瑟發抖，空氣中夾雜著雨水的味道。杜魯門和妻子貝絲（Bess）以及女兒瑪格麗特（Margaret）走下月台。副總統候選人深愛著貝絲，當他離開時，給她寫了一封長長的情書，以證明他的愛意。六月二十八日，他們才慶祝了結婚二十五週年。

瑪格麗特・杜魯門是喬治・華盛頓大學的學生。她夢想著成為一名歌手。她是杜魯門夫婦的獨生女。瑪格麗特長相平平，但天生就真實坦誠、聰明伶俐。在這些方面，她像極了父親。

一輛汽車等候著杜魯門一家人。司機眼看著行李裝上車。副總統候選人很高興終於回到了坎薩斯城；自一九三四年杜魯門首次選上參議院以來，他的家人便在華府和家鄉密蘇里州之間來回奔波。二十多年前，他的政治生涯起點就在這裡，因此他的競選活動應該在這裡結束。明晚，杜魯門將在這座城市發表最後一場演講，然後只要靜悄悄地等待選舉日的到來，他就可能取代亨利・華萊士（Henry Wallace）成為美國副總統[1]。

杜魯門有自信可以選勝——羅斯福在二戰期間人氣急升，強硬的領導作風，已經讓他順利第三次當選總統，這是史無前例的。現在，隨著歐洲戰場勝利在望，太平洋戰場峰迴路轉，大眾對貴族似的民主黨表示繼續支持。一九四四年的美國總統選舉，羅斯福的對手是當時的紐約州州長共和黨人湯瑪斯・杜威（Thomas Dewey），身材短小，留著一撮濃密的鬍鬚。杜威喜歡攻擊羅斯福是個共產主義者，認為他的國內政策不健全。即使內容空洞，但無論杜威到哪裡演講，他的主張總能引發熱烈的歡呼。

事實上，美國人喜愛羅斯福，把他看成是一個值得信賴的父執輩人物。杜威和他的競選搭檔，俄亥俄州州長約翰・普里克（John W. Bricker），儘管激情澎湃，但始終處於劣勢，沒有勝選的機會[2]——羅斯福的支持度實在太強了。

但杜魯門可不一樣。美國人對他一無所知，共和黨人利用他的低知名度製造話題，警告說如果羅斯福去世，那麼名不見經傳的杜魯門將領導美國，就連媒體也持有相同觀點。「選票的另一半就像是個暴風眼，他所引起的爭論和領銜人幾乎是一樣的，」《紐約時報》在十月初如此寫道，「羅斯福先生目前的競選搭檔究竟有什麼能力，是美國近來最熱門的話題。」

《芝加哥論壇報》也簡潔明瞭地指出：「參議員杜魯門……初來乍到。我們應該對他了解更多，最好的方式就是看他說了什麼。」但是如果不小心謹慎，杜魯門就什麼都不是[3]。杜魯門性格堅忍克己，如

---

1 原註：華萊士深受極左派歡迎，他對共產黨的同情是眾所周知的。羅斯福在一九四四年民主黨代表大會之前就公開支持他競選副總統，但由於黨內大老擔心華萊士可能在任期內逝世，所以羅斯福不得不再考慮其他人選。杜魯門因其直言不諱的性格，成為羅斯福的黑馬人選，他被視為更合適引領美國迎向戰後世界的繼任者。最後，羅斯福同意了一些民主黨權力掮客的要求，將華萊士從副總統搭檔名單中移除。

2 原註：羅斯福—杜魯門大獲全勝，橫掃共和黨的杜威和普里克的得票。最終選舉人團的得票是四三二票比九九票。

3 原註：杜魯門的中間名只是一個S。杜魯門的父母為中間名要用所羅門（Solomon）還是西普（Shipp）而爭論不休。結果，他們做不了決定，便簡單地用羅馬時期常見的S作為中間名，而中間名不被重視已達一千多年了。在美國，中間名在南北戰爭後又掀起熱潮，但在一戰之後才成為習慣。美國的許多開國元老，例如喬治・華盛頓、約翰・亞當斯、湯瑪士・傑佛遜和本傑明・富蘭克林，都沒有

今面對爭議，他需要拿出同樣的樂觀積極態度，正如一戰期間在法國擔任砲兵軍官的他用樂觀戰勝困難，後來在政界也靠積極步步高升。至於總統，他身患小兒麻痺症坐在輪椅上，又極愛琴酒和香菸，因此動脈不斷硬化，腦袋也日漸遲鈍。但杜魯門不是非常了解羅斯福，所以也無法評論總統的狀況。

總統級的政治層面是殘酷無情的。因此，杜魯門志願從美國東岸到西岸，又再折返東岸的過程中坐了四週的火車為競選宣傳。但即使是一些小過錯也會被媒體誇大其詞。三個星期前，在洛杉磯的聖殿劇院舉行的一場演講，杜魯門無意中為一名前三K黨成員背書競選國會議員。共和黨馬上利用此點攻擊杜魯門。隨後謠言四起，說杜魯門就是三K黨。「我當然不是三K黨成員。」兩週後，當一個芝加哥記者提問時，杜魯門堅定地反駁。然而，冷嘲熱諷不會消失。十月三十日，正是杜魯門要在紐約麥迪森廣場花園向兩萬名民眾致意的前一晚，愛講大話的女演員格洛麗亞．斯旺森（Gloria Swanson）在共和黨全國委員會贊助的廣播節目中，指控「杜魯門先生是個三K黨成員」。

雖然怒不可遏，但杜魯門沒有作出回應。

直到黑人社群的重要人士發表聲明，「杜魯門先生是黑人的朋友……是一個真正的進步者」之後，謠言才漸漸平息[4]。

司機把杜魯門一家人放在第十二大街和巴爾的摩大街交接的穆勒巴赫飯店（Muehlebach Hotel）。作家海明威曾在此住過，演員鮑勃・霍伯（Bob Hope）、棒球明星貝比魯斯、作家海倫凱勒也暫住過。以後，披頭四樂團也將在這家飯店的迴廊舉行派對。但此刻，杜魯門並不知道這些名人。

門房爭先恐後地幫杜魯門提行李。麥克亞瑟已經好多年都不親自開門，也不提行李箱了，但杜魯門截然不同，他向來自己動手，非常自立。坐火車跑遍美國期間，他會在列車上清洗襪子，然後晾在窗邊。一走進穆勒巴赫飯店的大廳，他立即對門房表示謝意。

現在，貝絲和瑪格麗特在他身邊，杜魯門終於可以休息了。

他差不多也是這麼想的。

中間名。

4 原註：杜魯門一直公開支持黑人應該有公民權利。這裡是引述來自紐約哈林區《人民之聲》（*People's Voice*）的一篇社論，該報是由民權領袖小亞當・克萊頓・包威爾（Adam Clayton Powell Jr.）所創立的。此外，全國有色人種協進會（NAACP）也為杜魯門辯護。

第四章
激戰一五四高地

烏穆爾布羅格爾口袋
貝里琉，加羅林群島
一九四四年十一月二十四日
一一〇〇時

中川州男大佐跪在洞穴裡，他在此處指揮作戰已經兩個多月了。他的右手緊握在一把日本短刀尖銳的刀身處。中川使得美軍遭受了一萬多人的傷亡，比二戰其他日本軍官都多。他撤到地下碉堡來打防禦戰的戰略，讓美軍膽戰心驚。貝里琉有大量的珊瑚礁，無法在上面挖出很深的散兵坑，陸戰隊暴露的身影，很容易被狙擊手射擊，或遭受日軍在夜間的偷襲。通常，中川的士兵會悄悄離開坑道網，殺死那些正在放哨但不小心睡著的美國大兵。這些士兵常常能先嗅到目標的存在，然後才盯上他們：美軍既無法填埋他們的糞便，也不能簡單洗個澡。因此，在島上悶熱天氣的環境下，人體排泄物和汗濕的制服散發的臭味變得更加重了。最難聞的是在陽光下腐爛的日軍和美軍屍體的味道，它們皮膚浮腫，上面爬滿了大型綠頭蒼蠅。

這全是中川大佐的傑作。現在他的士兵幾乎都死了。儘管美軍傷亡慘重，但他們依然發動攻勢。他們將噴火器瞄準坑道，把日軍活活燒死，還用大砲和手榴彈轟坑道，把中川的士兵給埋葬下去。曾幾何時，中川掌控了整個島嶼，現在，他的藏身之處只有幾百公尺寬。現在他要做的就是不要讓自己蒙羞，時候已經到了。中川燒毀了軍旗，讓它永遠不會落入美軍手中。他一邊向剩下的五十六名瘦弱的士兵宣告，「劍已斷，矛用盡」，一邊將他們分成幾個小組。然後，他命令士兵在坑道深處向四面八方散開，再去襲擊美國人，戰鬥到最後一刻為止[1]。

必要時，中川打算為他的長官村井權治郎少將當介錯人[2]。美軍並不知道，整個戰役期間，村井一直都在貝里琉，他的任務是「確保中川不會犯錯」——一個日本兵在之後被俘時向美軍如此供稱。如今中川看到局面發生了變化，他曾受到村井的監督，而現在輪到他來確保村井在切腹自殺時不會怯懦。作為村井的介錯人——中川有責任陪著村井，如果村井切腹自殺時無法將繼續下去，那麼中川就要協助少將完成自殺。

但是村井完成了切腹自殺的任務，他死了，腸子從他肚子裡溢出，流到指揮所的珊瑚地面上。

中川看著將軍跪著，然後把短刀插入他的左腹。接著，村井將刀向右扳，切過了腹部柔軟的皮膚。血液和內臟從裂口中一起溢出。村井痛苦地扭動身體，向前倒下。不到三十秒，他就死了。

四十六歲的中川大佐跪在已故的指揮官旁邊，祈禱自己也能有同等的勇氣，光榮獻身。

陸戰隊官兵在貝里琉英勇戰鬥了兩個月，展現出他們訓練的深度和對彼此的承諾。

劉易斯・巴塞爾下士是第一個為保護同袍弟兄犧牲而獲得榮譽勳章的官兵，另外七人在戰火之中則因英勇獻身將獲得，其中四人也是用肉身抵擋手榴彈拯救了戰友的生命[3]。

九月十八日，巴塞爾下士犧牲的同一天，來自俄亥俄州克利夫蘭市的一等兵亞瑟・傑克遜（Arthur J. Jackson），獨自一人攻擊一座厚重的水泥碉堡，裡面有三十名日本兵。在抵擋密集火力的同時，傑克遜把他的M1槍管塞進狹窄的射口，向裡面掃射了一輪，然後向碉堡內投擲白磷彈，消滅了所有敵人。

傑克遜在附近還發現了兩個相似的碉堡，還是單獨行動，依然獲得不可思議的結果。

可是一等兵傑克遜還沒有停手。年僅十九歲、下巴方正的他發現了每一座隱藏的日本機槍陣地，從一個據點猛衝到另一個據點，幹掉每一個射擊他的敵人。「傑克遜接二連三地攻擊據點，不屈不撓地抵抗野蠻的敵人，成功搗毀十二座碉堡，消滅五十個日本兵。」傑克遜榮譽勳章的褒揚令上如此寫道。

結束了單打獨鬥，十九歲的陸戰隊員因炎熱氣候而倒下。傑克遜將永遠記住這一刻：「我感覺就像

1 原註：中川的最後一名士兵，要躲藏到一九四七年四月二十二日才被俘。

2 譯註：被託付協助切腹者的人稱為「介錯人」，他需在切腹者最痛苦的一刻替其斬首。介錯人一般是剖腹自殺者的親友。

3 原註：榮譽勳章的其他獲得者是中尉卡爾頓・羅伯特・路（Carlton Robert Routh）、一等兵查理斯・霍華德・羅恩（Charles Howard Roan）、上尉艾佛里特・派克・波普（Everett Parker Pope）、二等兵衛斯理・菲爾普斯（Wesley Phelps）、一等兵約翰・杜里・紐斯（John Dury New）、一等兵理查・愛德華・克勞斯（Richard Edward Kraus）和一等兵亞瑟・J・傑克遜（Arthur J. Jackson）。

是個明星球員，成功觸地得分贏了球賽。」[4]

一天後，艾佛里特．波普上尉（Captain Everett P. Pope）展現了陸戰隊的無畏精神。他是鮑登學院（Bowdoin College）的網球校隊隊長，入選斐陶斐榮譽學會（Phi Beta Kappa），並以優異的成績畢業，這個二十五歲的波士頓人會講流利的法語，是一名忠誠的丈夫，有兩個年幼的兒子。

但那是在戰爭之前，現在完全不一樣了。一九四二年六月，波普在瓜達康納爾經歷了第一次的戰鬥，自那以後，他成了一名訓練有素的殺手和領袖。隔年的新不列顛戰役，他帶領十四人的班進入茂密的叢林搜索日軍的位置。不僅僅他的士兵殺敵二十人，波普也表現非凡，帶回七個日本俘虜進行審訊。

現在，美軍掌握了貝里琉的機場，陸戰隊面臨攻入內陸的艱巨挑戰——如何將敵人從烏穆爾布羅格爾山嶺的坑道中趕出來。波普連長被命令要奪下一五四高地，那是個珊瑚覆蓋，有自殺嶺之稱的斜坡。

波普和他的士兵已經筋疲力竭。自四天前登陸貝里琉以來，他的連隊遭受了百分之三十的傷亡，失去了訓練有素的步槍兵，波普不得不讓「廚子、麵包師和連部文書」也投入戰鬥。黎明時分，他們準備出擊，但因為日軍在夜間派兵滲透美軍防線，大家幾乎徹夜未眠。赤道的炎熱是無情的，從不會低於攝氏三十八度，即使晚上也是如此，在這樣的環境下他們口乾舌燥，珊瑚撕裂了他們的衣服，割破了他們的靴子，當在陽光照射下的珊瑚與皮膚接觸時，那是非常要命的灼熱感。他們的鋼盔有三磅重，既可以保護頭部不受破片所傷，也可以當枕頭、炊具和臉盆。由於天熱，許多人不穿內衣或T恤，並且好幾天都不能換襪子——還要是在有襪子可換的情況。他們水壺裡的水是鐵銹色的，喝起來像汽油的味道，因為海軍將水儲存在曾經放過燃料的五十五加侖桶中。陸戰隊官兵急需飲水，但這樣的水讓他們感到噁心。

然而他們還是必須出擊。

波普下令前進，連隊走過沼澤，靠迫擊砲和機槍火力支援接近一五四高地。除了背上的背包，每個人還帶了步槍、手槍、水壺和彈藥。日本人立刻從地面出現，放了幾發子彈，然後再次消失在坑道裡。很多子彈打到了沼澤另一側的空地上。

波普和他的突擊班退後。

但一五四高地山必須攻下。

幾小時後到了下午，熾熱的陽光照射在他們身上，波普連隊再次發起進攻，他的弟兄再次被敵人精確的火力襲擊，傷亡慘重。四天前，波普的連隊有近二百三十五人。到了一八〇〇時，黃昏降臨在一五四高地時，只剩下十四人還活著。

但是這十四個人拿下了一五四高地。

波普現在必須不惜一切代價守住，這是他收到的命令，但他立即意識到自己的位置容易受到攻擊。

4 原註：一九四五年十月五日，傑克遜在白宮頒贈儀式上獲得了榮譽勳章。一九六一年，被授予上尉軍階。同年，他在關塔納摩灣海軍基地把一名疑似古巴間諜的巴士司機給擊斃，由於古美關係緊張，傑克遜擔心此事會引發國際事件，所以意圖通過埋葬屍體來掩蓋真相，然而事件曝光之後，傑克遜也因此離開了陸戰隊。

一五四高地是個不毛之地，三面沒有掩蔽，使得波普和弟兄暴露在敵人的火力之中。他唯一的選擇就是讓兩個軍官和十一個士兵分散在山頂上的戰略位置。他們手上的武器很少，只有衝鋒槍、步槍、輕機槍和幾顆手榴彈。波普的弟兄來自賓夕法尼亞、肯塔基、麻塞諸塞、德州、緬因、密西根、堪薩斯、加州和紐約市。現在，隨著太陽落山，夜幕降臨，命運把他們全部帶到了一五四高地的山頂，他們可能都會犧牲。

彎彎的月亮升起，夜空中一抹銀色。日本士兵穿著黑色睡衣般寬鬆的制服，偷偷往前爬，想暗中下手。波普和弟兄看不到敵方的面孔，聽不到敵方的聲音，因為日本人穿著橡膠鞋底的分趾鞋，走路悄無聲息。日本人起初非常大膽，一到兩個人就摸了上來。但波普的弟兄知道任何疏忽都會是致命的，因此提高了警戒，輕易地抵擋第一波攻擊。

到了午夜，策略改變了。二十五名敵兵同時向美軍陣地爬行。其中一個日本兵離少尉法蘭西・伯克（Francis T. Burke）非常近，足以用刺刀刺中伯克的大腿。由於手伸不夠長去拿槍，伯克徒手把敵軍打得鼻青臉腫，然後扔下懸崖。

隨著戰鬥持續到清晨，波普隊裡許多士兵都受傷了，但他們仍然堅守著一五四高地。日本人開始向天空發射照明彈，照亮美軍的位置，然後用輕兵器射擊。美軍用手榴彈確實反擊敵人，使敵人在海邊無法靠近。手榴彈快用盡時，他們用石頭來代替。「日本人不知道哪個是手榴彈，哪個是石頭，」一名陸戰隊員回憶道，「我們會扔三四塊石頭，然後扔一顆手榴彈。」

當日軍扔手榴彈反擊時，美軍就把它們撿起來再扔回去。

離天亮還有幾個小時，美軍的子彈和手榴彈快用光了。但他們拒絕投降。因為沒有正常的武器了，他們便向敵人扔下空的彈藥箱。當彈藥箱用完了，陸戰隊便赤手空拳與敵人搏鬥。

太陽照亮了地平線，波普隊裡只剩下九個可以作戰的陸戰隊官兵，但一五四高地仍然在美國人手中。黎明讓波普上尉和士兵們看到了希望，援兵很快就會到來，增援他們脆弱的陣地。周圍到處是日軍的屍體，許多屍體只距離美軍陣地幾英尺，波普的團隊彰顯出了卓越的勇氣。

但這一切都是徒勞。天亮後，日軍驚訝地發現只有幾個美軍佔據著一五四高地，而且他們沒有槍也沒有手榴彈。幾分鐘後，日本人就全員集合向陸戰隊攻去。

「我們可以清楚地看到日軍集合起來，準備大幹一場，他們有五十或一百個人，」波普回憶，「那時我們收到了撤退的命令。所以我們從山上下來了。」

艾佛里特·波普上尉會在六十五年後九十歲臨終時講述這個故事。他和弟兄們經歷了一夜的危險後撤回安全地帶，然後沮喪地等待美軍再次嘗試佔領一五四高地的那一刻。對於波普上尉，收復失地對他個人來說是非常有意義的，而不單純是戰術上的行動。

「十天、十一天、十二天過去了，高地沒有被再次攻下，」波普後來講述恐怖的那一夜時補充說，「我花了那麼長的時間埋葬在山上戰死的戰友，許多勇敢的陸戰隊官兵在那座山上犧牲，我將永生難忘。」

一五四高地一戰為下個月的作戰奠定了基調——美軍出擊，然後日軍從隱蔽的防禦工事中回擊。中川大佐好幾個月之前在監督日軍坑道網建立時就已經預料到，他強大的防禦陣地能抵擋住美軍的攻勢。經過三個星期的戰鬥，美國人幾乎佔領了貝里琉的大部分區域，包括所有重要的機場，但他們仍然沒有掌握中川在烏穆爾布羅格爾口袋的大本營。在大本營被攻佔之前，日軍仍能發射砲彈，攻擊島上任何一個美軍陣地。

烏穆爾布羅格爾口袋的山脊雖然只有四分之一英里寬、四分之三英里長，卻是個絕無僅有的殺戮地帶。陸戰隊傷亡高達百分之六十。像五姐妹山（Five Sisters）、死人彎道（Dead Man's Curve）、血鼻嶺（Bloody Nose Ridge）和自殺嶺（Suicide Ridge）一樣都成了陸戰隊口耳相傳的名字，中川的手下造成的傷亡永遠都不會被美國人忘記。死亡變得如此常見，以至於人們看到這番場景都變得麻木了。「我們經過幾堆陸戰隊官兵的屍體，」一個美國兵後來回憶，「一邊堆了五人，另一邊堆了五人，堆起來大約五英尺高。」

美軍 F4U 海盜式戰鬥機定時從附近的機場起飛，用汽油彈轟炸烏穆爾布羅格爾口袋，汽油彈是一種液態汽油，專門用來逼迫日本人離開坑道。膠凝劑粘在皮膚上，會增加人被燒死時的痛苦。一旦飛行員扔下所有彈藥後，就會折返並對山脊線掃射，他們的子彈會點燃凝固汽油。從起飛到海盜式戰鬥機兩次經過山脊然後返回機場的時間只有五分鐘——時間很短所以大多數飛行員甚至都不收起落架。

但敵人仍然頑強抵抗。「小日本人不是在島上，他們在島裡面，」一個陸戰隊員多年後驚嘆道，「一個坑道大到足以容納約一千五百名日本兵。坑道從山脊的一邊進，一直都在地下，然後從另一邊出。他們在那裡還設了一間醫護所，也就是醫院，應有盡有。」

美國兵保持低頭，以免被日本狙擊手瞄準。「霍爾丹上尉抬頭望瞭望山脊頂端。砰！一發子彈射出，穿過他右邊的額頭，他一下子就死了。」一個陸戰隊員回想起一位受人愛戴的軍官死亡的場景。

屍體在陽光下變黑、變腫，島上瀰漫著屍體分解的氣味。地蟹在夜間吃屍體，麗蠅攝取了太多的肉和血而變得太重飛不動。食物腐爛和腹瀉味道讓空氣更加臭氣熏天。氣溫如此之高，以至於砲彈必須放在陰涼處，以免爆炸。對日本帝國陸軍士兵來說，只把美國人殺死還不夠。就像他們在戰爭初期經常做的那樣，能毀壞屍體的時候就去毀壞、切斷屍體的陰莖並塞進已經僵硬的嘴裡。

然而，美國人攻下了一個又一個洞穴，慢慢控制了烏穆爾布羅格爾口袋。傳統作戰的戰術就不考慮了，利用汽油彈和噴火器將日本人從藏身之處趕出來。對於那些拒絕出來的人，美軍用炸藥封閉坑道入口，永遠將日本士兵埋葬在此。雖然島上的十一萬守軍幾乎全軍覆沒，但以美國人生命付出的代價是慘重的——第一陸戰師在一個月的戰鬥中有六千五百人傷亡。貝里琉戰役過去了一半，他們也沒剩什麼戰鬥力了。儘管佔據了島上最具戰略意義的位置，但他們撤離了，戰鬥由第五陸戰師和陸軍第八十一步兵師接替。

終於，烏穆爾布羅格爾口袋被拿下了。貝里琉已被攻佔。戰鬥本以為只有四天，結果花了十二個星期才結束。在地下指揮所，中川大佐死了，他手裡握著短刀，已經切腹自殺了。很快有一天，他的妻子將會得知，夫君因為他的天賦與勇氣，在死後被授予中將官階[5]。

---

5 原註：中川大佐和村井少將的遺體一直沒有被發現，直至將近四十年後才運回日本埋葬。中川大佐的妻子終於在有生之年見到她的丈夫回家的那一天。

陸戰隊士兵平均用一千五百發彈藥才殺死一個日本兵。美軍發射了一千三百多萬枚子彈，十五萬枚迫擊砲彈。美軍遭受了巨大的身心傷害。「經過三十天的不斷戰鬥，我徹底崩潰了，筋疲力竭，大家都如此。」一列兵波爾金（R.V.Burgin）後來回憶道，「每個人的衣服都是破爛的、磨損的、撕裂的，鞋子也不見了。每個人身上都很臭，沒人換過襪子……很多人還腹瀉。我們是一群襤褸的陸戰隊員。」

對於美日雙方的作戰計畫人員來說，中川的戰術為後來所有的海島登陸作戰立下典範。總之，他的防禦模式導致了美軍一萬五千多人的傷亡。

回過頭來看華府，作戰計畫人員開始提出一個重要的問題：既然日本人願意在一個偏僻而又不具戰略地位的小島上頑強作戰，如果今天美軍要攻向日本本土時，將會有多少人的傷亡呢？

第五章
「留在神聖的土地上，奮戰到死」

宮城
東京，日本
一九四四年十一月二十四日
中午

中川州男大佐在貝里琉島上一個漆黑的坑道切腹自殺，而那個他向之祈禱賜予勇氣的男人，此刻正坐了下來，享用著餃子湯和蔬菜作為午餐。在美國，這一天是感恩節，羅斯福總統發表特別談話。他鼓勵民眾不僅要感恩，還要在此時和耶誕節期間每天研讀《聖經》，以確保「要重新或更多地接觸永恆的真理和偉大的原理，這些真理和原理激勵我們國家實現真正的偉大。」

在日本，裕仁天皇啜了一口湯，他不感恩神，他不用向神感恩禱告——因為他就是神。他身材矮小、靦腆而且近視，今年四十三歲的他，被認為是神道教天照大神的後代。

然而，裕仁的日常生活根本不是什麼神蹟，事實上相當普通。雖然他住在一個有樹林和護城河的巨大宮城中[1]，但他不抽菸也不喝酒，一連串的擔憂讓他徹夜難眠。如果天皇真的相信自己是神，他肯定知道成千上萬的凡人想摧毀他。

日本第一百二十四位天皇每天早上七點鐘起床，他的一天始於一份燕麥片和一片黑麵包。他將黑色頭髮向左邊偏分，對海洋生物學非常熱衷，二十年前與遠房表親結婚，養育了七個孩子。由於心不在焉，裕仁在皇宮散步時，常常褲子都沒有穿好。他的臉上有許多明顯的痣。此外，即使經常戴著厚重的眼鏡，眼睛也常常看不清，不過他都不在乎。

裕仁只有五呎五吋高，是當時最矮的戰時領袖。儘管在那些儀式場合中看起來比五呎六吋的邱吉爾高，那是因為他穿上了厚底的騎兵靴。戰爭讓日本人民遭受了巨大的傷害，但他繼續生活在優渥環境之中。他的臣民對他並無怨言，他們把他當作是「宇宙生命的力量」。相反，日本民眾知道他們是「指導民族」——也就是被選中的民族。

諷刺的是，裕仁很少放膽離開宮城，他經常認為自己就像是「籠中鳥」。他非常的封閉，以至於不曾對人民做過任何的公開發言。不過，他的榜文都會印好，然後在全日本分發[2]。很少有他的子民聽過他的聲音，許多人甚至不知道他們的天皇長什麼樣子。

然而，日本帝國陸軍的士兵仍為了天皇的名義奮戰至死。即使裕仁公開表示願意讓軍方指揮作戰，但他仍然扮演著重要的角色。一九三七年，日軍佔領了南京，屠殺了成千上萬的平民，裕仁對外宣稱「非常滿意」。儘管他擔心珍珠港事件會讓日本陷入一場和美國「不計後果的戰爭」，但他也沒有阻止他的陸海軍將領就此罷手。

現在，他在奢華的東京宮城內吃著午餐，他非常關注菲律賓的作戰。天皇下令陸軍大將山下奉文不惜一切代價要保住雷伊泰。天皇容許他的首相——前關東軍參謀長兼特務部長的小磯國昭公開宣稱，雷伊泰戰役將會是一五八二年開始了日本統一之路的山崎合戰之後，日本所取得的最大軍事勝利[3]。

天皇的公開宣告是誇大的。他知道確實可能會失掉菲律賓，但他會想方設法阻止美國人征服日本。美國首先得攻下幾個主要的島嶼：硫磺島、沖繩，甚至是台灣，所以日本人至少還有一年的時間準備。過去三個月，日本正進行全民武裝的行動，所有學校和工作場所現在都必須進行軍事訓練。日本的防空網正在升級，防止美國轟炸機的襲擊。裕仁親自參與研發「必勝」武器，是一種非傳統戰爭的形式的武器，美國人將無力阻擋。

裕仁已批准製造它們。如果順利的話，攜帶燃燒彈和殺傷性武器的氫氣球將從日本上空五英里進入噴射氣流，然後飛過五千英里的太平洋到達美國。在那裡，爆裂物會在城鎮引爆，美國人總認為不會受到攻擊，但這將讓他們感到無比驚訝。如此，美國人就能親眼見證，日本是永遠不會被打敗的。燃燒彈將從天而降，彷彿是復仇之神扔下來的。從東京都心浩大的宮城，裕仁天皇的神力將震驚野蠻的美國人。

1　編註：天皇御所，一八八八年從原本的皇城改稱宮城，之後在一九四八年改稱皇居。
2　原註：日本由六千八百五十二座島嶼組成，其中四百三十座是有人居住的。人口最多的四大島是本州、北海道、四國和九州。首都東京是位於本州東海岸。
3　原註：這次作戰之前，日本是由大名統治的，他們建立各自的國。豐臣秀吉擊敗了明智光秀，實現日本形式上的統一。秀吉出色的將才堪比拿破崙。大名統治在日本的一些地區依然有效，直至一八七一年才結束。

對於這一點，天皇是確信的[4]。

※

第二次世界大戰正式開始於一九三九年九月一日，德國入侵波蘭。但侵略行動發生的兩年前，日本就試圖擴大其勢力範圍，侵入了中國的東北部，統稱為滿洲的地方——日本人將其更名為滿洲國。世界列強都無計可施，不知如何阻止日本。

台灣在一八九五年被日本殖民，朝鮮是在一九一〇年，滿洲與這兩個地方一樣，擴大了大日本帝國的勢力範圍，給予它足夠的力量，讓它作為亞洲領先的國家與中國和蘇聯競爭。

但日本將領並沒有止步於此。事實上，他們不能停下來。作為一個島國，日本缺乏許多自然資源；其中最缺的是石油和橡膠，這兩種資源對軍事行動相當重要。一九三〇年代日本的石油、鋼和鐵大部分是從美國進口，而英屬馬來亞的種植園為日本提供橡膠，即使在一九三七年夏天日本侵華後，這些產品仍繼續流入日本。

但到那時，世界列強對日本的好鬥性越來越警惕了。美國、蘇聯、甚至德國也開始向中國提供軍事援助，但沒有用。日軍以八紘一宇[5]的名義繼續戰下去，相信全亞洲必須由天皇統治。日本迅速打垮了中國，他們卓越的訓練和侵略性的戰術使蔣介石的軍隊潰不成軍。

官方並沒有限制軍人對中國兵的殺戮。「一九三七年十一月二十九日十時，我們留下掃蕩常州的敵人，中午我們進了鎮，」日本軍醫保阪晃在他三乘五英寸的口袋日記本上寫道，「上面下達命令，殺光所有居民。八十人，無論年齡、無論性別，都被槍殺。我希望這是我最後一次看到眼前的場景。人們都聚在一個地方，他們都在祈禱、哭泣、乞求幫助。看著這樣可憐的場景，我無法忍受。不久，重型機槍開火，看到那些人尖叫、倒在地上，就算我有的是魔鬼心腸也不忍觀看。」

一九三七年十二月，日本攻佔了中國的首都南京。同年的淞滬會戰造成九萬兩千名日軍傷亡，二十多萬中國人喪生。陸軍立即對日軍在上海遭受到的傷亡展開報復，對平民百姓施以駭人的暴行。

日本人開始瘋狂殺戮，處決了九萬名被俘的中國戰俘。日內瓦公約保護戰俘免受酷刑、侵犯或處決，但日軍一系列行為都表明他們對「公約」嗤之以鼻，對待戰俘，他們或用刀刺死，或從舌頭處吊起，或用機槍掃射，或放狗咬，或放火燒，或活埋，或斬首。[6]

城裡的平民也遭到亂槍掃射，有時還被迫自掘墳墓。日本兵舉辦令人髮指的殺人比賽，比誰斬殺的中國人數量最多。

這些殘忍的行為僅僅是南京婦女悲劇的開始，估計有八十人被有組織地強暴。日本兵很享受他們對兒童和老婦人的暴行，之後還津津樂道很多年。日本兵成群結隊地行動，每次抓住一個女人後，派其中

---

4 原註：所謂的氣球炸彈確實是放飛了。大多數氣球沒有到達美國，而那些到達的氣球也沒有造成什麼傷害。然而，氣球是史上第一種洲際武器。直到一九八二年，福克蘭戰爭中的「黑鹿行動」空襲，才超越了氣球炸彈攻擊，成為史上最遠距離的攻擊行動。

5 編註：日本政府二戰期間宣傳的理念，其解釋是天下一家、世界大同。

6 原註：日本於一八八六年簽署了一八六四年達成的《日內瓦第一公約》，之後的協定是在一九〇六年和一九二九年簽署的。日本簽署了一九二九年公約，並口頭同意遵守一九〇六年公約的條款。天皇顯然沒有信守諾言。

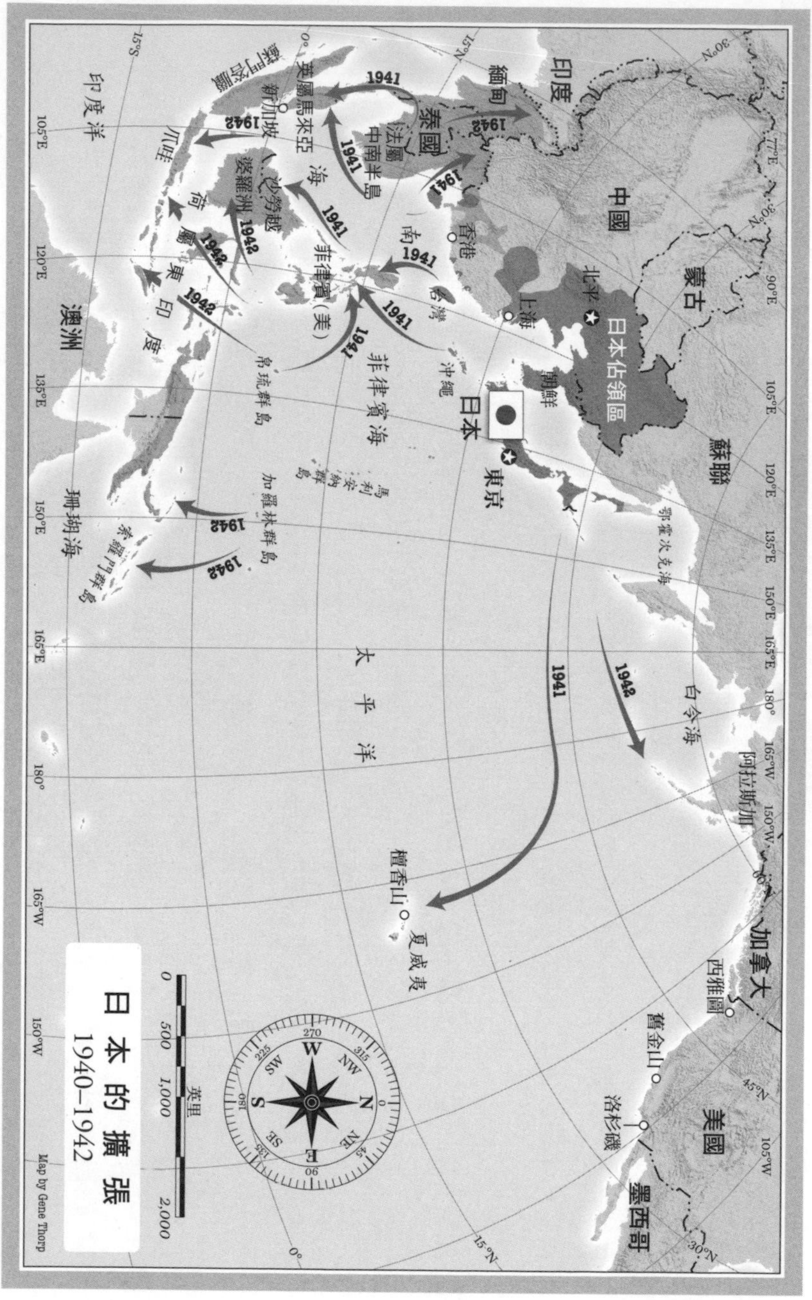
日本的擴張
1940–1942
英里
0
500
1,000
2,000
Map by Gene Thorp
印度
緬甸
泰國
法屬中南半島
中國
蒙古
蘇聯
日本佔領區
北平
上海
香港
台灣
朝鮮
日本
東京
沖繩
英屬馬來亞
新加坡
蘇門答臘
爪哇
沙勞越
婆羅洲
荷屬東印度
菲律賓(美)
菲律賓海
帛琉群島
馬利安納群島
加羅林群島
所羅門群島
珊瑚海
澳洲
印度洋
太平洋
鄂霍次克海
白令海
阿拉斯加
檀香山
夏威夷
加拿大
西雅圖
舊金山
洛杉磯
美國
墨西哥
1941
1942

一人檢查她有沒有性病，如果沒有，他們就抽籤決定誰第一個上。受害者通常會在最後一名男子結束後被刺死；如果受害人當時懷孕了，日本兵可能會用刀把孩子從子宮中切出來。

日本兵以天皇的名義戰鬥，他們來到百姓家裡，常常會強迫父親強暴女兒，讓兄弟強暴姐妹，甚至讓兒子強暴母親。而在暴行中僥倖沒死的女人卻成了日本人的「慰安婦」，直到一九四五年日本投降。性奴別無選擇，只能忍受更多年的性侵。

總而言之，南京有六十萬人口，日本有組織地洗劫和屠殺了其中的一半。他們的行徑不是什麼秘密。日本人對中國人遭受的野蠻、非人的待遇感到興奮。在東京，英文報紙《日本廣告報》（*Japan Advertiser*）每天都對兩名日本軍官的殺人比賽進行死亡人數的統計。

在華府，羅斯福總統和國會都忽視了日本的暴行。當《紐約時報》刊登了關於南京野蠻的頭版報導遭到了質疑——一些美國人認為「南京強姦事件」太可怕了，不可能是真的，而美國的領導層則保持沉默。

當日本人在一九四〇年入侵法屬中南半島，繼續軍事擴張時，羅斯福禁止出售任何油品給日本。作為美國的盟友，英國很快也這樣做。一九四一年七月二十六日，羅斯福進一步凍結了日本在美國的資產。

從表面上看，羅斯福的行動是阻止日本侵略亞洲的一個基本嘗試。儘管它給日本軍隊帶來一波衝擊：沒有石油，他們的戰車和軍艦將無法使用。日本海軍有六個月的燃油儲備，但沒有更多的了，日本的高級將領開始計畫尋找新的石油來源，開始認為自己是美國採取敵對戰略下的受害者。不幸的是，羅斯福的禁運並不是在太平洋阻止戰爭，而是讓戰爭有可能爆發。

隨著美日局勢日益緊張，日本軍方提出了一個最大膽的計畫：入侵每個能給它提供自然資源的國家、島嶼和殖民地。不久之後，日本軍隊將踏上菲律賓、新加坡、荷屬東印度群島、英屬馬來亞、砂勞越，以及英屬和荷屬婆羅洲的海灘，走進緬甸的叢林。日軍把俘虜當作奴隸為他們工作——建立基礎建設，農作物收割和挖掘礦山。

這個計畫可怕，但高明。雖然日本的侵略在意料之中，但是駭人的攻擊計畫讓全球各地猝不及防。日本將領希望用突襲的方式來確保大獲全勝。當時愛好和平的近衛文麿首相希望與美國打破外交僵局，但到了一九四一年十月，很明顯這不可能實現。然後，近衛辭職了，他不想發動一場殘忍的世界戰爭。

接替他的是東條英機，一個矮小又傲慢的將軍，因粗暴無禮，注重細節而被稱作「剃刀將軍」。五十六歲的東條在中日戰爭初期就與眾不同。他來自日本有地位的武士階級。其他人認為東條的思想過於軍國主義，但天皇沒有選擇別人，反而欽點東條任首相之位，使他成為日本權力第二高的人物。他的主戰立場非常清楚地表明他將如何利用這個權力。「我們最終決定發動戰爭，」東條任職後不久，一位日本高級官員寫在他的日記上，「而現在我們必須全力以赴，做出一個有力的開局。」

對於那些反對侵略的人，東條有一個簡單的說法：「有時候是必要閉上眼睛，冒險一試。」

若要成功，東條必須抓住兩個關鍵要素。第一個是裕仁本身。幾個月來，天皇猶豫不決，不知是否要擴大在中國的戰爭，包括在其影響範圍內繼續征服亞洲和重要的太平洋島嶼國家。「天皇當然是一個和平愛好者，毫無疑問，他希望避免戰爭。」前首相近衛之後在一九四一年十月辭職那天寫道，他知道阻止戰爭將是徒勞的。「當我告訴他開戰是錯誤的時候，他表示贊同……漸漸地，天皇開始傾向於戰爭。」

經過東條的細心運作，裕仁開始變得更加強硬。起先，天皇不願確定侵略計畫，但在一九四一年十一月二日，東條上任兩週後，他當天就說服了天皇。裕仁認同現在已經是日本征服世界的時候了。

最後一個阻擋日本在戰爭中獲勝——日本之後稱為大東亞戰爭——的絆腳石，是美國海軍。沒有其他的軍隊能夠阻止日本強大的艦隊在太平洋上航行，飛機可以在船艦起飛，以及派出一波又一波的士兵在國外的灘頭登陸。但只要美國海軍的威脅存在，東條永遠無法成功。

所以東條除了監督入侵計畫，讓小小日本處於其他亞洲國家都未曾嘗過的統治地位之外，他還告知裕仁天皇有關摧毀美國太平洋艦隊的想法。

這就是他的全盤計畫。

多年來，日本軍方知道其主要對手最終可能是美國。儘管日本聯合艦隊司令長官山本五十六海軍大將反對將日本捲入危險而代價高昂的戰爭之中，但他長期以來一直贊成實施航空作戰，以摧毀「拿著匕首指著我們喉嚨」的美國艦隊。

攻擊將在週日早上發動，大部分水兵前一晚從市區回來後，早上還在睡夢之中。一波波的日本艦載俯衝轟炸機從天空中投彈，投下的魚雷和炸彈將使驅逐艦沉沒、飛機毀壞，永遠結束美國海軍在太平洋的地位。

山本知道在哪裡找到這些船，它們相連或並排停泊在夏威夷一個宜人的海軍基地中——一個名為珍珠港的地方[7]。

一九四一年十一月八日，裕仁天皇對於全面突襲的具體細節都有所了解了。在經過很短暫的商議之後，他批准了作戰計畫。

自戰爭伊始，裕仁就已經讓他的陸海將領成為國家在軍事事務方面的代表。他一直樂於被世界視為是一個愛好和平的人士，但受軍事顧問的影響而被迫捲入了衝突。但現在，直到一九四四年，隨著美國陸軍和海軍的勢力距離日本越來越近，在捍衛這片自西元前六六〇年就被祖先統治的土地，裕仁的目的更加明確了。

裕仁第一步要做的，就是要狂熱的東條下台。東條首相在戰爭初期經常表現得像個獨裁者。事實上，東條之於日本，就像希特勒之於德國，墨索里尼之於義大利。但不同於那些軸心國盟友，東條一直在侍奉天皇。七月，關鍵島嶼塞班島（Saipan）被美軍奪走，東條的命運也就此注定。

塞班島機場距離東京非常近，以至於美國陸軍航空軍B-29轟炸機可以隨心所欲地轟炸日本。這個事實已經不可逆轉地改變了戰爭的天秤，迫使日本進入防禦狀態。如今日本已經無法發動類似的遠程轟炸行動攻擊美軍了。一九四四年七月十八日，在貝里琉戰役開始之前的兩個月，裕仁撤回了對東條政府的支持，首相立即被撤職。對於殘忍無情的東條來說，這是一個完完全全的恥辱，他從珍珠港事件以來精心策劃了日本的戰爭策略，曾被人認為天下無敵。東條顏面盡失，許多人要他切腹自殺。然而，他退隱到東京郊區的農舍，期待著有一天天皇可能再次召喚他為民服務。

裕仁已經成了戰時君主的典範，對日本的佈局承擔了部分的責任，並支持東條屠殺無辜平民和處決戰俘的戰略。自珍珠港事件以來，甚至從東條被撤職以來，裕仁一直沉浸在戰爭規劃的細枝末節中。天皇每天都要看陸軍和海軍的報告，並告訴軍方他的看法。日本許多將領拒絕公開承認日本的命運，是一系列失敗決策所造成的。但這次，裕仁出奇地務實，他知道他的艦隊幾乎全被摧毀，大部分飛機都被擊落。由於美國的潛艇與軍艦現在將日本周邊緊密包圍起來，因此作為戰爭所需要的寶貴汽油和鋼鐵已經無法再進口。

然而，儘管天皇知道這些，也知道其他種種跡象表明已經戰敗，但他仍拒絕尋求和平。他所說的目標是「留在這片神聖的土地上，奮戰到死」。

7 原註：羅斯福總統早在一九四〇年五月就命令將太平洋艦隊總部從加州聖佩德羅遷往珍珠港。這原本是為了展現軍力的行動，結果卻成了美軍的弱點。

第六章
羅斯福時日無多

全國記者俱樂部
華府
一九四五年二月十日
晚上八時三十分

杜魯門一坐到鋼琴前，全場八百個美國大兵都激動地歡呼了起來。此時是週六晚上。擁擠的舞廳裡瀰漫著菸草味和男人的汗水味。杜魯門左邊架了個立麥，如此就能一邊說笑，一邊彈鋼琴。士兵、水兵們是來聚餐的——這已經成了傳統，每週，在這幾個小時裡，他們都能免費喝啤酒、吃熱狗、看表演。名流、將軍、政客通常都會露個面，給士兵們送送飯，並表達支持之意。有一次，整個最高法院的人都來了，巧的是，名叫菲力克斯．法蘭克福（Felix Frankfurter）的法官負責將法蘭克福香腸（Frankfurter）分給阿兵哥們，可真是滑稽的一幕呢。

今晚的重頭戲是由來自密蘇里的杜魯門演出。觀眾裡有因為對他表示尊敬而鼓掌的，也有因為好奇他會表演什麼節目而鼓掌的，但幾乎沒人認識他們的新任副總統。不過，如果杜魯門願意亂彈幾下、講幾個笑話，那他一定會很受歡迎。

當晚的名角並非只有杜魯門一人。二十歲的性感女神洛琳・白考兒（Lauren Bacall），是新上映電影《江湖俠侶》（To Have and Have Not）[1]的女主角，正坐在舞台最前面的桌子邊。整個舞廳的男人都用貪婪的眼光目不轉睛地盯著她。阿兵哥都看過她和亨弗萊・鮑嘉（Humphrey Bogart）的對手戲，對她那句經典的調情話也是倒背如流：「你知道怎麼吹口哨，對吧，史蒂夫？你只要把兩片嘴唇貼在一起，然後……吹。」

白考兒放電的眼神望向呆若木雞的杜魯門副總統。（Associated Press）

杜魯門指尖輕點琴鍵，對著麥克風說笑話，表演起來得心應手。事實上，用彈鋼琴鼓舞士氣是新工作中杜魯門十分享受的部分。喜歡自嘲為「傀儡總統」的他熱衷於說說節慶致辭啦，主持一下參議院啦，每天下午五點與眾議院議長雷伯恩（Sam Rayburn）約好一起喝波旁酒聊個天等等。杜魯門已經上任三個禮拜了，但羅斯福卻一直沒理他，他倒也不在乎。雖然遭到冷落，但他仍舊過得很開心。

副總統十歲開始學鋼琴，已經把貝多芬和莫札特的曲子爛熟於胸。也會彈散拍爵士的《密蘇里華爾滋》（Missouri Waltz）。雖然他對這歌嗤之以鼻，但他知道彈這歌一定會讓現場的密蘇里人歡呼雀躍。

很快，杜魯門彈什麼曲子已不重要了。當性感撩人的白考兒站起來，穿著高跟鞋和齊膝短裙走向副總統時，周圍一片人聲鼎沸，很明顯杜魯門彈什麼都無所謂了。

在幾個大兵非常心甘情願的幫助下，青春妖嬈的女神坐上了鋼琴頂部。白考兒挑逗似地翹起腿，懸空的雙腳晃晃悠悠，炫耀著她那迷人的小腿。雖然白考兒和副總統兩人相差四十歲之多，但她仍舊與他調情。美麗的女演員魅惑一笑，斜倚在鋼琴上，目不轉睛地盯著副總統。

杜魯門也一樣大膽。他從容不迫，見招拆招，也與白考兒調情。攝影師紛紛打開閃光燈，爭先恐後地拍攝眼前珍貴的場景。白考兒配合地轉過身子擺了個新姿勢，接著又擺了一個。

「在這個國家一切皆有可能。」一個士兵對《華盛頓郵報》記者讚歎道。

的確，一切皆有可能。

1 原註：電影《江湖俠侶》改編自海明威一九三七年的同名小說，講述了戰時的馬丁尼克島（Martinique）上一個倒楣船主的故事。四十五歲的鮑嘉飾演的哈利．「史蒂夫」．摩根很快對白考兒飾演的年輕美國遊客瑪麗．白朗寧傾心。由於兩人在戲裡戲外都互生情愫，所以導演霍華．霍克斯（Howard Hawks）又增加了白考兒的戲份。鮑嘉的第三任妻子，演員梅奧．米托特（Mayo Methot）於一九四四年五月提出離婚。鮑嘉和白考兒於一九四五年五月結婚，一直幸福生活在一起，直到鮑嘉於一九五七年死於癌症。兩人一九四九年出生的兒子史蒂芬（Stephen），就是以《江湖俠侶》男主角名字命名的。

對於這一點，從小鎮服飾店老闆做到國家第二號人物的杜魯門來說，再清楚不過了。

那個僅剩六十二天可活的人，整個人看起來就像是處在狂風暴雨之中。

羅斯福總統坐在俄羅斯蒼白的日光下，肩上蓋了一條黑披肩。他面如死灰，嘴唇有點發紫，他的肺裡有積水——是充血性心力衰竭的症狀，這病正慢慢將他殺死。

羅斯福左邊坐著蘇聯總理史達林，右邊坐著胖胖的、總是在聊天的英國首相邱吉爾。一支菸懸在羅斯福左手，他任其燃燒，因為他知道攝影師正在拍這場「三巨頭」會議，如果他把菸舉到嘴邊，那折磨他雙手幾個月的震顫性麻痺就會很明顯被看出來。

克里米亞的早晨。在黑海的度假勝地雅爾達，三巨頭即將結束長達一週的會議。很明顯，史達林是本次會議的最大贏家。「問題不是我們要讓蘇聯人做什麼，而是我們能說服他們做什麼。」外交官詹姆斯·伯恩斯（James F. Byrnes）後來對記者說[2]。

歐洲戰事的結束近在眼前。美國和英國的軍隊剛剛在突出部之役挫敗了納粹德國最後一次的大規模進攻。現在，果敢的美國巴頓將軍和英勇的英國陸軍元帥蒙哥馬利正率領盟軍準備攻打德國本土。

在東線，蘇聯軍隊已經攻下了納粹之前侵佔的大片土地，包括波蘭、匈牙利、捷克斯洛伐克。如此，美、英、蘇手中就彷彿緊握著一把鐵鉗，很快就會粉碎希特勒的第三帝國。事實上，蘇聯軍隊現在離柏林只有四十英里。

雅爾達會議的目的是確定戰後世界的新形勢。但在二月四日會議開始之前，史達林就已經掌握了先機，這首先體現在會議地點的選擇上。史達林聲稱身體欠佳無法長途遠行，執意將會議地點定在蘇聯城市雅爾達，然而真相是，史達林很健康，他只是不敢坐飛機。

然而，身體明顯每況愈下的羅斯福卻跋涉六千英里，又是坐船又是坐飛機的，還忍受了八小時車程才到達會議地點。在他下榻的房間裡裝了竊聽器，僕人又是蘇聯間諜，意味著他根本無法安心休息，因為他知道個人的一舉一動都處於監視之下。

這正是史達林設計好的。

這位殘酷的獨裁者深知，如果他在會上從羅斯福和邱吉爾那裡得到他想要的，他就能統治近乎半個世界。史達林的目的直截了當：讓蘇聯重振十九世紀沙俄時期的雄風。他的軍隊現在佔據著波羅的海到太平洋北部的絕大部分地區，野心勃勃如他，絕不會拱手相讓任何一寸已經擁有的土地。

然而沙俄版圖中有一處重要的地方是現在的蘇聯軍隊仍未佔據的，那就是位於中國北部的日佔滿洲。所以當羅斯福請史達林加入對日作戰時，他正好落入了這位獨裁者的算計。

史達林同意對日宣戰，但前提是羅斯福默許蘇聯對滿洲的控制。

---

2 原註：伯恩斯是羅斯福任命的八名最高法院法官之一，但他不到一年就辭職了，於一九四二年離開最高法院。伯恩斯曾任南卡羅來納州參議員，也是羅斯福的好朋友，比起在最高法院，他更願意幫總統打仗。後來他繼續擔任公職，做過國務卿和南卡州州長。

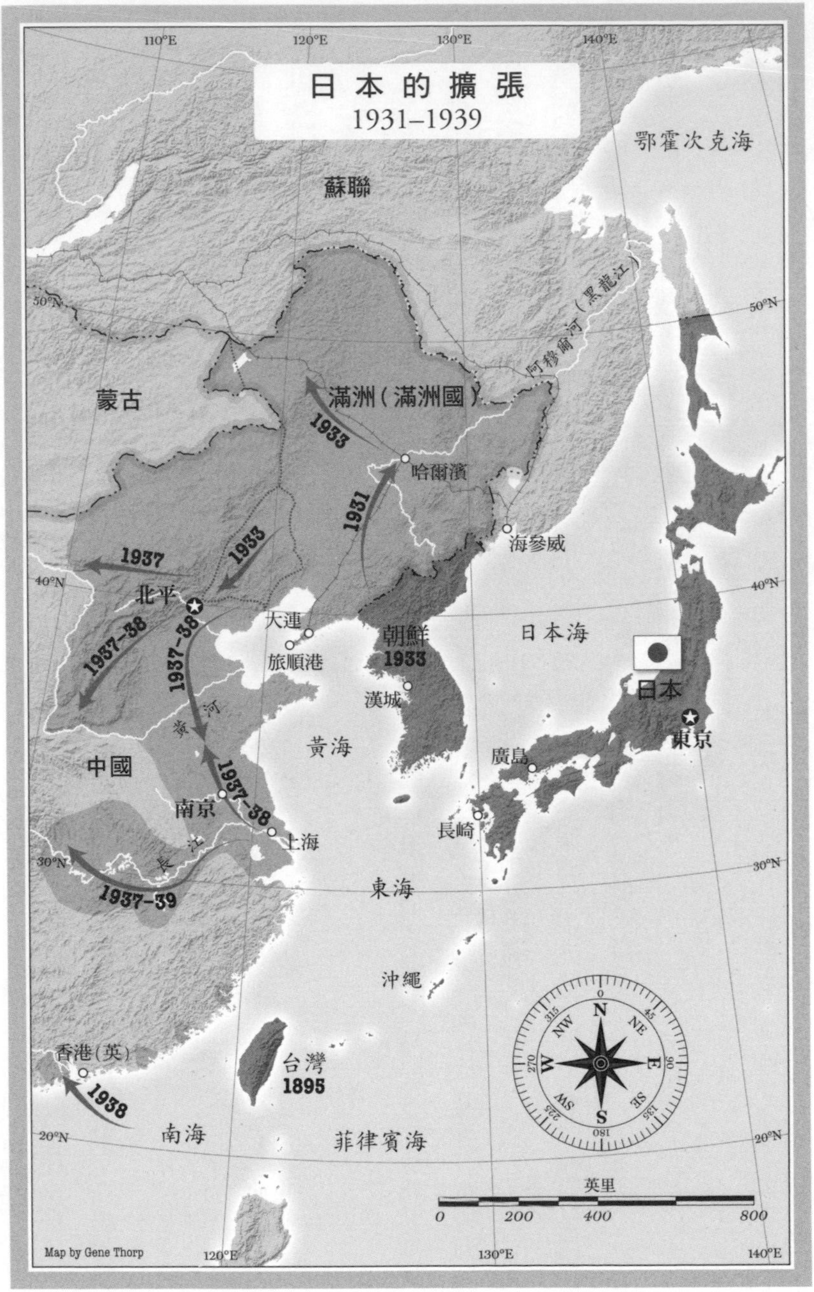
日本的擴張
1931–1939
蘇聯
鄂霍次克海
蒙古
滿洲（滿洲國）
阿穆爾河（黑龍江）
哈爾濱
海參威
1933
1931
1937
1933
北平
1937–38
1937–38
大連
旅順港
朝鮮
1933
漢城
日本海
日本
東京
廣島
長崎
黃海
黃河
中國
南京
1937–38
上海
長江
1937–39
東海
沖繩
台灣
1895
香港（英）
1938
南海
菲律賓海
英里
0
200
400
800
110°E
120°E
130°E
140°E
50°N
40°N
30°N
20°N
Map by Gene Thorp

日俄上一次領土戰爭是在一九〇四年，持續了十九個月。當時日本勝利了，但也為裕仁天皇的全球擴張埋下了伏筆。

很快，史達林就會開始報復[3]。

羅斯福耐心地等著拍完雅爾達會議結束儀式的照片。邱吉爾的大英帝國是會上的最大輸家，因戰爭千瘡百孔；那些從前的殖民地一定會在戰後爭取獨立。羅斯福很滿意戰後美國仍然是超級大國的結果，也願意看到世界將主要分為兩極——美國和蘇聯。羅斯福對此沒有異議，因為他喜歡史達林，也認為他值得信任。兩個大國沒有理由不能好好合作。

會談以握手結束，羅斯福終於長吸了一口無濾嘴的駱駝牌香菸。他每天至少抽一包。醫生告訴他每天最多只能抽六根，但他不聽。醫生還要他每天保證睡十小時，只能晚餐時喝杯雞尾酒，將鹽攝取量控制到最小，而且每天下午還要休息兩小時。

他都不聽。富蘭克林・德拉諾・羅斯福可是美國總統。普通人要遵循的醫囑對他來說並不適用。

3 原註：日本侵略滿洲是為了獲取珍貴資源：煤、鐵、鹽和耕地。日本人口不斷增長，該國自有資源難以為繼，而侵略滿洲就能獲得豐富的自然資源，擴大糧田。蘇聯侵略滿洲的原因也差不多，也是為了擴張領土，獲取礦產資源，並奪回在日俄戰爭中失去的地方，尤其是位於亞瑟港的海軍基地。蘇聯的目的還包括在朝鮮半島建立親蘇政權、侵略日本。

但是雅爾達會議帶來的壓力和緊張感對羅斯福的身體造成了大幅影響。雖然他比史達林只小三歲多一點，但看起來要老他十歲。攝影師捕捉到了美國總統深深的黑眼圈和僵硬的下巴。他來的時候已經很累，回去的時候也將筋疲力竭。磨人的七天裡，他與史達林討價還價，現在又要返回六千英里外的家，所以他很明白這段旅程會有多麼痛苦。

六十三歲的羅斯福，胸腔裡那充血的心臟正艱難地跳動著。

雅爾達會議結束時，羅斯福已經在不知不覺間讓幾百萬東歐人處於長達幾十年的蘇聯佔領下度日。這些人民將被剝奪包括言論、旅行等基本自由。他幾乎已經忘了幾年前那件事：一九四二年二月十九日，羅斯福親自下令讓成千上萬的美國公民也遭受了同樣的羞辱。

根據總統九〇六六號行政命令，日裔美國公民將遭到羈押，只因他們是日本人的後代。清白無辜的人只因祖先是日本人就被迫遭監禁。

數千日裔美國人被關押在集中營，其中最著名的一座位於內華達山脈（Sierra Nevada）的東面。那裡，加州荒涼的沙漠上建起了曼贊納戰爭再安置營（Manzanar War Relocation Center）。夏天，溫度常常超過攝氏三十八度。冬天，刺骨的寒風從雪峰刮來，壓倒路旁的樹木，空氣中都是被捲起的茫茫沙塵。

日裔美國人全家都被趕到營區裡生活直到戰爭結束為止。營房裡，他們肩並肩地睡在一起，周圍都是鐵絲網。武裝警衛從高高的哨塔上俯看，監視著他們的一舉一動。裕仁天皇一日不投降，他們就一日不能重見天日。那裡根本沒有隱私可言：洗澡、上廁所就在大庭廣眾之下，連簡單幾個隔間都不給弄。

這些美國公民不知道戰爭結束後他們的生活會怎樣——他們到哪去、在哪工作、如何重建家園。同樣，東歐人民也很快會感受到，他們別無選擇，只能逆來順受[4]。

曼贊納東南邊九百英里外，在美國另一個大風侵襲的沙漠裡，一組科學家正狂熱地工作著，他們要設計一種可以造成大規模死亡和損毀的裝置。團隊正用革命性的新技術來研發新型炸彈。二戰前不久，科學家就發現了如何分裂原子核；原子核的「分裂」可以釋放出巨大的能量。消息一傳開來，世界各地的武器設計者爭先恐後、想方設法，要把研究成果轉化為戰場殺傷力。

自一九三九年四月起，納粹德國也嘗試製造科學家所說的「原子彈」。日本也在尋求這種武器。不過他們都失敗了。在新墨西哥州的沙漠裡，經過幾年的秘密研究，美國終於成功把成果轉化為現實。既然希特勒距離戰敗不遠，新型炸彈肯定不會用在德國。日本就此成了目標。新武器還沒有經過實驗，但如果一切按照計畫，B–29轟炸機就會從美國已經佔領的太平洋島嶼上裝載新炸彈出發，將其投向日本。

4 原註：二戰中約十二萬七千名日裔美國人遭監禁。

新炸彈會在目標上空兩千英尺就爆炸，不會真正觸及地面，但其爆炸力估計相當於一萬噸炸藥。

不過這些估計都只是推測，沒人知道理論上的武器實際到底有多大威力。

當時還不知道哪座或哪些城市會被轟炸，但負責致命的曼哈頓計畫的萊斯利・葛羅夫斯少將（Leslie Groves）已經草擬了一份簡短的清單。為了衡量原爆的整體威力，葛羅夫斯想讓目標在原爆前都維持完好無損，意味著候選目標在此之前都沒被美軍轟炸過，包括有小倉、京都、廣島、橫濱和新潟，當地人民可能很快將面臨滅頂之災。

無巧不成書，洛淋・白考兒和杜魯門同台也暗示美軍即將推出這種新發明的原子彈。

設計原子彈的科學家從白考兒未婚夫的電影《梟巢喋血戰》（The Maltese Falcon）裡得到靈感，將原子彈命名為「小男孩」（Little Boy）[5]。

5 原註：一九四一年電影《梟巢喋血戰》是約翰・休斯頓（John Huston）的導演處女作。亨弗萊・鮑嘉扮演私家偵探山姆・史佩德（Sam Spade）；其他著名演員包括雪梨・格林斯特里特（Sydney Greenstreet）、彼得・羅（Peter Lorre）、瑪麗・阿斯特（Mary Astor）、小伊萊莎庫克（Elisha Cook Jr.）。羅伯特・瑟伯爾（Robert Serber）在洛斯阿拉莫斯負責命名原子彈的科學家，以格林斯特里特飾演的角色為史佩德起的綽號——「胖子」作為原子彈的代號。「小男孩」的命名則更為複雜。《梟巢喋血戰》原著作者是達希爾・哈米特（Dashiell Hammett）。第三顆原子彈的代號是「瘦子」（Thin Man），是來自哈米特寫的另一個故事。「瘦子」的開發於一九四四年七月中止。「小男孩」比「瘦子」更小、更圓，因此得名。在原子彈的研發過程中，哈米特在阿留申群島服役，升為中士後退伍。哈米特於一九五三年因涉嫌支持共產黨人而受到傳訊。他拒絕配合，於是被列入黑名單，找不到寫作的工作。然而諷刺的是，因為是參加過兩次大戰的老兵，哈米特現葬於阿靈頓國家公墓。

第七章
馬尼拉的夢魘

馬尼拉飯店頂樓套房
馬尼拉，菲律賓
一九四五年二月二十二日
一一〇〇時

麥克亞瑟年幼的兒子安全待在澳洲，但很快將會和媽媽一起返回解放了的菲律賓。日軍在菲律賓長達三年的殘暴統治還沒結束，不過首都馬尼拉已經處於美軍控制之下。

珍．麥克亞瑟和七歲的小亞瑟回不去曾經稱之為家的奢華頂層套房了。因為麥克亞瑟親眼見到，這個他們一家熱愛的、充滿美好回憶的地方已經被燒得只剩下斷壁殘垣。

將軍用他最喜歡的菸斗抽著菸，跨過一具血淋淋的日本大佐的屍體。飯店頂樓的廢墟還在燃燒——日本人把它當成指揮所，在美軍攻上樓的時候放了一把火，作為最後的報復。書架上，麥克亞瑟引以為豪的軍事歷史藏書已化為灰燼。起居室裡，燒焦的大鋼琴正冒著煙。值錢的銀器被偷走了。死去的日本大佐旁邊，一套珍貴、漂亮的花瓶碎片灑得地毯上到處都是。這套花瓶正是二戰開打多年前，裕仁天皇送給麥克亞瑟的禮物。

「他們燒掉了這個地方，」麥克亞瑟後來如此描寫他曾經的家，「我親眼目睹我那珍貴的軍事圖書館，那些紀念品，畢生的一切全被燒毀了，心裡五味雜陳，難以言表。」

就在前一天，他妻子和兒子在布里斯班登上了冷櫃貨船不列顛哥倫比亞號（SS British Columbia Express），要花兩週才到得了馬尼拉。這期間，將軍必須找到一個給家人住的新地方。

讓妻兒和自己一起待在戰區是非常罕見的，但麥克亞瑟是一個戰士，座右銘是寧可尋求原諒也不請求允許——雖然大部分時候他兩點都沒做到。即使在回答總統問話的時候，麥克亞瑟也是想幹什麼就幹什麼。

麥克阿瑟重返菲律賓後，到戰前住了多年的馬尼拉飯店寓所查看，眼前盡是破壞殆盡的場面，讓他傷心不已。（US Navy）

距麥克亞瑟被燒毀的老家，菲律賓一千多英里外，被稱作「馬尼拉約翰」的巴西隆（John Basilone）在黑色沙灘上踱著步，這是即將讓他丟掉性命的地方。這座貧瘠的火山島是硫磺島，代號「X島」。巴西隆和第五陸戰師官兵就是被困在此地。二十八歲的三等士官長是一名羽量級拳擊手，也是傑出的陸戰隊員。三年前獲得榮譽勳章後，久經沙場的老兵返回美國，在全國各地推廣戰時公債。他是很多美國人心目中陸戰隊員的榜樣：身材精幹、臉型方正、面容俊俏。但巴西隆厭倦了非作戰的勤務，成功申請回到太平洋戰場。他左臂上的刺青寫著「士可殺，不可辱」，可謂名副其實[1]。

這時，在日軍的槍林彈雨中，陸戰隊員只能在黑色沙灘上匍匐前進。然而巴西隆士官長卻依然昂首挺立，觀察戰況。

從他的位置到沙灘正後方高高的海岸，是一個陡峭的斜坡。迫擊砲彈如雨點般落下，爆炸時揚起了一大片塵土。日軍大砲部署在一英里外摺缽山平坦的山頂上，向美軍開砲。沙灘上到處是登陸艇的碎片，但巴西隆卻不在乎。今天早上已經有三波的陸戰隊登上灘頭，現在他仍然高喊著指揮弟兄前進。「離開灘頭，」他以在集合場般洪亮的聲音吼，「前進！」

但有些士兵動不了，他們沒法動，要麼死了，要麼重傷，身體靜靜地躺著，鮮血染紅了灘頭。

很快，巴西隆帶著一批活下來的陸戰隊員逃離了極其危險的登陸區，繼續前進。但在他們向海岸艱

1 原註：巴西隆於一九三四年入伍，當時十七歲。他在菲律賓服役三年，非常喜歡那段經歷，並時常掛在嘴邊，因此得名「馬尼拉約翰」。一九三七年離開陸軍，一九四〇年加入海軍陸戰隊，當時戰爭一觸即發。巴西隆在一九四二年瓜達康納爾島戰役中，一路衝向前線陣地，幫弟兄們補給彈藥，因此獲得榮譽勳章。後來也因硫磺島戰役中的英勇事蹟而授予海軍十字勳章。

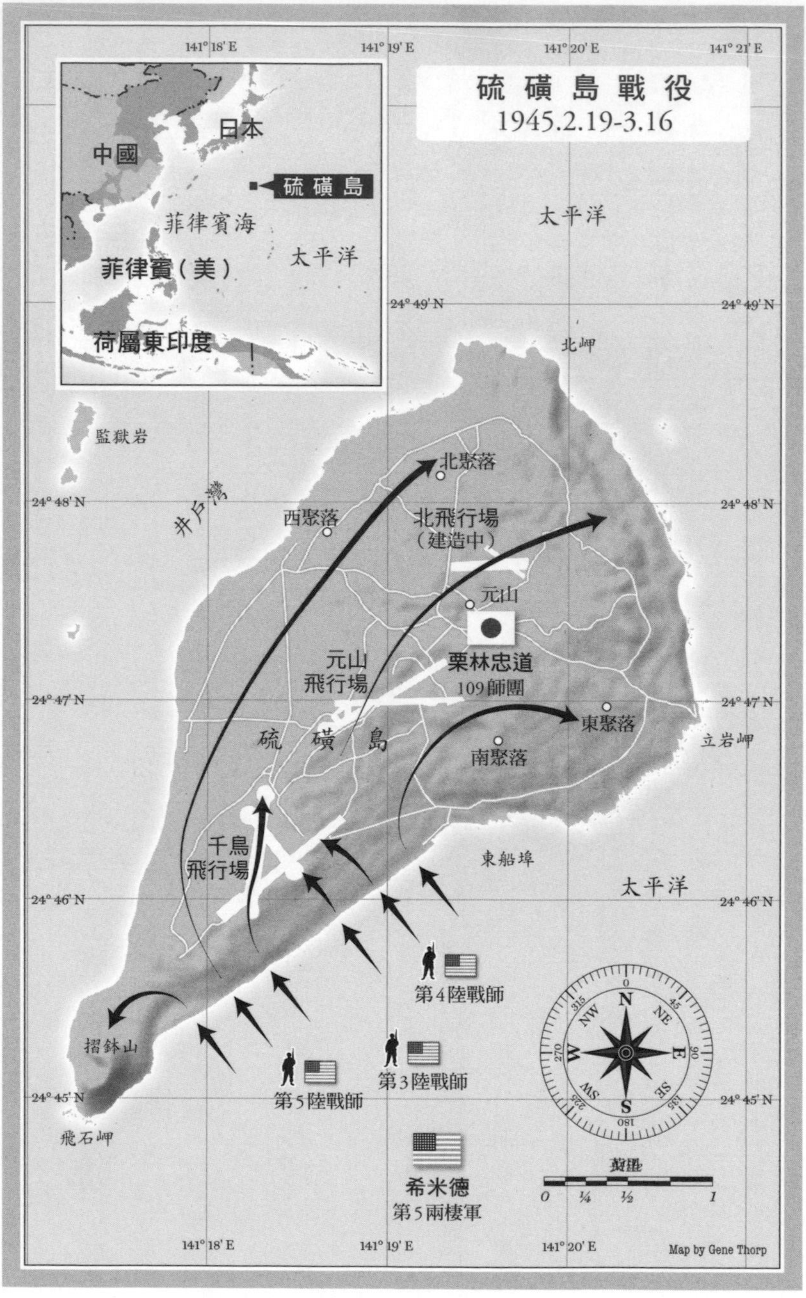

硫磺島戰役
1945.2.19-3.16
141° 18' E
141° 19' E
141° 20' E
141° 21' E
24° 49' N
24° 48' N
24° 47' N
24° 46' N
24° 45' N
日本
中國
硫磺島
菲律賓海
菲律賓（美）
太平洋
荷屬東印度
太平洋
北岬
監獄岩
井戶灣
北聚落
西聚落
北飛行場
（建造中）
元山
栗林忠道
109師團
元山
飛行場
硫　磺　島
東聚落
南聚落
立岩岬
千鳥
飛行場
東船埠
太平洋
第4陸戰師
第3陸戰師
第5陸戰師
摺鉢山
飛石岬
希米德
第5兩棲軍
N
NE
E
SE
S
SW
W
NW
0
45
90
135
180
225
270
315
0
¼
½
1
Map by Gene Thorp

難攀爬的時候，日軍用機槍向他們猛烈掃射。日軍建立了堅固的碉堡，並用沙子掩蓋起來，不僅能夠隱蔽，還能阻擋來襲的砲火。巴西隆快速查看所在位置，明白他需要一挺機槍來攻破對方的掩體，阻止己方人員傷亡。在一片混亂和震耳欲聾的爆炸聲中，他發現了一組機槍小組，於是他匆匆爬向射手，在他頭盔後腦勺拍了一下讓他注意。「向那個目標開火。」巴西隆命令道。

但是一等兵查克・塔特姆（Chuck Tatum）的槍管裡全是沙子，根本打不響。看著巴西隆失望地回過頭來，他趕緊把槍擦乾淨，不到三十秒就準備就緒了。塔特姆向掩體開火，曳光彈沿著預定的軌跡飛行。

巴西隆和他的弟兄都厭倦了戰爭。戰鬥十分緊張激烈，而且需要六週時間的航行才能到達下一個等待攻佔的島嶼，這一切都讓他們心力交瘁。但是他們必須先拿下硫磺島，才能最終到達最關鍵的九州。九州位於日本最南端，那裡的重要城市就是造船業發達的長崎。

對許多陸戰隊士兵來說，問題不是在戰爭結束前還要經歷多少場仗，而是他們能否活著回去與家人重聚。

三等士官長巴西隆新婚燕爾，生活仍充滿希望。然而他卻當自己一無所有、不怕失去。他靠著查克的火力掩護，奮不顧身地前進，力圖摧毀敵人的碉堡，拯救弟兄的性命。

回到馬尼拉，麥克亞瑟在陸軍三十七師士兵的護衛下離開曾經住過的寓所。他們的機槍管還熱乎乎的，因為才在激戰中清剿了馬尼拉飯店的日軍。飯店牆外，為爭奪曾經美麗的城市而發生的惡戰已經變為巷戰，這在太平洋戰場是罕見的。一邊是三萬五千人的美軍三個師，一邊是一萬七千人的日本水兵、陸戰隊和士兵。麥克亞瑟作為軍人一生漂泊不定，馬尼拉和其他曾經住過的地方一樣，都如同他的故鄉。他認為這座城市是「東方民主的大本營」，一直不願用全面戰爭的方式來收復。事實上，將軍剛開始還不願用空襲與砲轟來趕走日本侵略者。

麥克亞瑟十分謹慎，但也樂觀。他多年的積蓄已經化為烏有，但妻兒正在前來的路上，自己仍然指揮著太平洋地區最大的軍隊。也許更重要的是，麥克亞瑟知道，雖然收復菲律賓已經打了好幾個月，但他在軍事方面的成就依然沒有丟失，還在熠熠生輝。

但對於馬尼拉人民，卻無法用「樂觀」來形容。他們不但已經無家可歸，而且很多人也尊嚴盡失。

馬尼拉爭奪戰始於兩週前的一九四五年二月三日。到了二月六日，麥克亞瑟過早宣佈戰鬥結束，準備發佈「光復馬尼拉」的消息。

事實並非如此。雖然山下奉文將軍已經下令日軍撤出馬尼拉，但手下的頑固分子卻拒絕從命，從而煽動了一大批水兵和陸戰隊士兵繼續作戰，誓要與美國人拚到底。

這批頑固分子在街上埋地雷，隱蔽起來的狙擊手見一個美國人就殺一個。戰鬥從一棟房子打到另一棟，從一個房間打到另一間，沒有一處倖免。即使美軍用噴火器把一些日本人活活燒死，摧毀了他們藏身的樓宇後，剩下的日本人仍能想方設法攻擊。

一個美國巡邏隊突然遭到一名日軍持刀襲擊，他搶在對方開槍之前劈開了最前面那個美國兵的頭顱，後來他和其他六名同伙都被美軍擊斃。

一些日本人知道打不贏，於是喝得酩酊大醉，引爆手榴彈自炸。但更多日本兵趁著還沒死，瘋狂折磨馬尼拉人民。日本人堅信自己比菲律賓人優越，在對馬尼拉進行了三年的絕對控制之後，他們根本無法相信竟要被這群下等人打敗[2]。

日軍一方面與麥克亞瑟的軍隊爭奪馬尼拉的控制權，一方面也有系統地盡可能屠殺無辜的當地人民。日軍接到正式的命令，詳細告訴他們應該如何行事：殺菲律賓人之前，首先要把他們集中到一個地方，殺他們時不要過多浪費子彈或人力。由於大量屍體難以處理，因此應把他們集中到預計要燒掉、摧毀的房屋裡，或把屍體扔進河裡[3]。

麥克亞瑟不允許轟擊馬尼拉的理由是，無辜平民的生命將遭受到威脅。但是，菲律賓人民遭受的恐怖待遇已經無法用語言形容了。也許被炸彈立刻炸死也比被日本人折磨至死要好。如以日本帝國殘酷的標準來看，在馬尼拉犯下的戰爭罪行也是令人髮指的。

2 原註：陸軍總監部後來斷定，山下奉文從來沒真正想過要完全撤出馬尼拉。因此，這場屠殺「是在東京上級授意下，由日軍在菲律賓的指揮官策劃並執行的」。總監部還指出：「日本人對菲律賓人民做出暴行的主要原因是後者對美國人有所偏袒，要與美國和美國人保持合作及友好關係。」

3 原註：該命令由營級下達，要求岩淵三次海軍少將所屬的陸、海軍及陸戰隊士兵執行。之前，岩淵三次違抗了離開馬尼拉的命令，決定戰鬥到底。然而，這項正式命令對岩淵三次手下紀律鬆散的部隊來說十分罕見，大部分對菲律賓人的屠殺都是由沒有組織性的小股日軍執行的。岩淵三次於一九四五年二月二十六日引爆手榴彈自盡，因此在戰役的最後一週，日軍群龍無首。這反而引發了更多的屠殺。

接下來幾週，從二月二十五日到四月九日，美軍戰爭罪調查員會詢問目擊者，並將這些野蠻行徑詳細地寫成報告。目擊者會在醫院、難民營和他們家中接受訪視。受傷或斷肢的情形會在美國軍醫、護士在場的情況下拍攝照片採證；強姦事件需要有兩個目擊者證實。調查員會快速詳實地將日軍在馬尼拉戰役中犯下的暴行記錄在案。

一篇報告寫道：「一九四五年二月十一日，大概在晚上六時，二十三歲華裔雜貨店老闆林建田先生（音譯，Lim Kinnog Tiang）剛剛關上店門，目擊日本人帶著一百多名被綁起來的菲律賓人和華人的隊伍走過。日本人用布把他們的眼睛蒙住，然後把十人一組帶上樓，把他們的頭砍掉。」

還有一篇寫道：「一九四五年二月初，大約晚上七時，一隊日本人，大部分是軍官，來到馬尼拉聖瑪律切利諾街（San Marcellino）二三九號，亞松森．馬娃斯小姐（Asuncion Marvas）的房子。馬娃斯小姐和她家人被帶到德國俱樂部。那裡約莫有五百人。只要有人想逃，就會被開槍打死或被手榴彈炸死。大部分人都因那個地方被焚燒而死。馬娃斯小姐想逃，日本人一刀捅在她的臀部，她當時正趴在地上。」

別的戰爭罪報告詳述日本人對菲律賓兒童犯下的罪行。日本兵把他們的眼睛挖出，把無辜的孩子扔到牆上，直到他們的身軀四分五裂為止。日本人討厭孩子的尖叫聲，於是就狠狠把他們的頭向樹上撞去。

正如美軍調查員很快記錄在案的那樣，每天對菲律賓人民來說都是新一輪的恐怖日子。

硫磺島上，美軍陸戰隊也在經歷日本人帶來的恐怖。日本兵揮舞刺刀置人於死地。不過三等士官長約翰・巴西隆發現用噴火器能夠有效應對。他命令下士威廉・佩格（William Pegg）向被包圍起來的日本碉堡噴火。佩格就像座山，他重達兩百多磅，拿起噴火器輕而易舉。裝有凝固汽油的噴火器向日軍碉堡開火，裡面的人都著火了，這時巴西隆把一等兵塔特姆的機槍從三腳架上抓起來，向敵人掩體衝去。塔特姆在他身邊快跑，一邊抓住彈帶。「我從沒見過巴西隆眼中那樣的熊熊怒火，」塔特姆後來寫道，「他神情嚴肅，緊抿著嘴，額頭閃著汗光。他不是劊子手，而是正在履行戰士的責任。」

巴西隆和塔特姆逼近了掩體。然後他們等著，這時遠處的日本射手正瞄準著這兩個暴露在碉堡上方的美國人。

但巴西隆和塔特姆沒等多久。八個著了火的日本兵從後門衝出。巴西隆朝他們背後開槍，把他們打死了。「手下留情了。」塔特姆想，因為他注意到那些日本人的身體已被熊熊烈火裹住，一槍打死總比活活燒死好。

塔特姆擔心有生命危險，於是轉身向己方安全的陣地跑去。但巴西隆攔住他。士官長看到遠處機場跑道邊緣有個掩體。他確信這是個絕佳的戰略要地。

「你無論如何都得待在這裡，」他冷靜地告訴塔特姆，「我回去多叫一些兵，我們要從這個方向打進去。」

然後巴西隆把機槍交給塔特姆，不顧子彈從耳邊呼嘯而過，快速跑回戰線去。

同時，美國海軍軍艦也從海上開火，打擊摺缽山頂的日軍大砲，確保巴西隆手下的官兵能夠前進。

但是突然，幾座日軍海軍大砲向他們開火，陸戰隊員立刻臥倒。

自始自終，陸戰隊和陸軍官兵對海軍既羨慕又嫉妒，因為水兵在船上能吃到熱乎乎的飯菜，住在整潔的地方。甚至連一些水兵也覺得不好意思，因為跟在島上作戰的士兵相比，他們的生活實在太好了。水兵只要待在硫磺島離岸的船上就相對安全。一個年輕的海軍軍官還說，水兵「只要看著戰爭發生就行了。通過望遠鏡，我能看到敵軍戰車試圖在沙地上行進，但很不順利，我還看到陸戰隊員跳入散兵坑」。

但是海上生活也有極其危險的一面。日本神風特攻隊員訓練有素，技藝精湛，能夠在漫天砲火中穿梭，架著裝滿炸彈的飛機衝向美國軍艦[4]。護航航艦俾斯麥海號（USS Bismarck Sea, CVE-95）和列克星敦級航艦薩拉托加號（USS Saratoga, CV-3）在硫磺島爭奪戰中成為日軍的目標。薩拉托加號遭到大破，但還浮著，俾斯麥海號則沉船了。第一架神風特攻機是充當開路先鋒，撞向艦艇上的機庫甲板，引爆了船上的彈藥。第二架特攻機撞向俾斯麥海號的升降機，摧毀了消防系統。三百一十八人被活活燒死，有的因鍋爐爆炸而死，有的在船被淹沒時在火海燒死。有六百名水兵在海水中痛苦掙扎了十二個小時之久，他們不斷遭遇鯊魚襲擊，最終才被附近的船艦救起。

陸戰隊登陸之前，海軍砲轟了硫磺島三天。四百五十多艘軍艦排列在岸外，包括戰艦德克薩斯號（USS Texas, BB-35）、田納西號（USS Tennessee, BB-43）、內華達號（USS Nevada, BB-36）和愛達荷號（USS

Idaho, BB-42），每一艘都參與了岸轟。單單田納西號就有十二門十四寸火砲、十四門五寸砲以及若干防空機砲。本艦會在接下來三週的戰鬥中發射超過八千發的彈藥。

但是水兵並不能自行選擇攻擊的目標，而是由陸戰隊的前進觀測員通過無線電向軍艦發送精準的開火指令。有時敵人離得非常近，船上官兵甚至能透過無線電背景聲音聽見日本人的喊叫聲。「很遺憾，我記不住他的名字了。」年輕的海軍軍官班．布蘭德利（Ben Bradlee）後來回憶當時負責呼叫岸轟的陸戰隊中尉時說道。日後布蘭德利成為《華盛頓郵報》的編輯，但現在他只是一個在戰爭中掙扎求生的美國青年。「他會要求向這裡那裡開火——通常是在距他的散兵坑幾碼範圍——然後我把他給我的指令轉達給火砲官。『開火』的命令下達後，緊接著就是一陣震耳欲聾的爆炸聲。然後會靜默一段時間，只見五十七磅的砲彈飛向目標，然後就會聽到我們無法目視的伙伴的讚美之詞。『太他媽的太棒了』或『正中目標』，他經常這麼說，但有時候也會說『差一點，伙計。再退個千分之一寸』。」[5]

巴西隆帶領手下就位，然而他們比前進觀測員還靠前，因此處境十分危險。「把人帶到這邊來。」

4 原註：由於美軍在太平洋的優勢不斷增加，日本又缺乏航空母艦和有經驗的飛行員，於是開始在一九四四年秋天執行自殺式任務。日軍不乏自願獻出生命的戰士。飛機插入船體，不僅能捅個大窟窿，還能造成大範圍著火和爆炸。在殺死對方水兵的同時，日本人的飛機也會被摧毀。官方沒有統一的數字，不過至少有四十七艘美軍軍艦被神風特攻隊擊沉，包括十四艘驅逐艦和三艘護航航空母艦。約五千名美英水兵死亡，還有五千人受傷。日本飛行員的死亡人數高達四千人左右。當時戰爭已經快結束了，日軍的特攻激起了那些遭遇飛來橫禍的水兵的厭恨，因為許多人都盼望著回家。之後，由於缺少飛行員和飛機，神風特攻幾乎全面停止了，但還有小部分在進行；最後一次的神風特攻發生在一九四五年八月十五日。

5 原註：協調火砲攻擊時會用的術語。

巴西隆向一個班喊道，一邊爬著尋找最佳戰略位置。機槍、噴火器和卡賓槍在日軍部署在山頂的大砲面前簡直不堪一擊。「現在根本打不到敵人。我回去弄輛戰車，或看看能不能找一些大砲火力過來。」

周圍一片槍林彈雨，巴西隆好像不怕子彈一樣飛跑回去，腳下的地面因為迫擊砲和火砲打到而變得起起伏伏。

回過頭來看馬尼拉，對平民實施的非人道暴行仍在繼續，戰爭罪調查員也在搜集證詞。伊斯特·加西亞·莫拉（Esther Garcia Moras）女士詳述了駭人的事証。

一九四五年二月九日晚上七時，火災開始在我們家附近的俄米塔區（Ermita）開始。我們逃出房子。日本人把男人分成一堆，把女人和孩子分成另一堆。我估計大約有六千名女人和孩子在灣景飯店（Bayview Hotel）附近的佛格森廣場（Plaza Ferguson）。他們再把菲律賓人和麥士蒂索人分開，把年輕女孩和年長女人分開，並把麥士蒂索人帶到飯店裡面。一個房間大概有二十五個十三到二十七歲的女孩，日本人給她們食物、威士忌和香菸，允許她們在房間裡吃東西，大概有二十分鐘，房間裡除了那些女孩外沒有別人。

然後，一隊日本兵進來了，有三四個人，每人帶了一個女孩離開房間，其中包括我兩個妹妹中的一個，她只有十四歲，但日本人又把她帶回來了，因為他們發現我妹正來著月經。他們帶走我另一個妹妹，她回來的時候說日本人讓她脫光衣服躺在地上，強姦了她。一個女孩想反抗，日本人就賞她耳光。每個日本兵對同一個女孩只強姦一次，但同一個女孩卻平均被四個日本兵輪姦。我妹妹用盡全力反抗，但和其他女孩一樣無濟於事。她把一切都告訴了房間裡的每個人。

日本兵會帶著糖果進來，挑選他們想要的女孩。其他房間也有差不多數量的女孩。我估計至少有五六個房間，也就是大概有一百個女孩。二十四歲的魯伊・塔尼（Luey Tani）躲過一劫，因為日本兵發現她有身體缺陷——她體型太小了，他們對她什麼也做不了。還有一個女孩是十五歲的葛洛莉亞・蓋爾茲（Gloria Gelzi），但其他人的名字我就不知道了。

我妹妹被抓走後，一個日本人回來又抓了我。他把我帶到一個房間，鎖上門，扯下我的裙子和褲子，把我扔到地上，強姦了我。我很痛。我大聲尖叫起來，想把他推開，但於事無補。他大約五尺六寸高。大概十二或十五個不同的日本人強姦了我。最後一個特別狠，把我弄傷了，我流了血。他把我扒個精光擺在床上，折磨了我大概半個小時，強姦我好幾次。

一個女孩已經懷孕八個月了，或者更久，但日本人還是要把她帶走。他們對她沒做什麼，因為她狠狠踢他們。我們在灣景酒店待了三天，沒東西吃，也沒水喝，但他們只是在那一天晚上強姦了我們。當飯店著火的時候，日本人叫我們走。我們回不了家，因為我們住的屋子都被燒毀了。我們在阿奎薩街（Arquisa Street）上徘徊。女孩們沒有醫療照顧。我妹妹傷得很重，她在流血，這是第一次有人對她做那種事。他們強姦了她四次。我們想帶她去看醫生，但無法。不過，四天前一名菲律賓醫生幫我做了檢查，說我得了性病，我妹妹也得了病。我願意提供自己的姓名和地址，我現在說的證詞沒告訴過其他人。莫拉女士〔原文如此〕被強姦的妹妹叫普利西亞・加西亞（Priscilla Garcia），那個因為來月經而沒被強姦的妹妹叫伊萬傑琳・加西亞（Evangeline Garcia）[6]。

三等士官長約翰・巴西隆當然曾目睹日軍在戰場上的暴行。現在是上午十點三十分，士官長跑回他要查克・塔特姆留守的地方，也就是硫磺島機場的邊緣。巴西隆沒能找到大量援兵，只帶回了三個人。

但也足夠了。

巴西隆的英勇事蹟是他對人生的最後詮釋。他清楚地看到塔特姆在日軍掩體附近。他和手下三個人向掩體奔去時，地獄之門彷彿開啟了。

「他離我七十五碼遠，距離比一個美式足球場還小，」塔特姆後來回憶道，「我聽見迫擊砲彈向他們打去。砲彈正中巴西隆和那三個陸戰隊弟兄。」

巴西隆犧牲當天，塔特姆接替了巴西隆帶領他們的連，後來他生動地描述士官長的英勇犧牲。「我看見他們一動不動。我知道他們都死了。」[7]

「那時我意識到我們失去了巴西隆。消息從一個散兵坑傳到另一個散兵坑：他們打中巴西隆了。」

那天是一九四五年二月十九日，硫磺島之戰還要進行五週。除了「馬尼拉約翰」外，還有六千八百二十名美國人將戰死。

差不多有兩萬一千名日本兵在過程中戰死或失蹤。相當於他們整個守軍的戰力，然而日本人對於投降這件事還是興趣缺缺。

馬尼拉從日軍手裡解放出來不過兩天，不列顛哥倫比亞號就抵達了，正慢慢停靠在港口。那天是三月六日，星期二，麥克亞瑟將軍乘坐小艇前往迎接大船。他的座駕是個不同凡響的選擇，此類多功能的登陸艇通常是用來向戰場輸送人員和物資的，並非專門載五星上將去和闊別已久的家人團圓所用[8]。

熱帶溫暖的空氣中帶有二百二十五匹馬力主機的燃油味，登陸艇的速度現在只有十二節[9]。麥克亞

---

6 原註：《日本帝國士兵在菲律賓群島呂宋島的馬尼拉及其他地方涉嫌施暴調查報告》（Report of Investigation of Alleged Atrocities by Members of the Japanese Imperial Forces in Manila and Other Parts of Luzon, Philippine Islands）。本文引用時，修正了其中一些語法和拼寫錯誤。灣景飯店和馬尼拉飯店現仍在營業。

7 原註：雖然目擊者證實巴西隆是被迫擊砲彈擊中身亡，但陸戰隊官方仍稱其死於輕兵器的射殺。

8 原註：這種登陸艇由紐奧良造船商希金斯（Andrew Higgins）設計，吃水淺，前方有個跳板，船一靠岸，跳板就會降下，士兵可以直接走到海灘上。希特勒深知此艇的厲害，諾曼第登陸用的就是希金斯艇，希特勒還把希金斯叫做「現代諾亞」。LCVP（車輛人員登陸艇）可以把三十六人、八千磅的貨物和車輛送到戰場。美軍在歐洲和太平洋戰場的兩棲登陸都使用這種登陸艇，但三夾板製的兩側和後方防禦力較弱。傳言希金斯第一次造出這艇是在開戰的多年以前，當時是為了幫助私酒走私。

9 譯註：一節等於一海里／小時。

美國海軍陸戰隊在硫磺島摺缽山頂立起星條旗。後來為了讓照片有更好的效果，陸戰隊員再拍一次，從此留下了代表性的歷史照片。（Pictures from History）

瑟百感交集。他已經五個月沒見到珍和小亞瑟了。六十五歲的硬漢將軍深愛著家庭，每每思念，眼淚幾欲奪眶而出。他知道家人馬上就會見到的馬尼拉已經不是三年前他們離開時候的那個樣子了。他們一定會大吃一驚。

不過好在馬尼拉已經解放了。

珍在甲板上等著她的丈夫，手裡拿著一套乾淨的床單，不知道他們會不會用到。小亞瑟站在她旁邊，衣冠楚楚。

麥克亞瑟爬上梯子，上了船。他伸出雙臂擁抱妻兒，他的三個侍從見證，甲板上的水手都靠過來一睹這位名將的風采。

麥克亞瑟已經看見馬尼拉的毀滅，也見證了馬尼拉人民經歷的夢魘，他對於家人仍然安然無恙覺得無比的感恩。

他把珍和小亞瑟緊緊摟在懷裡。

他一直抱著他們，久久沒有鬆手。

第八章

東京大轟炸

東京，日本

一九四五年三月十日

零時八分

一陣猛烈的西北風吹過東京，毀滅性打擊也將逼近。一群B－29轟炸機正在城市的低空飛行。日語把美軍這種最強大的飛機叫做「bikko」[1]。只見飛機先扔下一些普通的炸彈，然後向南轉了個大彎，飛向房總半島。從第一次空襲警報在一片漆黑的城市上空拉響到現在已經差不多三個小時了。美軍四個月以前就開始轟炸日本，但基本上沒碰東京，所以在這寒冷的夜晚，幾乎沒有市民從他們的木造的屋子裡出來，去躲在安全的防空洞。看到B－29嗡嗡飛向遠處，緊張的東京市民才放下心準備睡個安穩覺。

然而，七分鐘後，這種安心飛走了。警報哀怨的鳴叫聲再次響徹城市上空。今天，東京居民爭先恐

1 譯註：B－29的日文發音是Bi-ni-ju-ku。日本人對B－29的叫法有「bikko」（這在日文是瘸子的意思）和「B-san」。

後朝混凝土造的防空洞跑去，因為他們已經知道這第二次是真正的空襲警報，殘酷的轟炸來到眼前了。

防空洞只能容納五千人，但成千上萬的人在大街上拚命狂奔——父親、妻子、孩子、爺爺奶奶、孕婦，許多人背上捆著大包，裡面裝著他們的重要財產。爸爸們擔心一家人無法及時躲進防空洞，只要看到可以隱蔽的地方就讓家人立刻躲藏起來，他們跳進水溝、管路，甚至飛快地在地上挖洞。一些人瞪大眼睛望著天空，只見探照燈來回掃來掃去為高射砲手照明。

映著天上一彎新月，B－29逼近人口高度密集的城東區[2]，那裡每平方英里就有四萬人口。細心的人會注意到飛機飛得比平常要低個幾千英尺。美軍飛機通常從高度五英里的高度投彈，但眼前的B－29轟炸機卻離市區上空只有大概一英里左右。

美軍飛行員長途飛行的單調乏味，已被一陣激動的心情所取代。美軍從塞班、天寧島（Tinian）和關島（Guam）起飛後已經過了七小時。第二十一轟炸機司令部（XXI Bomber Command）的三百三十四架飛機在廣闊的海面上飛了一千五百英里，準備撲向東京發動空襲。為了讓每架飛機再裝上一噸的燒夷彈，所有飛機的砲塔以及彈藥都被拆除。如此，超級空中堡壘（Superfortresses，B－29的別稱）就很容易遭到日本戰鬥機的襲擊。飛行員和領航員在聽取作戰簡報時驚訝地得知了這一決定。作戰行動是由指揮官李梅將軍（Curtis LeMay）經過計算的豪賭。這位有著三十八年職業生涯的飛行員雖然在一些人眼中「好戰」、「殘酷」，但大多數人都敬佩他高超的戰術。由於硫磺島血戰還在進行，因此他認為，當下，摧毀日本民眾的意志比僅僅轟炸軍事目標更為重要[3]。

最終，李梅賭贏了。日軍被打了個措手不及，根本無力應對，這樣B－29就有充足的時間精確地投下炸彈。一些日本飛行員害怕極了，他們完全不知道對手那看似堅不可摧的飛機其實已經拆除了能回擊的砲塔。呼嘯的寒風也給美軍轟炸機提供了意料之外的掩護，干擾了對方無線電和雷達信號。事實上，帝國海軍在美軍距日本一千英里之外時，就發現了這些來襲的轟炸機，但由於天公不作美，以及海軍、陸軍之間缺乏有效溝通，海軍發出的警告一直沒有傳達至部署在東京外關東平原上的夜間戰鬥隊。

凌晨一點整，飛機炸彈艙開啟。

十四分鐘後，東京變成一片火海。

這簡直是場大屠殺。每架B-29從機腹投下特製的M69集束燒夷彈[4]。燒夷彈和正在新墨西哥洛斯阿拉莫斯（Los Alamos）研發的原子核分裂炸彈有很大不同。然而在當晚，它們的破壞性要大得多。

這場東京大轟炸也叫「會議室行動」（Operation Meetinghouse），是歷史上最可怕的轟炸，遠比在

2 編註：位於現在江東區。

3 原註：被官兵稱為「大雪茄」（Big Cigar）的李梅設計了許多在未來十幾年都適用的轟炸戰略。這位俄亥俄人以對手下訓練嚴格著稱，從不會讓手下做連他都不會去做的事。二戰初期，李梅駕駛B-17在歐洲戰場作戰，面對危險目標，他堅持要求領航把他在內的飛機置於敵人最猛烈的高射砲火之中。那些怕死而中途放棄任務的人，會被送軍法。

4 編註：燒夷彈有多種型號，分別有領航機專用的M47，更多分管的M50，以及這裡提到的M69。

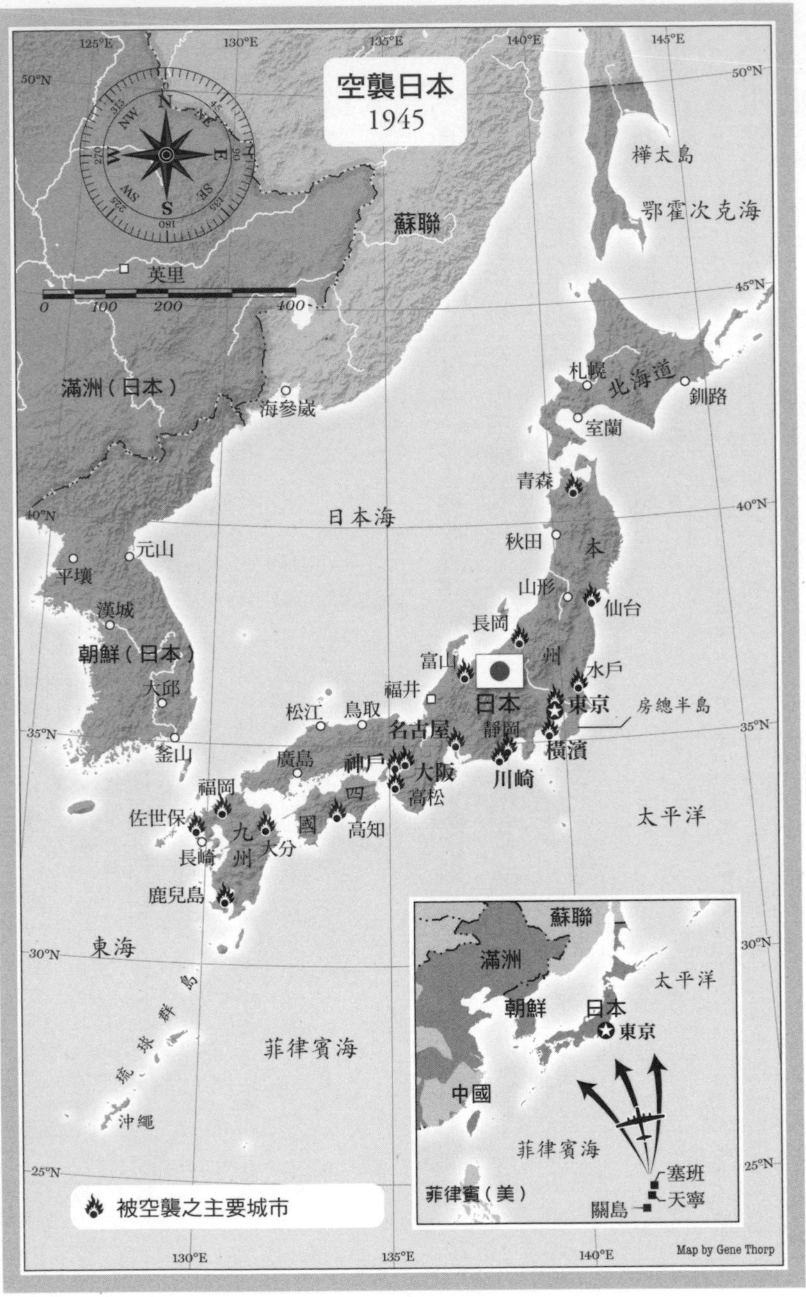
空襲日本
1945
蘇聯
英里
0
100
200
400
滿洲（日本）
海參崴
樺太島
鄂霍次克海
北海道
札幌
釧路
室蘭
青森
日本海
秋田
本
州
山形
仙台
平壤
元山
漢城
朝鮮（日本）
長岡
富山
水戶
福井
日本
東京
房總半島
大邱
松江
鳥取
名古屋
靜岡
橫濱
釜山
廣島
神戶
大阪
川崎
高松
福岡
四
國
高知
佐世保
九
州
大分
長崎
太平洋
鹿兒島
東海
琉球群島
菲律賓海
沖繩
被空襲之主要城市
蘇聯
滿洲
太平洋
朝鮮
日本
東京
中國
菲律賓海
塞班
天寧
菲律賓（美）
關島
125°E
130°E
135°E
140°E
145°E
50°N
45°N
40°N
35°N
30°N
25°N
Map by Gene Thorp

此之前發生的德勒斯登（Dresden）轟炸或任何二戰中的轟炸都要慘烈[5]。

二戰的大規模轟炸的運用永久改變了未來衝突的進行模式。那時，使用鈾等元素造成殺傷力極大的單一爆炸的原子彈裝置尚未經過測試。對東京人民使用的M69，是在一個二十吋的鋼管裡面，裝有果凍狀的汽油——凝固汽油[6]，是埃索公司在戰時對美國做出的最重要貢獻。M69以每三十八管為一組，裝進有尾翼的彈體，然後從飛機上投下。距地面兩千英尺的空中，套管打開，彈體分散投下，然後各自砸向地面。剛觸地時什麼也不會發生，但三秒後，定時引信就會點燃白磷裝藥，迫使凝固汽油射出三吋寬的鋼管。凝固汽油雖然燃燒緩慢，但粘性很強，可以附著在衣物、頭髮和皮膚上，燒得人只剩殘灰焦骨。

一顆M69就能引發一場大範圍的火災，一噸M69必定會是全面性毀滅狀態。

一九四五年三月十日上午，美軍B－29轟炸機向東京投下了兩千噸的M69凝固汽油燒夷彈。

受到颶風般的風力助力，火災覆蓋了整座城市的所有町區。慌亂的民眾爭先恐後地逃生，卻被地獄般的烈火包圍，並很快因火焰吸走了空氣中的氧氣而窒息。由於自來水管被大火燒壞，消防水管完全失效。拿著水桶的消防員根本無力停止這場大屠殺。八十名消防員和五百多名志願者不願逃命，堅守崗位直到被燒死。烈焰摧毀了九十六輛消防車。血紅的火舌直衝上天，甚至照亮了上空銀色炸彈的彈身。

5　原註：德國的德勒斯登大轟炸發生在一九四五年二月十三日至十五日，是對平民的災難性屠殺行動。盟軍轟炸機投下了三千九百噸炸彈，造成三萬五千到十萬人死亡，將四平方英里的土地夷為平地。東京大轟炸的傷亡人數是其四倍左右，且被毀面積更大。二戰最著名的空襲平民事件是發生在一九四〇年九月到一九四一年五月，德國對倫敦發動的「閃電戰」，四萬五千噸炸彈投在這座城市，一百萬幢房屋被毀，四萬五千萬平民傷亡。

6　編註：用椰子油、鋅、汽油等物質混合而成的膠狀油脂。

熱度不斷攀升，上升氣流達到幾千英尺之高，甚至連人肉燃燒的氣味也隨之飄入美軍飛行員鼻腔。很多飛機飛回基地的時候，機身都沾滿了灰燼。

很快烈火吞噬了東京十六平方英里的土地。整個藝伎聚落化為灰燼。醫院、民居、神社、火車站、公車站、寺廟、戲院、消防局、工人招待所、學校，統統毀滅。在美國人特意不轟炸而仍然安全的宮城裡，裕仁天皇看到地平線上一片紅光，將漆黑的夜晚化為白晝。

民眾被圍困在高高的火牆內，無法想像的高溫竟讓人自燃起來。碎片飛濺，砸到誰就沒命。水溝裡的水都煮沸了，屍體在原先結冰的河裡沉浮。地上到處是燒成焦炭的屍體，很多還因為人體脂肪而仍在燃燒。那些逃過一劫的也備受苦難，臉、手指、腳趾全被燒了，皮膚脫落，大片大片地掛在身上。

凌晨三點二十分，轟炸停止。

黎明來臨，城市四分之一的地方被毀。十萬人死亡；四萬人重度燒傷但還剩半條命。一百萬人失去家園。執行任務的三百二十四架B-29，只損失了十二架，而且主要是因為發動機故障。

李梅將軍表示，這次任務的目的就是要把東京「焚毀並從地圖上抹去，加速戰爭的結束」。

裕仁天皇於三月十八日前往東京被燒毀的地區。他的車隊和裝飾皇室專用菊花紋章的褐紅色勞斯萊斯，表示正在「行幸」——天皇進行表示祝福的視察。到了那裡，天皇看到筋疲力竭的市民在廢墟中費力地挖掘，搜尋著從前生活的碎片。看到天皇的車隊，市民非但沒有表示恭敬，反而怒目而視。裕仁天皇沒有停車慰問臣民，臉上也沒有表現出悲傷或遺憾。雖然東京民眾都表現出了明顯的厭戰情緒，但日本的精英階層還在兩天後派代表懇請天皇不要投降。他們相信，日本人民會習慣轟炸的，而且還會因此更加團結。

在接下來的幾週，日本人民夜不能寐，因為提心吊膽熬著夜時刻準備躲避又一場轟炸，讓他們心力交瘁、心煩意亂。工廠曠工現象與日俱增，戰時生產減緩了下來。

然而日本仍舊不會投降。甚至在李梅將軍於名古屋、橫濱、大阪、神戶和川崎重演了同樣的轟炸之後，日本也沒有投降。

相反，日本關閉了學校，國家決定苦戰到底。所有的兒童都被叫去做工，生產食物或彈藥；一些孩子還被送去學習如何使用高射砲。

但這不需要了。兩週的「火攻」之後，美軍不再用燒夷彈轟炸日本了。原因有二：一，李梅手下的飛行員累了。二，對日本投放五百萬顆 M69後，第二十一司令部的燒夷彈庫存量已經清空。

第九章
現在麻煩的是杜魯門

H－128室，國會大廈
華府
一九四五年四月十二日
下午五時

首都下起了一陣小雨，杜魯門大步走進有著高高天花板的房間，想趕緊喝點什麼。副總統穿了件灰色西裝外套，胸前口袋裝了疊好的手帕。即使在主持了一整天參議院會議後，杜魯門仍然神采奕奕。他走進國會大廈一樓的H－128室，準備和眾議院議長雷伯恩喝點小酒，此時的杜魯門是知足而輕鬆的。明天，正如在寫給母親的信中提到的「威斯康辛的吹牛參議員」發表超長談話時，他會發表全國廣播談話，因為明天是湯瑪斯．傑佛遜日（Thomas Jefferson Day），美國第三任總統的紀念日。除此之外，其他也沒什麼好想的。

「哈瑞，史蒂夫．厄利（Steve Early）要你馬上回電。」杜魯門一進門，雷伯恩就說道。這大房間在十九世紀時是領土委員會（Committee on Territories）的辦公室，天花板上畫著慶祝美國領土擴張的壁畫。應雷伯恩的強烈要求，德克薩斯州的孤星旗最近被添進了花鳥壁畫中。從其他方面來看，這裡彷彿是一間非常不錯的紳士休閒俱樂部。

六十三歲的雷伯恩當議長已經有五年了，經常通過他稱之為「教育董事會」的夜間酒會來拓展人脈，為預算尋求支援，或只是為了制定策略。這是根據雷伯恩的政治需求邀請入會的。在任期內曾參加過一到兩次的「教育董事會」的話，是一種地位的象徵。然而有些人，如杜魯門和德州議員林登．詹森（Lyndon B. Johnson）則可以隨時過來喝點波本酒。

杜魯門拿起電話撥一四一四，這是跟在羅斯福總統身邊很久的新聞秘書史蒂夫．厄利的電話。很少有從白宮打來的電話，而且杜魯門當副總統的時間還不夠長，沒有接觸到羅斯福的核心圈子。即使總統尚未從雅爾達之行的舟車勞頓中恢復過來，還在喬治亞州的溫泉鎮休養，杜魯門還是迅速回了厄利的電話，以免需要他做什麼重要的事。他上任以來，這種情況還沒發生過呢。

「我是副總統，」杜魯門聽到厄利的聲音後說。

那邊厄利開門見山：「盡快過來白宮，越低調越好。」

「我的上帝和傑克遜將軍哪[1]！」杜魯門叫道，放下電話。

「白宮要我立刻過去。」他告訴雷伯恩。

杜魯門踏出門時，發現帽子遺留在辦公室。他每天都做健行運動，維持每分鐘一百二十步的速度。而現在他開始跑了。他一路衝出國會大廈，鞋子在大理石地面上咯咯作響。他想是不是羅斯福決定早點從喬治亞回來，或者總統需要他做什麼和國會有關的特別差事。總統和他只見過兩次面，所以特別要他過去肯定是有什麼急事。杜魯門覺得羅斯福在生他的氣，但他不知道為什麼。越是這麼想，他就越覺得要快點到達白宮。

下午五點二十五分，副總統的車停在白宮北門廊下。杜魯門下了車，兩名白宮接待人員陪同他進門。一人把他送到橡木裝飾的小電梯間。他們什麼也沒說。杜魯門仍然不知道白宮為什麼要他過來。到了二樓，出了電梯門，杜魯門驚訝地看到愛蓮娜．羅斯福（Eleanor Roosevelt）和她的長女安娜（Anna）竟一身喪服。杜魯門與第一夫人的關係一直是小心謹慎的，所以她不可能因為社交原因邀請他過來，更不會請他來第一夫人的書房[2]。

很快，杜魯門明白了為什麼要他過來。

「哈瑞，」現在是前第一夫人的愛蓮娜告訴他，「總統去世了。」

她的聲音很鎮定，因為她一小時前就知道了。羅斯福和愛蓮娜結婚四十年，但這很大程度上是一樁政治聯姻。外傳羅斯福有外遇，確實，他腦溢血發作身亡的時候，陪在身邊的正是情人露西．默塞爾．拉瑟弗德（Lucy Mercer Rutherfurd）。

1 原註：杜魯門故鄉密蘇里州有為紀念安德魯．傑克遜將軍而得名的傑克遜郡。杜魯門曾當過傑克遜郡法院的法官。

2 原註：愛蓮娜．羅斯福非常喜歡杜魯門的前任華萊士，堅決反對不提名華萊士為副總統候選人的決定。杜魯門第一次見到愛蓮娜是在一九三五年的白宮宴會上，他剛選上參議員不久。當時他就覺得愛蓮娜盛氣凌人。從那時起到一九四五年之間，杜魯門也對家人抱怨過愛蓮娜，說她太沉迷於公眾的眼光，以及對自己的聲音太自戀。

「有什麼我可以為您做的嗎？」知道真相後，杜魯門問愛蓮娜。

第一夫人直視著新總統。「應該是我們能為您做些什麼。因為現在陷入麻煩的人是您。」

晚上七點零九分。

還沒從震驚中恢復過來的杜魯門，正把左手放在一本紅邊聖經上，舉起了右手。他的妻子、女兒、九位內閣閣員、六位國會領袖、幾位白宮人員，以及一些記者蜂擁進入內閣會議室。每個人都站著。在杜魯門最喜歡的威爾遜總統畫像前，開始就職儀式。最高法院大法官哈倫．菲斯克．斯通（Harlan Fiske Stone）帶杜魯門宣讀就職誓詞。「我，哈瑞．西普．杜魯門，」斯通開始說。

杜魯門當場糾正他。「我，哈瑞．S．杜魯門，」他回應道[3]。

宣誓繼續。

在內閣會議室外，一小群記者和攝影師已經聚集在西翼，羅斯福去世的消息已經不脛而走，傳遍全世界，也引來上千民眾聚在白宮外弔唁。

「願上帝助我。」斯通吟誦道，誓詞到此讀完。

「願上帝助我。」杜魯門總統跟著說[4]。

杜魯門宣誓用的聖經是廉價的基甸版本，是一般會放在飯店房間裡的。當時在混亂中唯一能找到的就是這本了。但現在原本尋常的聖經已經成了歷史文物。表面上看，杜魯門對前路無所畏懼，他像報導裡說的「緊繃著臉」，但是，新總統結束宣誓時突然動情地把聖經緊緊貼在嘴唇上，鄭重地吻了一下。

四月二十四日，杜魯門總統聽取了有關美國即將要試爆原子彈的最高機密簡報。「四個月內，」杜魯門在橢圓形辦公室聽取的簡報劈頭就說，「我們將很可能製造出人類史上最可怕的武器，一顆炸彈就能毀滅一座城市。」

如果成功，它就能結束太平洋戰爭，雖然會造成大量平民死亡——即便沒有一百萬人，也會有成千上萬日本公民丟掉性命。

一天之後，杜魯門同意對日本本土發動全面性的攻擊行動。如果最終真的打起來，將有成千上萬軍人喪命。

然而，如果原子彈已經準備就緒，可能就沒必要登陸日本了。

---

3 原註：西普（Shipp）是杜魯門祖父的中間名，他祖父叫安德森．西普．杜魯門（Anderson Shipp Truman）。瑪格麗特．杜魯門後來寫他父親的就職典禮時說，「沒有人知道斯通為什麼會認為父親的中間名是西普。」

4 原註：原先，「願上帝助我」這句話並未包含在就職誓詞。部分歷史學家認為，華盛頓在一七八九年宣誓時把這句話加了進去，另一些人則認為他並沒有說這句話，不過後人仍然認為是華盛頓所說。無論如何，說這句話已經成了總統就職時的傳統。

投放原子彈的最終決定將由杜魯門一人做出，雖然此時他並不知道原子彈到底是什麼。

杜魯門只知道，不能再讓美國人流血犧牲了，一定要把日本擊潰。

第十章
歐本海默與「三位一體」

洛斯阿拉莫斯，新墨西哥州
一九四五年四月二十二日
下午五時

世界上最危險的人正在慶祝四十一歲生日。性情古怪又絕頂聰明的物理學家羅伯特·歐本海默（J.Robert Oppenheimer），在一千兩百平方英尺、由石塊和木頭建成的屋子的客廳裡走來走去，啜著馬丁尼酒，四周跟人聊天。空氣中瀰漫著菸斗用菸草絲的味道。他的客人有物理學家、化學家以及諾貝爾獎得主，他們口音各異，有英國、美國和東歐的口音[1]。

房間裡的每個人都有機密安全等級身分，所以可以彼此之間討論此時極少受到全球關注的議題。既

1 原註：優秀的愛因斯坦沒和他們聚在一起。由於這位理論物理學家宣導反戰主義，因此當局把他列為危險分子。除了為美國海軍做一些無關緊要的事情之外，官方幾乎不讓愛因斯坦接觸與戰爭相關的工作。

然德國已經差不多要戰敗，是否該向日本投原子彈？聰明絕頂的科學家之間產生了分歧，一些人贊同，另一些則認為用原子彈轟炸一個快要投降的國家是不道德的。有些人認為投下原子彈後，會引發全球性的軍備競賽。事實上，匈牙利物理學家利奧・西拉德（Leo Szilard）正隱密地準備與杜魯門碰面，討論這棘手的問題[2]。

洛斯阿拉莫斯位處海拔七千三百英尺的沙漠台地。初來乍到的人往往不能在那邊喝太多酒，因為稀薄的空氣會讓他們頭暈目眩。然而歐本海默的酒力在他們那群人中堪稱傳奇，不過比他的酒力更傳奇的是他對製造出世界第一個原子武器的深深執念。雖然週日喝酒慶祝了一晚上，但第二天他仍在七點半之前就起床，那時候連工廠的開工汽笛都還沒響呢。

「我的兩個最愛，」歐本海默在戰爭未開始很久以前寫信給朋友，「是物理和沙漠，很遺憾不能把它倆結合起來。」

現在，多虧了萊斯利・葛羅夫斯少將和最高機密的曼哈頓計畫，歐本海默可以把兩大最愛結合起來了。六年前，羅斯福與亞歷山大・薩赫斯在橢圓形辦公室的談話，結果喚起了美國發展核武之心。但三年前，歐本海默才從體重過重的陸軍官僚接獲授命，不僅要他在一個鳥不生蛋的地方建立世界頂尖的實驗室，還要說服最首屈一指的科學家來此地全情投入研發原子武器的工作。

歐本海默顯然不是管理實驗室的最佳人選。他的過往有些問題：這位加州大學柏克萊分校的年輕教授，有抑鬱症史且行為古怪。一九三〇年代末，歐本海默與一個據稱是共產黨員的女生交往，引起陸軍反情報單位和聯邦調查局的注意。另外，歐本海默沒有管理一大群人的經驗，也沒得過諾貝爾獎。很多人懷疑他是否具備研發世界首個大規模殺傷性武器的能力。

但是直言不諱的葛羅夫斯將軍堅持要選他。「歐本海默什麼都能跟你聊。你說什麼他都能接話。不對，也不盡然……他對體育一無所知。」葛羅夫斯後來告訴記者，並稱歐本海默為「天才」。

關於建立新實驗室來專門分裂原子的消息終於傳到了科學界。一九四二年十月，歐本海默被雇的時候，一些人對這「最不可能的任命」大為震驚。一位物理學家說：「我大吃一驚。」

聖塔菲（Santa Fe）西北部三十五英里處，一所二十五年歷史的男校，有著原木的宿舍，以及觀賞桑格雷克里斯托山脈（Sangre de Cristo Mountains）美景的絕佳視角，很快被買下來用於建立歐本海默的新實驗室。四十四萬美金買下了八千九百英畝土地、六十匹馬、五十個馬鞍，以及一條電話線。名叫洛斯阿拉莫斯的學校周圍，很快立起了圍籬，上面覆蓋著刀片刺網，也有軍人和軍犬守衛著。於是歐本海默手下那些科學家覺得非常安全，很多人早上出門上班的時候乾脆都不鎖門了。然而這樣的安全是有代價的：洛斯阿拉莫斯國家實驗室的男女雇員的私生活都要一直處於保全人員的監視之下。研發原子彈的消

2 原註：西拉德將無法如願與杜魯門總統討論他認為會發生的軍備競賽。杜魯門認為西拉德被誤導了，以至於想把原子彈技術分享給其他同盟國。

息不能讓德國和蘇聯知曉[3]。

實驗室快速地擴張，形成了一座小鎮。鎮上還成立了戲劇社，歐本海默本人在《毒藥與老婦》（Arsenic and Old Lace）劇目中友情客串一具屍體。人們還選出了管委會。派對經常舉辦，而且通常持續到深夜，有時候這些世界上的金頭腦還會表演鋼琴或小提琴助興。一些人覺得這麼偏僻幽閉的地方令他們害怕，而其他人卻覺得很浪漫，因此此地的出生率非常驚人。

一九四四年一天天過去，轉眼到了一九四五年，原子彈的測試也要開始了，從前只存在於理論上的武器，化作可以結束人類史上最大規模戰爭的無窮威力，這個過程，科學家的身心靈都付出了代價。六呎高的歐本海默，憔悴體重只剩一百一十五磅。他的牙齒也爛了。他每天抽五包契斯特菲爾德牌香菸，經常長時間咳嗽，咳得臉都發紫。他很少吃東西，也放棄了對辣的愛好，每天只喝琴酒、抽菸、喝咖啡。

更糟的是，與歐本海默結婚五年的妻子凱蒂，這個全憑自己努力而成為生物學奇才的科學家，因壓力過大而崩潰了。她帶著四歲的兒子彼德回到匹茲堡的娘家和父母一起住。奇怪的是，她沒有帶走才四個月大的女兒托妮。她知道歐本海默肯定沒法照顧孩子，就把小孩子託付給派特．謝爾（Pat Sherr），一位剛剛流產的好朋友。事實上，凱蒂一直沒對托妮好過，她不想要這個孩子，覺得是個負擔，經常一連好幾天把孩子丟下給朋友照顧。

歐本海默一週看望女兒兩次，他對女兒的關愛程度跟妻子是相差無幾。一邊要顧著孩子，一邊還要準備即將到來的原子彈測試，對他來說負擔太重了。一次他竟然問謝爾想不想收養托妮，因為他「就是無法愛她」。震驚的謝爾婉拒了。

歐本海默盼著凱蒂歸來。她是歐本海默唯一的知心人，也是能信任的少數人之一[4]。

然而凱蒂不在的時候，緋聞卻產生了。雖然歐本海默看起來形容枯槁，那腐舊的菸味也如影隨形般跟著他，但有些女人仍然對他著迷。他也不是沒有注意到她們的魅力。在洛斯阿拉莫斯的日子，他一直緋聞不斷。謠言（純屬造謠而已）中有一個是關於一位二十歲的金髮美女，名叫安妮・威爾遜（Anne T. Wilson），歐本海默當時在華府一見到她，就親自為她安排一份在洛斯阿拉莫斯的工作。

歐本海默和其他女人的關係卻超出了謠言的範圍。一九四三年六月，他去柏克萊分校出差時與兒童心理學家珍・塔特洛克（Jean Tatlock）重燃舊情。為保密曼哈頓計畫而監視歐本海默一舉一動的軍方情報人員報告說，他和塔特洛克吃了晚餐，喝了酒，然後去她家過夜。幾年前，兩人處於熱戀，但塔特洛克分別在不同場合拒絕了歐本海默的三次求婚。等到一九四三年她才後悔當時做出那樣的決定。與歐本海默過夜後六個月，珍・塔特洛克在浴缸內放滿了水，吞了一瓶安眠藥躺在裡面，自殺了。

---

3 原註：在曼哈頓計畫於一九四二年開始之前，蘇聯就已經知道美國在研發原子彈。他們將計畫稱為ENORMOZ，也就是「巨大」（enormous）之意。生於德國的物理學家克勞斯・富赫斯（Klaus Fuchs）和美國科學家狄奧多・霍爾（Theodore Hall）是洛斯阿拉莫斯實驗室的雇員，也是蘇聯派去的間諜。富赫斯在一九五〇年以間諜罪被捕，判處十四年監禁，他服了九年刑期；但霍爾從未受到起訴。在洛斯阿拉莫斯還有很多別的間諜。人們只知道他們的化名，但真實身分卻一直沒能查出。

4 原註：凱薩琳・普恩寧・歐本海默（Katherine Puening Oppenheimer），簡稱凱蒂，以性格潑辣、直率著稱。她在一九四五年七月回到洛斯阿拉莫斯陪伴丈夫。歐本海默不是她的第一任丈夫，在一九四〇年十一月一日與歐本海默結婚之前，已經有過三段婚姻。過去幾任丈夫中有一人是共產黨員，他在西班牙內戰中戰死。這引起ＦＢＩ局長胡佛的關注，在一九四四年調查她對美國的忠誠度。後來她的嫌疑都洗清了。兩人一直維持著婚姻關係直到歐本海默生命盡頭，但期間他們經常吵架，且凱蒂染上了酗酒的惡習。

歐本海默另一件緋聞女主角是露絲・托曼（Ruth Tolman），戰略情報局的心理學家，比歐本海默大十歲。這段情事在戰爭結束後仍在繼續。露絲的丈夫也在洛斯阿拉莫斯工作，很快得知了妻子的不忠。露絲的丈夫理察（Richard）於一九四八年死於心臟病，有些人認為妻子出軌給他帶來的沮喪失望是造成心臟病的主要原因。

然而現在，歐本海默沒有精力去出軌了。他的「小玩意」——他如此稱呼原子彈，馬上要準備試爆了。爆炸將發生在附近名為約那達的沙漠（Jornada del Muerto），在西班牙文是「死亡之旅」（Journey of the Dead Man）的意思。這片大風侵襲的不毛之地正如其名，會選擇此處正是因為它偏僻、無人、平坦。

歐本海默僅用三年就獲得了哈佛的榮譽學位，之後在德國哥廷根大學（University of Göttingen）獲得物理學博士。他是天生的領袖人物，喜歡萬眾矚目，但卻極少表露真情。

歐本海默，「三位一體」原子彈的關鍵團隊負責人。（Pictures from History）

他興趣廣泛，其中之一就是東方哲學。他為即將試爆的原子彈取的代號是「三位一體」（Trinity），指三位印度教神明，梵天（Brahma）、毗濕奴（Vishnu）和濕婆（Shiva）[5]。歐本海默對印度教經書《薄伽梵歌》（Bhagavad Gita）的經文倒背如流：「倘若有一千個太陽同時出現在天空，光芒才能與這位靈魂偉大者相比。……如此我成為了死神，世界的毀滅者。」[6]

生日派對還在進行，歐本海默又調了一杯馬丁尼，他還是個調酒天才。雞尾酒是他其中一個給人的形象。雖然他經常喝酒，但每次都喜歡小口啜飲，慢慢品嘗，很少喝醉過。

歐本海默的一生充滿了矛盾。但就像《薄伽梵歌》中他最喜歡的那句話所暗示的，這個選擇在舞台上扮演一具死屍的人，不吸取基本營養物質而身體枯萎凋零的人，在生活中正是一個死神。

他也深知這一點。

5 原註：在梵語中統稱為「三相神（Trimurti）」，意思是「有三種形態」。這和基督教中的三位一體類似。後來，歐本海默也表示自己受到了約翰．多恩（John Donne）的十四行詩的啟發，其中一句「撞擊我的心吧，三位一體的上帝（Batter my heart, three person'd God）」。

6 原註：這段話說的是毗濕奴神在說服一位王子履行其職責。毗濕奴：「成為世界的毀滅者」，同時運用神力將自己化為三頭六臂，以此對王子形成強烈的震撼。

第十一章

血戰鋼鋸嶺

沖繩，日本
一九四五年五月八日
一六〇〇時

距洛斯阿拉莫斯五千英里外，距離東京僅僅四百英里，陸戰隊員還不知道原子彈為何物。「德國人已經投降了。」在沖繩戰役進行到磨人的第六週時，他們才得知。消息在前線迅速從一個散兵坑傳到另一個散兵坑。

每個官兵對德國投降的反應都是相同的：「那又怎麼樣？」

希特勒已經死了。但陸戰隊員卻還在掙扎求生。這場由納粹德國元首六年前發動的世界大戰，仍然在地球的這個角落持續著。美軍離日本本土越來越近了，但卻為此付出了高昂的代價——對此，陸戰隊員再清楚不過了。

自從美國於一九四二年成功拿下瓜達康納爾，將部隊置於距離東京三千英里之外以來，就開始實施

「跳島戰略」。一九四四年底，佔領貝里琉讓美軍得以前進到距離東京兩千英里。硫磺島戰役的勝利又把距離縮短到七百五十英里。而沖繩又能將距離再縮短至一半。很明顯，下一個攻擊目標就是日本本土最南端的島嶼。

「日本人在沖繩也像其他地方一樣戰鬥到全軍覆沒，我們在攻打日本本土後也會看到同樣觸目驚心的情景，這是我們不想打下去的唯一原因。」[1] 陸戰隊下士尤金·史賴吉（Eugene Sledge）後來在記錄自己太平洋戰場經歷的書中寫道。

美國人越是往東京靠近，戰鬥就變得越是殘酷。沖繩戰役已經演變成美國陸軍、陸戰隊和海軍在歐洲和太平洋戰場都不曾經歷過的最慘烈、代價最高

美國進攻沖繩島使得美軍離日本本土更近了。沖繩島是二戰最慘烈的戰役之一。（Pictures from History）

的戰役。期間還發生一起著名的死亡事件，一九四四年普立茲新聞獎得主、美國傳奇記者恩尼派爾（Ernie Pyle），被一名狙擊手的子彈射穿太陽穴，而他才剛從報導了四年的歐洲戰場來到太平洋戰場。

不像貝里琉的珊瑚礁、樹木叢生，也不像硫磺島的人跡罕至、遍地黑色火山土，沖繩島居住著大量農民。居民有日裔，也有華裔。許多人已經寧可自殺也不願向入侵者投降。鄉村風光本應是遍地秋葵和茄子，鬱鬱蔥蔥，如今卻遭士兵踐踏，被砲彈炸得坑坑疤疤，隨處可見戰爭的殘骸：用過的彈匣、空罐頭、燃燒的車輛，當然，還有屍體[2]。

富饒的黏土因季風雨而成了爛泥。這麼多個月以來頭一次，日本人似乎有了取之不盡用之不竭的彈藥以及發射砲彈的大砲。穿著雨衣的美國大兵蜷縮在滿是泥水的散兵坑，或趴在斜坡上射擊。腐爛屍體的惡臭隨著溫暖的亞熱帶風在空中瀰漫。許多人滑倒在爛泥裡，發現身上滿是蛆蟲，一具半埋在泥裡、正在被蛆啃噬的日本或美國兵屍體正和自己面對面。

「任何動作，」下士史賴吉補充道，「都極其費力，而且讓人極不耐煩，因為在爛泥裡十分不便……（因為）即使在後方，也總有被擊中的危險。」

史賴吉痛心地寫道：「我們試著不時開些玩笑，但總是無法持久，因為我們越來越沒力氣了。」

---

1 編註：HBO電視影集《太平洋戰爭》由喬馬傑羅飾演的其中一個主人翁。

2 原註：沖繩島長七十英里，平均寬七英里。該島屬於日本一八七九年強佔的琉球群島。美國進攻的時候，島上人口接近四十五萬。估計有十五萬人或自盡，或戰死沙場。

沖繩戰役
1945.4.1-6.30
滿洲（日）
蘇聯
日本海
朝鮮（日）
日本
太平洋
東京
東海
菲律賓海
沖繩
127.8°E
127.9°E
東海
26.5°N
金武
石川東恩納
金武灣
26.4°N
第6
步兵師
沖繩北飛行場
第1
陸戰師
4.1登陸
渡具知海灘
4.3戰線
知花
巴克納
10軍團
第7
步兵師
嘉手納飛行場
沖繩
96步兵師
宇島袋
26.3°N
4.3戰線
前田高地（鋼鋸嶺）
77步兵師
4.29接替96步兵師
南飛行場
4.8戰線
中城灣
62師團
東飛行場
那霸
首里
與那原町
26.2°N
那霸飛行場
沖繩根據地隊
軍司令部
第32軍
絲滿
24師團
宇具志頭
26.1°N
菲律賓海
英里
0
2
4
8
127.7°E
127.8°E
127.9°E
Map by Gene Thorp

一等兵戴斯蒙・杜斯（Desmond Doss）想做個禱告[3]。

太陽正在升起。第七十七步兵師第一營B連的士兵再過一陣子就要攻擊前田高地了[4]，這是沖繩島一處四百英尺高、五英里寬的懸崖。沖繩其他地方都是平地或丘陵，唯獨這裡巨石高聳、峭壁陡立，最上面的六十英尺幾乎和地面垂直。在石灰岩內部，日本人構築了許多暗道，在裡面部署機槍和大砲。從這裡，敵人可以從三個方向監視美軍的行動，從而精確地進行火砲攻擊。

B連拿下這座高地很重要。之前美軍整整兩個師都沒能佔據懸崖之巔。現在，美軍決定不發動全面性進攻，而是採取隱蔽戰術，利用周圍的掩護，務求在爬到最高處前不被發現。

一等兵杜斯問指揮官他能不能禱告。「長官，」他說，「我認為禱告是我們現在最大的救星。我覺得每個人都應該在爬上通往崖頂的繩網之前先做個禱告。」

中尉塞西爾・根托（Cecil Gornto）點點頭。杜斯是虔誠的基督復臨安息日會教徒（Seventhday Adventist），不吃肉、不抽菸、不喝酒，週六也不工作。他於一九四二年四月一日愚人節那天來營報到，當時言行舉止十分古怪。其他士兵都不理他。軍隊甚至以他精神不正常為由准許他退伍。但他婉拒了。

3 編註：電影《鋼鐵英雄》安德魯・加菲爾德飾演的英勇救護兵。
4 編註：位於今日沖繩縣浦添市浦添大公園內。

後來，在關島和雷伊泰戰場，這個瘦得不像樣、帶著濃厚鼻音的維吉尼亞人表現非凡。他因在砲火中英勇無畏而獲得了兩枚銅星勳章。B連弟兄再也不排斥這個二十六歲虔誠基督徒的言行了。

杜斯在作戰開始前不久大聲禱告了起來。雖然一些士兵沒有和他一起禱告，但他們尊重杜斯；他是連上的醫護兵，有一天可能會救他們的命。在雷伊泰和關島，杜斯穿過敵人綿密的火力網，把己方的士兵拖到安全地帶，他的英雄之舉讓眾人刮目相看。

因其大無畏之舉，一等兵戴斯蒙．杜斯成了B連的英雄，但也成了敵人的目標。「日本兵要抓醫護兵，」杜斯回憶起他的左臂上戴了紅十字標記的白色袖章，「日本兵說上級命令他們除掉醫護兵，因為這樣可以打擊美國人的士氣。要是沒了醫護兵，剩下的兵就沒人照料了。」

最值得一提的是，杜斯是個「良心拒服兵役者」，因為他完完全全相信十誡中的第六誡：不可殺人。對一等兵杜斯來說，就算戰爭也不是他違反戒律的藉口，他認為戒律是上帝的旨意。不過，他是個愛國者，他推掉造船廠的工作，以便能和同胞們並肩戰鬥。

杜斯不帶一槍一彈就上戰場。B連其他官兵都用手榴彈和卡賓槍打日本人，大多數醫護兵會攜帶手槍，然而杜斯什麼武器都不拿。

「阿們。」杜斯以此結束禱告。他知道戰友們在看著他，希望從他一貫鎮定的舉止中獲得安寧。事實上，杜斯也無法掩飾內心的恐懼。

「阿們。」圍在他身邊的弟兄說道。

天剛亮，B連弟兄出發的時候，沖繩的氣溫仍然較低。幾個小時後，美軍沒被敵人發現，成功到達了峭壁上方，攀爬最後的五十英尺，然後回頭把繩子扔給後面的戰友。

沒有一人傷亡。B連弟兄知道原因——「杜斯做了禱告。」一個士兵難以置信地驚歎道。

突然，一聲「醫護兵！」回蕩在崎嶇的山巔。

沖繩的雨還在傾盆而下，全世界都在等待。婆羅洲和中國還有零星幾場戰鬥，但沖繩是美日最後一戰的關鍵。這場角逐不分出個結果，二戰的最後一場大戰就無法開始[5]。

在莫斯科，蘇聯領導史達林密切關注著沖繩戰役。他也在醞釀，一旦冬雪消融，他就要讓百萬軍隊橫跨蘇聯。現在和納粹德國的戰爭已經結束，史達林可以空出手來攻打日本佔領的中國北部的滿洲。巴頓將軍曾經警告過美國官方，蘇聯獨裁者正是美國的下一個敵人。史達林已經證明了這一點，從他對東

5　原註：沖繩戰役戰死的美國人中，有五千人是被神風特攻隊殺死的水兵。另外一千多人因為日軍長時間的砲火轟炸而患上彈震症，無法繼續戰鬥。日本在沖繩的傷亡人數超過十萬。

歐國家的行動就可以看出——這些國家都被蘇聯佔領了。史達林想讓美日之間的戰爭拖得越久越好，這樣就能爭取更多時間把軍隊從歐洲搬到亞洲。顯而易見，只要蘇聯的侵略不受遏制，史達林就能隨心所欲擴張王國了。

✹

在華府，杜魯門總統密切注意著史達林。他不像前任羅斯福般相信史達林。五月十一日，杜魯門中止了對蘇聯的租借法案，蘇聯在二戰中一直依賴美國的卡車和其他戰爭物資，但馬上就沒有了援助。雖然美國和蘇聯仍然視對方為盟友，但杜魯門已經首先表明，美國將不會容忍蘇聯在全球擴張的流氓行為。

✹

印第安納波利斯號（USS Indianapolis, CA-35）在沖繩戰役之初即受到損傷。眼前，巡洋艦停泊在加州瓦列霍（Vallejo）的馬里島海軍造船廠（Mare Island Naval Shipyard），船上一千一百九十六名官兵因暫時不用參戰而鬆了口氣。一些人回家探親，一些人在附近的營舍裡打了幾天牌。他們都覺得還活著已經十分幸運了。

三月三十一日，在進攻前的岸轟階段，重巡洋艦印第安納波利斯號來到沖繩海域，差點被一架神風特攻機擊沉。自殺式轟炸機直直落，在離艦二十五英尺處投炸彈。飛行員只投了一枚炸彈，但也足夠了。炸彈刺穿了甲板裝甲，突入水兵餐廳和油漕，然後在船體內部深處爆炸，九人立即斃命。

炸彈把船體炸出兩個巨大的窟窿。印第安納波利斯號眼看馬上就要沉沒了，好在官兵實施損害管制，立即封住了進水的船艙。奇跡似地，該艦竟然可以自行航行六千英里回到舊金山去維修。

曾幾何時，印第安納波利斯號是美軍艦隊中的寶貝。當時的羅斯福總統特別喜歡待在她那柚木後甲板上，於是要求把本艦指定為總統用艦，載著羅斯福在大西洋上航行過不計其數的旅程。一九四一年十二月的珍珠港事件提升了她的特殊地位。當時，印第安納波利斯號從泊位啟航，駛過珍珠港內命途多舛的戰鬥艦列[6]出港。兩天後，日軍發動偷襲，印第安納波利斯號在距離夏威夷西南邊七百英里處，逃過一劫。然而亞利桑那號、猶他號（USS Utah, BB-31）、奧克拉荷馬號、加利福尼亞號和西維吉尼亞號都被擊沉，約兩千人犧牲。

但現在，印第安納波利斯號的厄運降臨了。神風特攻隊的一擊，打垮了很多官兵的信心，再次出征之前，一些人甚至要求轉去其他艦船。

然而戰爭部卻不認為她有什麼厄運，認為她能順利回來已經是天命所歸。雖然軍艦還在修復，最

6 原註：戰鬥艦列是指美軍在珍珠港停靠一起的戰艦。當一九四一年十二月七日日本偷襲珍珠港時，八艘以州命名的戰艦，分別是內華達、亞利桑那、西維吉尼亞、奧克拉荷馬、賓夕法尼亞、田納西、馬里蘭和加利福尼亞。當時猶他號也在港，但停泊在別的泊位。西維吉尼亞號和加利福尼亞號後來被打撈上來並投入作戰。猶他號和亞利桑那號的殘骸仍然安置在被擊沉的地方，以此紀念犧牲的官兵。沉船中的水手遺體一直沒有被移出。

新的通訊和雷達設備還沒裝好，但戰爭部已經秘密選中了她跨越太平洋，把兩枚原子彈的料件運送到天寧島，去到那裡再組裝起來，為最終的投彈做準備。每一個官兵，連艦長查爾斯・馬克威三世（Charles McVay III），都不會被告知印第安納波利斯號即將裝上的這批神秘貨物到底是什麼。

麥克亞瑟將軍也不怎麼知道有關原子彈的內情。因為妻兒才過來，所以他沒離開馬尼拉。將軍正積極籌畫攻打日本本土的計畫。美國海軍軍令部長金恩上將（Ernest King）和空軍司令阿諾德將軍（Hap Arnold）反對登陸，認為只要掌握制海權和制空權就能最終扼住日本的經濟命脈，如此就不會造成美軍大量犧牲了。據估計，攻擊行動需要五百萬美軍陸、海軍及陸戰隊，再加上一百萬英軍。敵我雙方的傷亡數字預估在上萬到上百萬不等[7]。

麥克亞瑟不同意兩位海空軍同事的意見。他認為封鎖不會導達日本無條件投降。麥克亞瑟仍然不同意日本現有兵力足以建立起完善本土防線的保守看法。即使日本仍有四百萬士兵，全境還潛藏了千架飛機準備執行神風特攻任務。

麥克亞瑟認為，他指揮的史上最大規模兩棲登陸行動將會成功。他看到了榮耀。但別人看到了死亡。

來自歐洲戰場的幾位將軍已經轉至麥克亞瑟麾下，但是美國最好鬥、最有成就的將軍卻不包括在內。巴頓將軍的仗已經打完了。這位脾氣火爆的戰術家將留在德國監督戰後重建，要是來太平洋戰場就完全多餘了。

正如一位美國軍官說：「兩位驕傲的戰神，兩種鮮明的性格出現在同一戰場上，過猶而不及。」[8]

東京。在戒備森嚴的宮殿裡，裕仁天皇思考著要不要搬進那座為保全自己而建立的山上秘密堡壘。日本城市一片廢墟。成千上萬人流離失所。裕仁天皇的帝國海軍幾乎已被摧毀殆盡。整個國家陷入饑荒之中。饑腸轆轆的災民對國家給軍隊尤其是在食物配給方面的優待日益埋怨。另外，天皇在兩個月前就知曉蘇聯想「確保未來在亞洲的定位」——這是即將發動攻擊的外交辭令。

但裕仁天皇仍然不選擇投降。

相反，他堅信，軍方將領能夠打退敵人的入侵。新的戰機正在生產，二十九個新的作戰師正在成立，戰車和大砲也正在為這重要一戰而儲備。[9]

7 原註：登陸日本的行動稱作沒落行動（Operation Downfall），分成兩部分。第一部分是攻打日本最南端的九州，稱為奧林匹克行動（Operation Olympic）。第二部分是攻打本州，也是東京所在地，叫做小王冠行動（Operation Coronet）。

8 原註：巴頓和年長的麥克亞瑟之間差不多相差六歲。他們初次見面是在一九一八年九月十二日，一戰的聖米耶勒戰役（Saint Mihiel offensive）。一九三二年，麥克亞瑟下令巴頓少校驅散佔領華府部分地區的示威者。如今歷史學家仍對兩位將軍誰更為卓越而爭論不休。

9 原註：自一九四五年初，日本人就一直在九州構築防線，集結軍隊。估計有七十五萬人集中在灘頭堡，以應對美軍的進攻。雖然空中轟炸密集，但日本的工廠仍在運作，並能製造新的武器，工廠員工是日本工人和同盟國的戰俘。

「如果我們在這場戰爭中堅持得夠久，」裕仁天皇相信，「那麼我們也許能打贏。」

沖繩。這天是週六，對一等兵戴斯蒙．杜斯來說是安息日。即使在前田高地爭奪戰中，這天也應該是休息和禱告的日子。因為昨晚從懸崖一側掉了下來，杜斯的腿受了瘀傷正在流血，他現在幾乎無法站起來。太陽緩緩升起，杜斯斜靠著一塊岩石，想念著家鄉的女友，讀著《聖經》。

杜斯的班發動攻擊已經過了一週。爭奪高地的拉鋸戰仍在繼續；日本人正在使用「反坡」防禦戰術，讓對方佔據高地前部，但無法深入日方控制的高地頂端和後方。拉鋸戰中，美國人已經多次被日軍從頂部擊退，只能屢敗屢戰以收復高地。每天，一等兵杜斯都爬上長長的繩網救治受傷的戰友。他的制服已經染上了他救治過的所有人的血，但都已經乾了。在手榴彈和輕兵器的火力包圍下，杜斯仍然積極救人。在綁繃帶止血、注射嗎啡、把戰友從火線上拖過來的時候，杜斯拒絕尋求掩護。B連人數已經從兩百人減少到一百五十五，杜斯照料了每一個倒下的人。無論戰友是死是活，杜斯都把他們從懸崖邊帶到安全的地面。

杜斯躲在陰暗處休息，上校突然來到他身邊。一般高級軍官是不會出現在前線的，這位軍官的到來顯得非比尋常。

「山上情況怎麼樣？」上校問杜斯，杜斯掙扎著站起來。看到杜斯的腿受傷了，上校示意他坐下。

「我今天早上沒上去，長官。」

「我想看看我們的砲手的表現如何。」上校回答說，然後開始沿著繩網向上爬。

杜斯看著上校搖搖晃晃地爬到前線。好像才過了幾秒鐘，就聽到那邊有人大喊：「醫護兵！」雖然今天應該休息，但杜斯還是迅速爬上繩網，來到奄奄一息的上校跟前，只見他躺在岩石上，槍傷非常嚴重。

上校正在迅速失血。杜斯用紗布按住傷口，從急救包裡拿出一升血漿。周圍的士兵都在抵擋敵人的火力，掩護杜斯。

醫護兵把輸液針插進血管。為了讓血漿流進上校的身體，必須把血漿袋舉高。於是杜斯不再蹲著，而是起身，跪在地上。暴露在戰火中的他高高舉著血漿袋。

一升血都輸完了。躺在懸崖邊的上校情況舒緩了，幸虧有杜斯，他活了下來。但沒多久——上校在被送到後方醫療站前死去了。

杜斯受傷的腿抽痛著，但他仍待在山頂。B連沒有其他醫護兵了。他們沒能攻下堅固的碉堡群，更多的弟兄倒下了，崖頂遍地是屍體和只剩半條命的人。這時傳來了撤退的命令。

能行走的都沿著繩網往回爬到安全地帶。最後崖頂上只剩下杜斯和一百個受傷的戰友，還有日本陸軍。

杜斯拒絕離開。「我認識這些人；他們是我的弟兄，其中一些還有妻兒。如果他們受傷了，我希望可以在那照顧他們。」杜斯後來寫道。

即使暴露在密集的砲火和槍林彈雨中，杜斯也堅持不懈地照料每一個倒下的戰友。受了傷但仍能開槍的士兵在排隊等待救護的時候就為杜斯提供掩護。杜斯絲毫不顧腿部的劇痛，二話不說就扛起傷患，或抓著他們的腳踝把他們拖到懸崖邊。

小時候，杜斯曾救過水災災民。那時，他學會了一種繩結繫法，可以用繩子的一小段綁成一個懸帶。他已經二十年沒打過這種結了，但突然他的腦海中浮現出繩結的打法。他用這種臨時想起的方法打出懸帶，把傷患一個個從懸崖上吊下去，然後再去戰火中救其他人。「再救一個也好，」他不斷對自己說，「一個也好。」

日軍瞄準了杜斯，但沒打中。他們手持刺刀不斷逼近，甚至有時離他只有幾英尺距離，杜斯那些受傷的戰友們拚盡全力開槍把日本兵打死。

到了傍晚，一等兵杜斯隻身救了七十五人。

「我可以毫無保留地說，他的壯舉是我所見過最英勇無畏的。」中尉塞西爾·根托後來讚歎道。

「我不是要逞英雄，」杜斯晚年告訴報社記者，「我只是從這個角度考慮問題——在一間著火的房子裡，一個母親的孩子在那裡，是什麼促使她衝進去救出自己的孩子？」

「是愛，」他自問自答道，「我愛我的戰友，他們也愛我……我就是無法拋棄他們，就像母親無法拋棄自己的孩子一樣。[10]」

幸有一等兵戴斯蒙・杜斯那樣的勇士，美軍最終取得了沖繩之戰的勝利。那天是一九四五年六月二十三日。由於沖繩離日本本土很近，因此成為了攻佔日本本土的前哨戰。

沖繩之戰激烈進行了八十二天。兩萬多名美軍陣亡。五十萬名登陸上岸戰鬥的美國大兵中，有三分之一的人非死即傷。

捲入戰爭不是美國自己的選擇，為珍珠港復仇的日子早已過去。然而，一日不打敗日本，世界就一日不會安全。日本在其兩千多年的歷史，從沒有向外國投降的先例。

裕仁天皇有能力打破先例。

只是他不願如此。

裕仁天皇的國家肯定是要潰敗了。子民在流血，在受苦；家園被燒毀，被踐踏。但天皇連想都沒想過要向令人憎恨的美國人投降。

然而，天皇不知道的是，一種比他所知都還要強大的力量即將釋放。

---

10 原註：兩週後的一九四五年五月二十一日，一枚手榴彈在杜斯腳下爆炸。他受了重傷，仍自行包紮了傷口。等了幾個小時，讓救援人員先把其他傷兵救走後，才肯讓他們把自己放到擔架上。在後送醫療站的路上，他被日本狙擊手擊中，嚴重骨折。他用一把步槍當做夾板，且不顧骨頭已經脫臼，硬是爬到了安全地帶。餘下的日子，杜斯都待在醫院。在那他發現自己的《聖經》遺留在戰場。消息傳回他的部隊，勝利後，弟兄完完整整搜索了一遍前田高地，直到找到杜斯的《聖經》為止。一九四五年十月十二日在白宮舉行典禮，杜魯門總統授予杜斯榮譽勳章，他是美國第一位因英勇壯舉而榮獲最高軍事榮譽的非戰鬥人員。之後杜斯在醫院斷斷續續住了五年，治療各種傷勢。杜斯曾夢想開花店，但他的傷，以及因肺結核而切除掉一個肺，使他無法如常工作。戴斯蒙・杜斯於二〇〇六年三月二十三日去世，享年八十七歲。

恐怖的原子時代將在四十四天後準時登場。

第十二章

徒勞的談判

強羅飯店，箱根
一九四五年六月二十四日
晚上七時

夏日的輕風給這個即將毀滅的民族帶來一絲涼意。

這天晚上，春日的櫻花早已凋落，山頂被白雪覆蓋的富士山陰下，前首相廣田弘毅極其沮喪——雖然他盡力表現得沒事一樣。三年以後，他將會被絞死，因為日本犯下令人髮指的戰爭罪行中有他一份。但今晚，弘毅試圖基於人道理由要求結束戰爭，並且依照日本的條件來結束。

然而沒有蘇聯的幫忙他是做不到的，這也就是為什麼蘇聯駐日本大使雅科夫·馬利克（Yakov Malik）現正坐在他面前。強羅飯店在東京西南方五十英里的箱根，一般高層級的會談不會選擇這麼偏遠的地方舉行，是蘇聯人的主意。比起首都，馬利克更喜歡僻靜的箱根，愛極了當地的溫泉，更重要的是，他覺得美軍轟炸機不太可能把這個林中度假地當成目標。

六十七歲的弘毅身材精瘦，嘴上有一層薄薄的鬍子。他是個資深的外交官，擁有專業政治家所具備的素質——伶牙俐齒，話中有話。馬利克顯得粗獷、直接，這位三十九歲外交官的處世手法是典型的俄羅斯風：直率生硬。因為知道日本在談判中佔下風，他那本來就傲慢的態度就更顯強烈。

蘇聯早已宣佈他們不會繼續履行與日本在一九四一年簽訂的互不侵犯條約，因為日本與德國結盟就成了蘇聯的敵人。每天有三十列裝載蘇聯軍隊和戰車的火車前往滿洲，準備在夏末發動攻勢。日本天真地以為蘇聯永遠不會進攻。這種誤判促使裕仁天皇把成千上萬的日本軍隊調離滿洲回到本土，讓蘇聯看到了機會。

弘毅是談判的老手，他知道如何從問題根源下手。天皇親自批准了這場談判；沖繩的失守使得天皇急於說服馬利克幫助日本調停。但是這位前首相收到的命令是，談判過程中，哪怕日本真的需要蘇聯立刻作出答覆，也要表現得不疾不徐。於是，弘毅首先繞過了和平問題，言不由衷地開了個關於日本帝國軍隊和蘇聯紅軍結盟的玩笑。

「我們未來的關係，」馬利克直言不諱，「必須建立在具體行動上。」這也是含蓄提醒對方，歷史上的日俄關係是衝突不斷的。

這一句話令會談戛然而止。

幾個小時後，弘毅不顧一切，請求第二輪對談，他成功了。這次他假裝提出新方向，說要和蘇聯達成貿易協定：日本用東南亞佔領區的橡膠和鉛礦換蘇聯的石油。

「我們沒有多餘的石油了。」馬利克回答道，他粗獷的臉上面無表情。

別無選擇的弘毅最終只能說重點。

「日本，」弘毅承認道，「希望能盡早和平。」

這話著實令人震驚，因為如此就顛覆了日本十多年來的侵略性，也終止了日本建立亞洲帝國的企圖。

然而馬利克知道他做不了主。

「尊敬的弘毅閣下，您一定知道，和平與否，不是我們蘇聯說了算。」

美國和英國都公開表示，除非軸心國「無條件投降」，二戰才會結束。因此，歐洲戰場上的戰爭直到德國被徹底打敗才結束。「無條件投降意味著我們的國家結構會被瓦解，人民會崩潰。」海軍大將鈴木貫太郎如此向天皇解釋。今晚的談判不只關乎日本的未來，也關乎兩千五百年天皇制度的存亡。

然而，如果蘇聯可以替日本出面求情，說服英美沒有必要要求無條件投降，日本民族就不會受這奇恥大辱。

日本不想投降，但也不想再打仗了。

他們不打算歸還已經在東南亞和中國佔領的土地。他們也希望不要重蹈納粹德國的覆轍。德國現在處於美、蘇、法、英軍隊的佔領，備受屈辱，其前官員馬上會因戰爭罪而受審。廣田弘毅很清楚，犯下如此重罪的人通常會被判處死刑。

弘毅急需蘇聯的幫助來結束戰爭。

但那是不可能的。馬利克大使不會給他想要的答覆。事實上，蘇聯也不會給出任何答覆。

兩人一直談到深夜，最後喝了點咖啡和烈酒，結束了談話。會談在友善的氣氛下進行，但實際上令人感到筋疲力竭。

絕望的廣田弘毅回到東京，他的國家和他的天皇的命運仍然未知。他希望離開令人失望的談判桌，因為在他內心深處知道，蘇聯永遠不會替日本出頭。

日本，這個侵略者的國度，挺不過這一關了。廣田弘毅也同樣難以倖免[1]。

1 原註：廣田弘毅在一九三七年七月中日戰爭爆發之前任相。戰後，他因對南京大屠殺知情且默許而遭到起訴。一九四六年四月，遠東國際軍事法庭在東京開庭。一九四八年十二月二十三日，廣田弘毅在東京巢鴨監獄被處以絞刑。

第十三章

試爆，釋放出地獄的力量

阿拉莫戈多，新墨西哥州
一九四五年七月十六日
半夜一時

歐本海默踱著步，一手拿著咖啡，另一手拿著捲菸。週日已經過去，現在是週一凌晨了。他的臉上皺紋叢生，一舉一動都表現出極度緊張。雨重重地打在頭頂上的鐵皮屋頂。餐廳外面，電閃雷鳴，大風以每小時三十英里的速度猛烈掃過原先的牧場，這個地方如今是基地營。

還有不到三小時，「三位一體」原子彈試爆就要在離歐本海默現在坐立不安的十英里外開始了。五個武裝警衛在塔下把守，塔上正是歐本海默那珍貴的「小玩意」。警衛要確保不會有任何人干擾試爆，他們會一直待在那裡，直到爆炸前三十分鐘才乘吉普車迅速離開。由於這種武器以前從未試爆過，因此連歐本海默這樣的科學巨匠也不知道爆炸到底有多大、有多深遠的威力。

除非暴風雨停歇，否則無法試爆。預計原子彈會向空氣中釋放出致命的輻射塵。科學家早就知道核子反應產生的副產品對人和其他生命體有害。狂風會把它們從沙漠帶到城區，雨會讓放射性落塵滲進土壤，帶來更大危害。惡劣的天氣也使觀測機無法升空。而在實施層面，雨水可能會破壞引爆原子彈所必要的電子連接線路。

整夜，歐本海默都試著要靜下心來。別人勸他去帳篷裡休息，他不聽，總是待在餐廳裡。起初，他試著平靜地坐著，讀一本詩集，但無法。香菸和特濃咖啡是他當下的唯一慰藉。

歐本海默有能力創造出真正的人間煉獄的力量，卻沒有營造天堂的能力。這讓他十分不安。

葛羅夫斯將軍頂著大風來了。雖然天氣惡劣，但這位曼哈頓計畫的總主持人堅決反對延後試爆。將軍的理由是政治性，而不是依據科學：當下，在地球的另一端，在柏林外一座名叫波茨坦的小鎮，杜魯門總統正與蘇聯領導人史達林和英國首相邱吉爾會談。如果原子彈在凌晨四點準時試爆成功，肯定會馬上傳到杜魯門的耳裡，他就能立刻告訴另外兩位同僚，核武時代已經來臨。對七十歲的邱吉爾來說，這消息無異於勝利，因為他早就知道曼哈頓計畫了。

然而對史達林來說，是代表著震驚和威嚇。美國擁有原子彈就相當於警告蘇聯領導人，在未來美蘇談判中，他才是佔下風的那一個。

試爆選在凌晨四點是因為曼哈頓計畫的成功仍然依賴於高度的保密性。在那樣的時間點，當白光一瞬間把漆黑的沙漠變成白晝，就算可能有人在監控，那也還在睡夢中。

葛羅夫斯和歐本海默一樣緊張，他在附近的帳篷裡只斷斷續續睡了幾小時。現在他睡不著了。

兩人商量了一下，同意在基地營的餐廳裡消磨時間不是個準備原子彈試爆的好辦法。於是他們走進黑夜，開了四英里的車，來到試爆點附近。那裡，半埋在地裡的指揮所地下管制掩體裡，一小組技術人員和科學家為關鍵的試爆作最後的調整。歐本海默和葛羅夫斯勉強同意推遲三位一體的爆炸時間。

但也只推遲了一小時。

五千多英里外的波茨坦也出現了延遲。杜魯門和邱吉爾一起坐下的同時，正是歐本海默和葛羅夫斯一起蹲在地下管制掩體的時候。杜魯門在凱撒大街二號的公寓非常富麗堂皇，此處的奢華與他樸素的風格極不相稱。這場世界最強大的三位領袖共同討論戰後事宜的會議無限期推遲了，史達林不知到哪裡去了，反而替杜魯門和邱吉爾製造了相互了解的機會。

杜魯門在上任伊始十分躊躇，那些突然塞給他的重大事件和決定讓他無所適從，只能勉強應付。然而現在，他和顯得疲憊的邱吉爾在德國時間上午十一點整見面，讓杜魯門又重拾自信。他們已經談了兩個小時，面對邱吉爾如此傑出的政治家，杜魯門沒有畏怯，反而覺得自己跟他沒什麼兩樣。

他們沒有談論遠在新墨西哥的原子彈試爆，也沒討論最近東京高層給日本駐蘇聯大使的消息被攔截的事情——電報是用密碼編寫的，佐藤尚武大使堅持日本永遠不接受無條件投降。他們沒有討論這些問題，蘇聯很可能在杜魯門的住處裝設了竊聽器。

邱吉爾和幾個隨員離開的時候，倫敦正發生令人震驚的事情。兩人都不知道，但他們再也沒有機會進行工作往來了。最終結果還沒有在倫敦宣佈，不過厭戰的英國選民已經決定不再讓邱吉爾當下一任首相了[1]。先是羅斯福去世，現在又是邱吉爾下台，這使得還有功能的同盟國戰時領袖名單只剩下兩人：杜魯門和史達林。現在，兩個仍然假裝為盟友的對手要一起締造一個全新的世界了。

邱吉爾離開波茨坦凱撒大街二號的時候，遠在新墨西哥，三位一體的引爆時間再度推遲。試爆時間改為清晨五點三十分。隨著夏季暴風雨漸止，歐本海默和葛羅夫斯將軍如釋重負，不用再延遲下去了。葛羅夫斯留下歐本海默在管制掩體，此刻寧可開車回到相對安全的基地營去。如果爆炸果真像有些人害怕的那樣威力巨大，說不定連管制掩體都會被摧毀。

凌晨五點整，爆心點已經疏散完畢。那五個在一百英尺高、放著原子彈的塔底衛兵飛快上了吉普車，迅速向西南方向開往基地營。他們必須一路狂飆過崎嶇的沙漠路，才能在爆炸前到達基地營。萬一汽車引擎故障，他們也還有三十分鐘時間搶在爆炸之前撤離。「我肯定他們不會慢吞吞的。」葛羅夫斯將軍後來用淡淡的諷刺口吻寫道。

萬一爆炸的時候這些士兵仍然在戶外，他們被告知要趴在地上，腳朝著爆炸的方向。他們不能睜開眼睛或看爆炸發出的光，估計爆炸時放出的光亮能把人的眼睛照瞎。

清晨五點零五分——離爆炸「還剩二十五分鐘」——狂風已經停歇，現在只有靜靜的微風，點點細雨落在沙上。雲層仍然很厚，看不見有多少星星，當然觀測機的視線也會受影響。

歐本海默離開了堅實的混凝土牆圍成的安全管制掩體。他踏出腳步，獨自身處在黎明前令人愉悅的氛圍中。根據規定，基地營是唯一一個觀察人員可以在戶外觀看原爆的地方，但歐本海默決定不理會規定。

另外還有兩個管制掩體的觀測點，每個都距離爆心點六英里。每個掩體都覆蓋了泥土，用來緩衝爆炸產生的力量。幾組科學家站在掩體裡，準備分析爆炸產生的能量數值，並確定原子彈是否「對稱地」引爆了。

意思是，原子彈是否引爆成功。

幾天前，引爆原子彈的電路測試不幸失敗了。歐本海默的工程師向他承諾，今天早上不會有問題。歐本海默和物理化學工程師喬治·基斯佳科夫斯基（George Kistiakowsky）對賭十美金，說三位一體引爆不成。

沙漠空氣中都是三鹵蒿的味道。清晨第一絲陽光照亮著地平線。三位一體在約那達的試爆點是一片

1 原註：邱吉爾的支持率在一九四五年五月是百分之三十，但由於他的戰爭領導才能出眾，許多英國人擔心打敗日本後，邱吉爾可能會和蘇聯打仗，而不是結束戰爭。歐洲的戰爭已經結束了，英國開始轉向戰後重建。選民受到領導工黨的艾德禮（Clement Attlee）的社會政策所吸引。當時工黨的口號是「讓我們迎向未來」，並承諾對主要工業進行國有化來為工人謀福祉，於是大敗邱吉爾的保守黨。邱吉爾這位終身從政的政治家後來又再當上首相，於一九五一到一九五五年再度任職，最終在八十歲高齡由於健康惡化而離職。

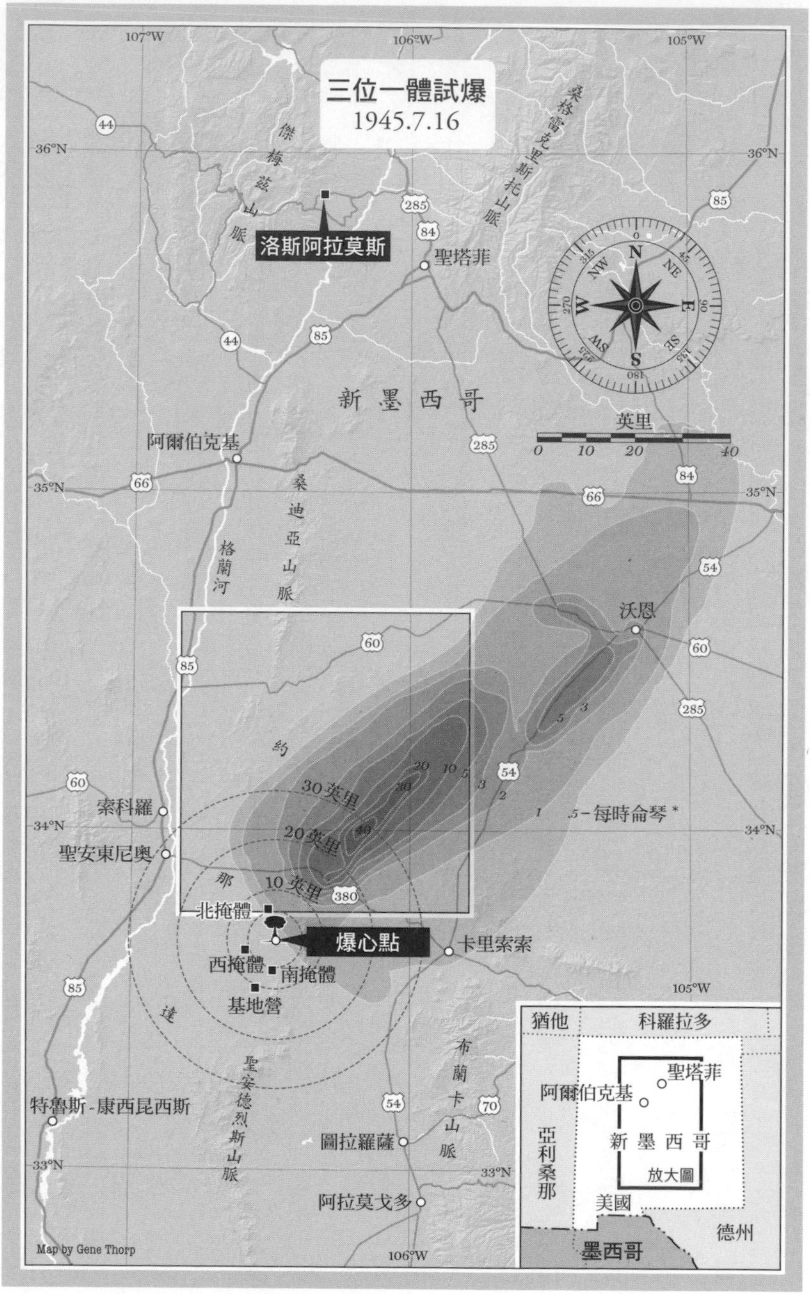

* 編註：侖琴指的是暴露量，在游離輻射的環境中，侖琴數越大，暴露量就越大，也就越危險。

沙漠平地，寬十八英里，長二十四英里。歐本海默凝視著那開闊延伸出去的地方，他的胃因焦慮和喝了太多咖啡而隱隱作痛。他能清晰地看到，五英里之外的地方，燈火通明的試爆塔放著他的小傢伙。他看不見原子彈本身，但他知道那個十英尺寬、被電線緊緊裹著的圓球體就是原子彈。歐本海默十二小時前親自監督了原子彈從塔底升到頂部的過程。

在管制掩體內，歐本海默手下的科學家都異常激動，一些人戴上墨鏡，想要遮擋爆炸產生的強光，另一些人在賭原子彈是否會把雲都點著。

不過沒有一個人，甚至連歐本海默本人都不知道到底會發生什麼事。

附近的擴音器傳來聲音，打破了沙漠中的寂靜：「倒數二十分鐘。」

羅伯特·歐本海默盯著他的原子彈，等待著。

杜魯門觀賞著那令人歎為觀止的景象：整個美軍第二裝甲師整齊地排列在他面前，等待他的檢閱。士兵、半履帶車，以及久經沙場的雪曼戰車排列在柏林城外的公路上，目之所及，盡是美國士兵那橄欖綠的制服。

杜魯門把和邱吉爾的會面拋在腦後，他想在下午參觀一下被炸毀的柏林市。但首先，他享受了總統特權，檢閱自己那攻無不克的軍隊。身為一名老兵，杜魯門走下總統專車，站在半履帶車上好讓眾人看到他[2]。

裝甲車慢慢地駛過軍隊。壯觀的景象令杜魯門歎為觀止。第二裝甲師是當前最大規模的裝甲師，在北非、西西里、諾曼第都作戰過，兩個月前隨著德國投降而結束在歐洲戰場的作戰行動。

然而當杜魯門總統向下看著那些勇士的臉龐——許多人僅僅是高中剛畢業的年紀——他明白第二裝甲師的戰爭可能不會結束。由百萬人編制而成的三十個師，已經從世界各地出發準備要去攻打日本人了。也許只要再過幾週，第二裝甲師就會登上開往太平洋的軍艦。

除非杜魯門可以找到另一種方法說服日本人接受無條件投降。

在基地營，萊斯利．葛羅夫斯將軍趴在一個用推土機推出來的小型壕溝裡，以便爆炸的時候能夠保護自己。現在離爆炸「倒數五分鐘」，也就是清晨五點二十五分。在他周圍，科學家都趴在地上做好準備。每個人都拿了一副林肯牌焊工用眼罩，是為保護眼睛不受超強光影響而特製的。聽到爆炸聲時，他們可以翻過身來坐起，戴上這副眼鏡，見證世界上第一顆原子彈的爆炸。從來很鎮定的葛羅夫斯發現這一刻的寂靜令他有些緊張。「我只想，如果倒數計時到零的時候，什麼也沒發生，那我該怎麼辦。」他後來說。

離爆心點四英里處，歐本海默覺得時間慢下來了。這種感覺非常磨人。接下來的五分鐘感覺過了很久。「上帝啊，」他大聲說，暫時回到了控制室，「這些事情重重壓在我心上。」

湯瑪斯・法雷爾准將（Thomas F. Farrell），葛羅夫斯的副手，注意到了歐本海默明顯的痛苦。「歐本海默博士承受了非常巨大的壓力，時間滴滴答答地過去，他越來越緊張。他幾乎不能呼吸了。他抓著一根柱子，以至於不會倒下。在最後幾秒，他直直地盯著頭頂上方。」

倒數兩分鐘，一顆照明彈射出，告訴大家馬上就要開始試爆了。歐本海默又一次走出了管制掩體，趴在他弟弟法蘭克（Frank）的身邊[3]。

倒數三十秒，管制掩體裡的控制盤一片紅燈亮起，電流開始衝向原子彈。試爆仍有一絲取消的可能，但只是在電路故障的情況下。

倒數十秒，「噹」的一聲巨響響徹管制掩體，這是最後提醒每個人要為即將發生的事情做好準備。來自芝加哥的物理學家塞繆爾・艾力森（Sam Allison）的聲音從控制掩體傳來，進行著最後的倒數計時。

「三、二、一，開始！」

巨大的一束光充斥了天空，它是如此強烈，讓目擊者永生難忘。「第一道光穿過來，從地面一直照到人的頭上，」法蘭克・歐本海默後來仍然記得，「人們抬頭首先看到一個火球，然後幾乎馬上就看到

2 原註：杜魯門一戰時是個砲兵軍官。在謬司─阿岡戰役（Meuse-Argonne）中，他的部隊為巴頓的戰車旅提供火力支援。同時參戰的還有來自布魯克林的士兵約翰・歐萊利（John O'Reilly），也就是本書作者比爾・歐萊利（Bill O'Reilly）的祖父。

3 原註：三十二歲的法蘭克・歐本海默是個粒子物理學家，曼哈頓計畫的科學總監。戰時他在不同的研究單位待過，在「三位一體」研發出來前的最後幾週才來到洛斯阿拉莫斯。

那籠罩在上方的奇形怪狀的雲朵。」

雲是紫色的，放出的高溫在幾英里之外都能感受得到。「好像打開了滾燙的烤箱，彷彿看到太陽正在升起。」基地營一名觀測人員說。

一百秒以後，一陣衝擊波夾帶著隆隆巨響：「就像一顆五寸高射砲彈在一百碼內爆開。」一位正在觀看的彈道專家說。爆炸如此強大，連一百八十英里外新墨西哥的銀城（Silver City），有兩面大玻璃窗都被震碎了。

在管制掩體內，基斯佳科夫斯基目瞪口呆地看著原爆，歐本海默就是跟此人打賭說原子彈引爆不了。

「你欠我十塊！」他向歐本海默吼叫道。而現在歐本海默瞬間如釋重負，放下心來。

「我永遠不會忘記他走起路來的樣子，」爆炸後一位科學家回憶起歐本海默，「他昂首闊步……有點趾高氣揚的樣子。」

「他成功了。」

歐本海默的原子彈在新墨西哥爆炸的同時，一千兩百英里以西的舊金山，印第安納波利斯號的水兵正紛紛議論船上這批最高機密的貨物，這批貨在夜深人靜之時被運上艦。清晨四點，兩輛軍用卡車來到碼頭邊，一輛裝了十五英尺的板條箱，另一輛裝了一個小管子。帆纜士路易·德貝爾納第（Louie

DeBernard）指揮公差把板條箱捆綁好，方便起重機把它吊掛到艦上。同時，兩個水兵把一根撬棍伸進圓管上的一個小孔洞裡，扛起圓管，搬著它上了印第安納波利斯號。

好奇的官兵紛紛議論到底是什麼裝上了船。就在幾天前，一批裝有兩千五百件救生衣的貨箱運了上來——數量是一千兩百人的艦船所需的兩倍。官兵認為是平時軍方常有的出包，但新貨物的來歷明顯更有名堂。

板條箱存放在印第安納波利斯號艦艄的機庫裡。圓筒放置在一間無人使用的軍官臥艙，然後放到焊在地上的鉸鏈上。鉸鏈閉合並鎖上。

「我不認為我們在這場戰爭中會打細菌戰。」艦長查爾斯．馬克威三世說，他對這批貨到底是什麼一無所知。他得到的命令是趕緊把貨物送到太平洋的另一頭。選擇印第安納波利斯號主要是因為她夠大——她是一艘重巡洋艦，足以裝下這些物品，而且也比噸位更大的船更快。然而「小天使」（Cherub）馬克威——這位在美國海軍官校就為人所知的四十六歲職業軍官——收到了非常具體的指令：除了在周圍日夜看守的陸戰隊警衛，所有人都不許靠近。如果船艦沉沒，這些物品必須放到救生艇上，必須不惜一切代價確保貨物的安全。如果印第安納波利斯號遭到襲擊，敵人有可能登艦的話——儘管這不太可能，但一旦發生——艦長必須丟棄船上所有貨物，以免落入日本人手中。

馬克威知道對此還是少問為妙。

四小時後，上午八點，印第安納波利斯號從之前停泊的舊金山獵人角（Hunter's Point）碼頭啟航。八點四十六分，她從金門大橋下方駛過，經過馬林岬（Marin Headlands），駛向汪洋大海。她的第一站是珍珠港，放下一些搭便船要趕上戰時的人員。

然後，印第安納波利斯號會再出航。

下一站：天寧島。

因為三位一體的成功試爆，科學家才知道，正在太平洋上運送的原子彈材料會產生一千九百千噸炸藥爆炸的威力。除了在新墨西哥測試的原子彈外，美國科學家也製造了另外兩顆原子彈。一顆就是裝在印第安納波利斯號上的；另一顆的鈽核心再過幾天就要由飛機運往天寧島。這兩顆原子彈都沒有裝填引信。

歐本海默和其他人員已經發現，巨大的火球會射到四萬英尺高空，上升過程中所吸附的塵土會鋪天蓋地的遮天蔽日。雖然巨大的火焰已經熄滅，但新墨西哥向北吹的風會把輻射塵吹到整個沙漠。嚇人的是，那些在爆炸區以外吃草的牛群很快就會毛髮掉光，代表周圍的輻射量達到了威脅人體的程度。

在爆心點，放著原子彈的鋼塔已經消失不見，完全蒸發。地上沒有出現大坑，因為爆炸是在空中而不是地表完成的。爆心點方圓四分之一英里的土地都被燒得焦黑。超強溫度把沙子融化成綠色玻璃，人們後來會很快知道這種東西叫做玻璃石。

當然，這樣可怕的爆炸以及釋放出的強光肯定會引起注意。面對質疑，軍方的回覆是，阿拉莫戈多陸軍機場（Alamogordo Army Air Field）的彈藥庫失火了。

然而，一些人發現了一般爆炸和這場地動山搖的巨大爆炸之間的不同，他們不相信這種說辭。在新墨西哥和德州，報紙立刻報導猜測到底發生了什麼事。遠在加州，廣播節目也在議論新墨西哥沙漠的怪事。消息也傳到了華盛頓州，漢福德工程工廠（Hanford Engineer Works）的員工很快推斷出是原子彈試爆成功了。和洛斯阿拉莫斯一樣，漢福德也是高度機密的曼哈頓計畫的一個工廠，負責提煉鈽——原爆所需的重要元素。

三位一體試爆七個多小時後，波茨坦已經快到晚上八點了，戰爭部長亨利・史汀生（Henry Stimson）交給杜魯門一封加密電報，宣佈了原子彈爆炸的成功。「今天早上進行的。尚在分析中，但已知道結果令人滿意，甚至超出預期。」

杜魯門聽到消息的反應是謹慎的，尚待確認爆炸所及的範圍。事實上，總統在原子彈計畫中只是一個旁觀者。在他上任之前很久，羅斯福已經預見核子武器的潛能，並批准了曼哈頓計畫。杜魯門曾在一戰時擔任砲兵軍官，他把原子彈看成是戰爭中的一種武器，這種武器比戰車或火箭殺傷力強大得多，但不管怎樣還只是一種武器。杜魯門意識到戰局已經向有利於他的方向轉變，但他還不了解，三位一體不光只是個炸彈而已，一瞬間的爆炸已經改變了人類的未來。從那天起，任何國家，不論大小，只要有了核武，就可以隨心所欲地釋放出地獄般的力量。

至於說把三位一體的消息告訴人不知在哪的史達林這件事，現在反正不急[4]。

歐本海默在基地營喝了一杯白蘭地，把自製的密函發送給最近從匹茲堡回來的妻子凱蒂。密語是他們事先約定好的，「你可以換床單了。」表示試爆成功。

歐本海默欣喜若狂，如釋重負。不同於杜魯門，他清楚原子彈更廣泛的影響。今日這番景象如鬼魅般深深縈繞在他腦海裡，他說這景象「無比駭人」，但同時也意識到自己所取得的成就。

後來他告訴記者：「很多未成年男孩會感謝原子彈讓他們免遭戰死的命運。」

對歐本海默來說，三位一體試爆成功代表工作的結束，但對於葛羅夫斯將軍，這只是為達到最終目標的墊腳石。他立刻登上了要去華府的飛機。

「他們仍然為看到的景象而情緒低落，也沒心思談其他事，」葛羅夫斯描述那些和他一起坐飛機向東飛去的科學家，「我後來了解到，試爆對所有旁觀者的影響持續了好幾天，尤其是對那些科學家來說。」

「對我來說，我的思路很快理清楚了，我想的是要為即將到來的對日作戰的最終點做好準備。」這將是一場帶來滅頂之災的頂點，邪惡的力量將很快在這紅日升起的帝國釋放。

4 原註：史達林遲到原因有二：一、他故意拖拖拉拉，想讓杜魯門難堪，讓他知道誰才是最厲害的那一個。二、史達林非常害怕坐飛機，所以他選擇搭乘一千英里的火車，但要經過最近戰火很激烈的地方，不過已經事先做好了各種預防措施。

第十四章

伊五十八號

吳港，日本
一九四五年七月十六日
〇六〇〇時

廣島港以南僅十二英里，日軍潛艇伊五十八號從碼頭滑出，離開了吳港。艇上裝滿了足夠的食物、魚雷和燃料，以便能在海上待一個月。灰色的瞭望塔上用紅、白色鮮豔地畫出了日之丸。國旗上方，則是更能體現出忠義愛國的「菊水」戰旗，這是紀念日本中世紀一個武士的紋章，他為維護天皇榮譽而艱苦卓越地奮戰到死[1]。

天氣逐漸變得溫暖、潮溼起來。海軍少佐橋本以行在掌舵。伊五十八號迅速離開了港灣，進入到

1 編註：指的是代表鎌倉時代末期至南北朝時代楠木正成的「非理法權天」菊水旗，同時還有「宇佐八幡大武神」旗。楠木正成是在一三三六年的湊川之戰陣亡。後世以其為忠臣與軍人之典範，視為軍神。

把日本眾多島嶼分割開來的瀨戶內海。

潛艇離開成了廢墟的港市。三週前，一百六十二架美軍B－29轟炸機包圍了吳市，擊沉了還在建造中的兩艘潛艇，重創了另一艘。幾顆炸彈與伊五十八號擦身而過，但還是沒打中，成功脫險，毫髮無損。對三十五歲的橋本以行來說，他的潛艇虎口脫險，實在是個極大的安慰，比這更令他高興的消息，要屬他妻子和三個兒子在戰火中倖免於難了。

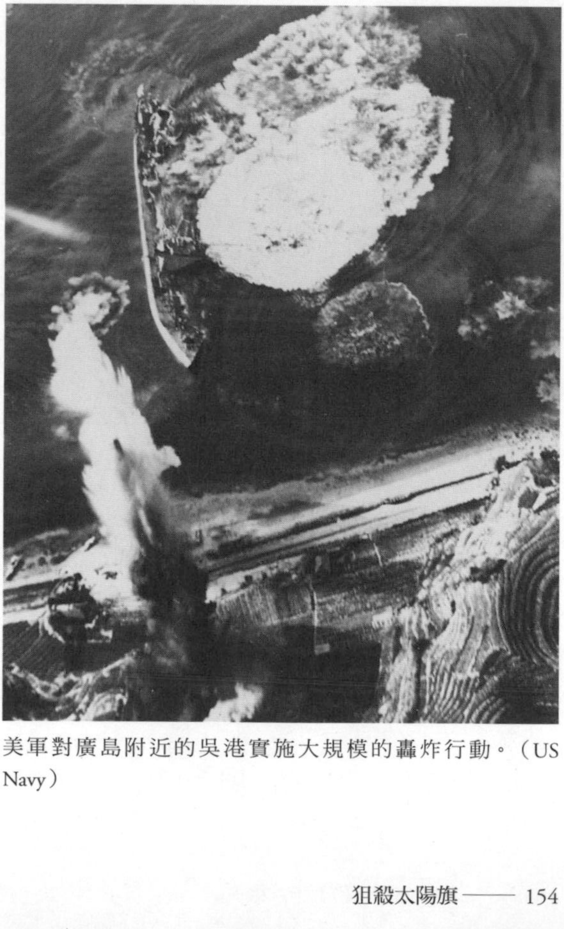
美軍對廣島附近的吳港實施大規模的轟炸行動。（US Navy）

美軍B－29已經在日本各大港口佈水雷，封鎖了太平洋所有以及日本海上的大部分港口。水雷成功切斷日本與外地的聯繫。

橋本感到欣慰，他的潛艇在吳港被佈雷之前就離開了日本本土。他知道美軍飛機現在已經掌控了日本的制空權。

不僅是陸軍航空軍的重型轟炸機在懲罰日本[2]。六天前的七月十日，美國海軍利用在沖繩新開的機場發動了一連串的空襲。海軍航空部隊如今每天出動幾百架次，飛到日本上空，摧毀日本的船舶、鐵路，以及有限的防空設施。不像銀色巨獸般的B－29從幾千英尺的高空投彈，海軍許多飛機都飛得很低，日本民眾得彎腰躲閃，在轟炸機隆隆飛過頭頂的時候，他們通常都能看清飛行員的臉龐。

美國的強大力量正在慢慢瓦解日本民族的士氣。兩天前剛發生了一起殘酷的攻擊。八艘從北海道往本州運煤的貨船被擊沉了，死傷慘重。如今日本沒有船能把煤從北海道運到其他地區的工廠了，工廠無法用煤發電來運轉機器。沒了工廠，就生產不出炸彈、槍砲、飛機或戰車，也就打不了仗。

即便這些工廠可以找到其他能源替代，生產也幾乎停滯。工業代表告訴軍方，因為缺乏原物料，他們只能再「多生產幾天」的武器。

對日本民眾造成的心理影響也是個非常棘手的問題，因為人民是國家有效防禦的最後希望。經歷了飢餓、無家可歸以及不斷加深的蒙羞，人民現在又被命令執行自殺式的「決戰作戰」（決號），意思是每一個日本男人、女人和孩子將戰鬥到死。許多家庭都已經收到尖銳的木棍，要在美國人過來的時候使用它們[3]。

2 原註：直到一九四七年九月十八日，美國空軍才獨立出來；二戰時這部隊還隸屬於陸軍。

3 原註：決號作戰是日本官方發佈的政策，要求人民誓死保衛日本。歷史學家威廉姆．曼徹斯特（William Manchester）在《美國凱撒》（*American Caesar*）中指出：「日本的地面防禦部隊有兩百三十五萬正規軍、二十五萬後備軍，以及三千兩百萬民兵——總共三千四百六十萬，比美國、英國和納粹德國的軍隊加總起來還要多……他們的武器有古老的青銅大砲、前膛槍、竹茅、弓和箭。甚至小孩子也接受訓練，學會如何把炸藥綁在腰間，滾到戰車底下自爆。這些小孩被稱作『雪曼地毯』。」

對一些在亞洲偏遠地區的日本兵來說，執行決號作戰為時已晚。他們已經認清，戰爭的潮流逆轉了。第一次，許多日本人開始投降——主要是因為他們的武器都被毀了。

「從五月開始，每天都有灰頭土臉的戰俘，許多人手裡拿的武器最厲害也不過是一支竹茅，他們染上瘧疾並且身感屈辱而瑟瑟發抖。」一名在緬甸戰場的英軍士兵說。

日本對戰事的延續幾乎是用人命來填補的。

但橋本還在指揮著世界上最好的潛艇之一。自這艘當時最先進的艦艇在一九四四年末開始服役後，橋本就一直擔任艦長。該艇長三百五十六英尺，寬三十英尺，比大多數美軍潛艇都大。她

伊 58 潛艦戰後停靠在吳港。（US Navy）

裝載了十九枚九五式魚雷，精確射程可以達到六英里，而且能以每小時四十英里以上的速度在水下航行。另外，移除了甲板上的主砲，以便為六條的「回天」魚雷騰出空間。回天重八噸，長四十英尺，是人為操縱的自殺式魚雷，相當於水下的神風特攻隊[4]。

作為一個受過良好教育的日本帝國海軍兵學校校友，橋本知道，德國的投降，表示由日本獨自對抗全世界。雖然有兩百多萬軍人和幾百萬日本人民隨時準備保衛祖國、抗擊入侵，但伊五十八號和其他五艘可作戰的潛艇[5]才是擺脫捱打局面的王牌。

自橋本開始指揮這艘潛艇過去的十個月，是令人沮喪，但也充滿著挑戰的日子。伊五十八參加了關島、硫磺島和沖繩島戰役。她的任務是侵擾美軍艦隊，向停靠在岸外支援登陸作戰的美國軍艦發射九五式魚雷和回天魚雷。但事實上，當伊五十八接近水面準備開火的時候，經常被美軍飛行員發現、攻擊。為了保護官兵，橋本不得不多次讓潛艇再次深潛。四月二十五日，三艘美軍驅逐艦圍堵伊五十八，橋本和手下無力應對，只能在三百英尺的水下等待攻擊過去。他們倖免於難，後來還因為擊沉一艘油輪和一艘航艦而立下戰功。

但這都是傳聞。真相是，伊五十八什麼也沒擊沉[6]。

---

4 原註：回天魚雷在一九四四年夏研發完成，基本上是一種單人潛艇，搭載在母艦上，在和敵艦碰撞後引爆。和神風特攻隊自殺攻擊相比，回天戰果不大。

5 編註：指的是包含伊五十八在內，均搭載了回天的多聞隊，其他潛艇是伊五十三、伊四十七、伊三六七、伊三六六、伊三六三。

6 原註：出現誤傳是因為日本潛艇靠爆炸聲來確認戰果，並非目視，因為發射魚雷後潛艇必須立刻下潛。加上日本海軍習慣誇大戰果以滿足上級長官，因此經常出現誤報。

一艘敵艦也沒擊沉的事實對橋本來說是其恥大辱。為了自己的榮譽和尊嚴，他需要俘獲獵物。他希望這次出航能夠抹去那本應一塵不染的服役經歷上的唯一污點。

太平洋上，敵艦無所不在，如此伊五十八就有很多攻擊目標了。橋本收到的命令是「干擾敵人通訊，」這就給了他行動空間，可以想什麼時候攻擊就攻擊。由於伊五十八的續航範圍是兩萬一千海里，因此橋本可以在太平洋上隨意來去，他就像一匹孤狼，尋找著從羊群中走失的羔羊。

橋本手下有一百名官兵，他們覺得等回到港口的時候，戰爭可能就結束了。這批人個個都是精英，是精心挑選出來才能上伊五十八號的。戰爭結束表示日本帝國海軍的解散。那麼這次就是他們最後一次任務了。

橋本是神道教宮司之子，他在船上搭了一個小神龕，覺得自己也許能求得神明護佑。他祈禱說，希望不知哪裡會冒出一艘美國軍艦，命中注定要與伊五十八號的一枚魚雷撞個正著。

很快地，他的請求將得到回應。

「下潛。」橋本以行命令道。

第十五章

「加快你們的腳步！」

波茨坦，德國

一九四五年七月二十五日

深夜

杜魯門總統思鄉心切。已經離家大概兩週了，他每天仍然照常早起，早餐享用燕麥、柳橙汁、麵包和牛奶。然而他想念妻子貝絲，以及能夠感受到家的一切事物，比如他最喜歡的白宮晚餐：雞肉和餃子。但杜魯門現在想的可不是吃的。他沉浸在日記寫作中，正記錄著波茨坦會議期間發生的事。關於三位一體威力的報告令他按捺不住，終於意識到美國有了一種無與倫比的戰爭武器。

「我們已經發現了史上最可怕的公式。」杜魯門潦草地寫下，字跡幾乎難以辨識，「雖然諾亞方舟讓人類逃過了洪水之劫，但我們可能還要面臨幼發拉底河河谷時期預言的滅頂火災。」

字雖然寫得快，但絕非胡亂寫下的。這番話不管對錯，杜魯門知道歷史終會判斷。就在昨天，他授權對日本投下原子彈。

一九四五年七月二十四日中午前，他與軍事顧問和邱吉爾在波茨坦交換意見後，杜魯門同意程序繼續往下走。這是個非常容易的決定，雖然洛斯阿拉莫斯的部分科學家反對，連杜魯門在歐洲戰場的最高指揮官艾森豪將軍也反對，因為他認為日本馬上就要投降了。但最後杜魯門還是覺得登陸日本本土將導致太多的美國人陣亡。

杜魯門後來說，「關於在何處、何時使用原子彈的最終決定權在我——這是毫無疑問的」，但事實上這個決定是由羅斯福在很早以前就做出的，當時他對使用原子彈沒有任何疑慮。羅斯福已經受夠了歐洲和太平洋戰場的死亡和毀滅性，於是毫不猶豫地批准了耗資二十億美元的曼哈頓計畫。

即便是這樣，杜魯門仍然是世界上唯一有權終止對日投下原子彈的人，但他選擇不去這麼做。他既沒有通過口頭，也沒有用書面形式宣佈他的決定。杜魯門只是退到一邊，沒有提出反對，看來他是覺得大勢所趨，天命難違。對杜魯門這種行動派來說，如此消極的行為實屬罕見，不過他是在頭腦清醒的情況下選擇這麼做的。

夜裡，杜魯門還在繼續寫關於波茨坦的日記：「從現在起到八月十日，這武器將會在日本使用。我已經告訴戰爭部長史汀生先生，要把軍事目標、陸軍和海軍作為攻擊對象，而不是婦孺。雖然日本人冷酷、無情、瘋狂、野蠻，我們也不能把這可怕的炸彈投在那古老而又現代的首都上，因為我們是為全世界謀福祉的全球領袖。」

不打都城東京及其附近的橫濱港，那麼廣島不可避免將成為首要攻擊的目標。這座三十五萬人口的濱海城市還不曾面對燒夷彈的攻擊，是個極好的完整目標。當地大部分人口都是日本陸軍或陸戰隊士兵，而且該港本身就是日本最大的軍事補給基地之一。杜魯門堅持要轟炸軍事目標，那麼廣島自然而然就成了「小男孩」原子彈的靶心，這枚原子彈剛剛到達天寧島，此刻正從印第安納波利斯號卸下。

另外，杜魯門拒絕摧毀古都，長崎就代替京都被列入了轟炸目標名單。

「目標要純軍事的，我們還要發佈警告勸誡日本人投降，以免遭難，」杜魯門寫道，「雖然我敢肯定他們是不會投降的，但也要給他們機會。所幸希特勒或史達林沒有製造出原子彈。原子彈幾乎是人類能研發出的最可怕的東西，但也能成為最有用的東西。」

雖然自從原子彈在新墨西哥試爆以來已經過了一週多，但杜魯門仍然沒有把消息告訴史達林。現在既然攻擊目標已經確定，那麼告訴蘇聯也無妨。

經歷了又一天令人沮喪的戰後局勢談判後，史達林終於露面。蘇聯談判的出發點是不斷要求加強控制已經在歐洲奪取的土地，而美國著重的是拒絕蘇聯的擴張。

蘇聯現在有一百多萬軍隊部署在滿洲邊境，準備攻打佔領那裡的日軍。如此大規模的軍隊部署在中國，表示蘇聯很快將要求未來在亞洲擁有相當大的主導權。這樣的談判十分磨人，然而杜魯門已經多次與蘇聯唱反調，拒絕讓史達林佔領更多土地。

塞琪琳霍夫宮（Cecilienhof Palace）的華麗大廳熱得讓人難受。基於禮儀，總統不能脫掉那雙排扣西裝外套，連鬆鬆領結也不行。整個下午，各巨頭和外交官共十五人圍坐在十英尺寬的圓形會議桌邊，史達林在杜魯門最右邊，邱吉爾在杜魯門左方。

這次是杜魯門和史達林的第一次見面。談判過程中，杜魯門總統並沒有被蘇聯領導唬住，史達林喜歡穿軍服，回應大部分問題時都只是簡單哼一聲，這個習慣讓杜魯門感到有趣，雖然他十分清楚史達林的殘暴為人。

大概快要到下午五點的時候，會議結束了。在談判桌度過了一個漫長的下午後，杜魯門從座位上站起來，往右走過五張椅子，到了在活動筋骨的史達林跟前。杜魯門一派輕鬆，以免嚇到史達林。他悄悄告訴史達林，美國有了「一種具有超大殺傷力的新型武器」。

史達林停頓了一下，然後通過翻譯說：「我很高興聽到這一點。」

真相是，史達林已經知道原子彈的事了，因為他在洛斯阿拉莫斯的研究所安插了間諜。「我希望你們會好好利用這種武器對付日本人。」蘇聯獨裁者說道，然後離開了。

幾乎在同時，杜魯門遇到了邱吉爾，他非常困惑，杜魯門的翻譯——蘇聯專家、美國外交官查爾斯·波倫（Charles Bohlen）也非常困惑。國務卿詹伯恩斯也過來了。他們都無法相信史達林聽到這個消息竟然如此冷淡。

事實上，史達林慌了。他這個人信奉絕對權力就是一切，一想到自己的軍事力量可能被比下去後，他無法容忍。史達林的目標是整個世界，因此十分害怕新武器會將力量的天秤向美國人傾斜[1]。

離開塞琪琳霍夫宮大廳後，史達林迅速給在蘇聯的核子計畫的科學家發了一封電報：「加快腳步。」

---

1 原註：估計在史達林主政蘇聯期間「非自然死亡」、被殺害的人數，從最低的兩千萬至最高的六千兩百萬人不等。創造出「死亡解決了所有問題」和「死一個人是悲劇，死一百萬人只是統計數字」等語錄的他，通過處決、人為飢荒、勞改營、監禁和酷刑謀殺本國子民。

第十六章

印第安納波利斯號的悲劇

市政府
馬尼拉，菲律賓
一九四五年七月三十日
一五一五時

太平洋戰場權力最大的人還不知道原子彈已經啟用，也不知道再過些時候就會看到一場大規模的毀滅。

在波茨坦，杜魯門總統的軍事顧問如今知道了三位一體的事，英國和蘇聯的最高將領也知道了。在德國，盟軍歐洲戰場的統帥、艾森豪將軍在一週前的一次晚餐時，得知了核武的成功。「他們告訴我，要在日本使用原子彈，」艾森豪後來寫道，「我反對這麼做，原因有二。一、日本人已經準備投降了，因此沒有必要用那個可怕的東西攻擊他們。二、我討厭看到我們的國家成為第一個使用這種武器的國家。」

但是麥克亞瑟，這位在雙方陣營中都是資歷最深的將軍，這個在八位總統手下任過職，被授予過最高軍事獎章榮譽勳章，率領一百多萬將士，統領了比美國面積大五倍疆土的人，對此卻一無所知。

雖然他的參謀繼續準備登陸日本，雖然他認為這次登陸將導致「一百萬人傷亡」，但將軍仍然過得優哉。他整天跟記者和從華府來菲律賓拜訪他的代表吹噓戰爭故事，並在「卡薩布蘭卡」享用悠長時光的午餐。「卡薩布蘭卡」是在一片廢墟的馬尼拉城裡專門供他家人落腳的大宅。

在悶熱的星期一下午，他在官邸二樓辦公室又迎來一個代表團。訪客中有海軍助理部長漢塞爾（H. Struve Hensel），和不久前還是羅斯福私人醫生的海軍中將麥金泰（Ross T. McIntire）。他們都表現得非常謙恭，這是對麥克亞瑟這樣功高望重的人應有的尊重。客人坐著的時候，麥帥習慣在房間裡踱來踱去並且一直自言自語。那些極度崇拜麥克亞瑟的高級參謀，有時會模仿他的這種舉止，聊以自娛。

半小時的客氣會面到了尾聲，送走了這個五人代表團，麥克亞瑟終於有片刻來想想昨天放到他書桌上那令人震驚的消息：日本軍隊正大量湧入九州，「一眼望不到頭」[1]。

並非如麥克亞瑟判斷，只有八萬日軍會防守美軍即將攻打的灘頭，而是五十萬大軍的九個師正挖著壕溝，佈防在海岸線上，等美國人登陸。幾乎所有軍力都進駐到九州南部的海岸，那裡正是麥帥奧林匹克行動的登陸區。

麥克亞瑟心煩意亂。現在盟軍已經控制了大部分的太平洋戰場，幾週前麥帥拿下婆羅洲也證明了這一點。但日本人仍然控制著許多環太平洋地區。他們在朝鮮半島、中國和日本北部的空軍基地，將對敵人艦船發動自殺式特攻。另外，日本帝國海軍的第十二航空戰隊的基地在九州，那裡有九百架隱藏起來的飛機將被用於自殺式行動。美軍雷達探測不到的老式木造雙翼飛機也正在改裝，準備進行夜間自殺式攻擊。

另一個威脅是，長崎附近的佐世保海軍基地的人員，正在加班趕工製造特殊的自殺式船艇[2]，準備撞擊載有美國大兵的登陸艦。日本人認為可以準確知道美軍會從哪裡進攻，因此正在灘頭後方建造大量地下洞穴，並在裡面儲備了食物和彈藥。所有平民都被迫從朝南的沿海地區撤離，這樣鐵絲網、砲台、地雷和反戰車壕就可以在那裡部署並偽裝起來。

麥帥接著讀這份觸目驚心的報告，他意識到敵人的「戰術和戰略形式正在發生急劇的變化」。日本不會再以貝里琉、硫磺島和沖繩使用過的複郭陣地戰略，再也不會靜靜地等在隱蔽的防禦碉堡中打退敵人的進攻。現在麥帥明白，日本人會比諾曼第的德國人更加瘋狂地守衛自己的海灘。九州的灘頭很可能成為葬送美國人的墓地。

按照麥克亞瑟的想法，美國可以用三種方式打敗日本：先海上封鎖，再登陸；先海上封鎖，再大規模空襲；直接登陸。作為一名陸軍軍官，以及指揮著有史以來最大規模軍力的將軍，麥克亞瑟絕不容許把戰爭成敗交由海軍和陸軍航空軍來決定。他生性多疑，喜歡無事生非，現在他認為這兩個軍種已經聯手，謀劃要把打勝仗的榮耀從陸軍手裡搶走。

1 原註：美軍在硫磺島和沖繩戰役中俘獲了日本的密碼冊，珍珠港的情報單位就能解讀敵軍的最高等級的機密文件。魔術行動（Operation Magic）是美軍破譯日軍電文的行動代號，負責解碼的人員自稱為魔術師。

2 編註：即震洋艇，是以三合板製造，搭載汽車引擎，再裝上炸藥製成的簡易自殺艇，在台澎均有部署震洋艇。

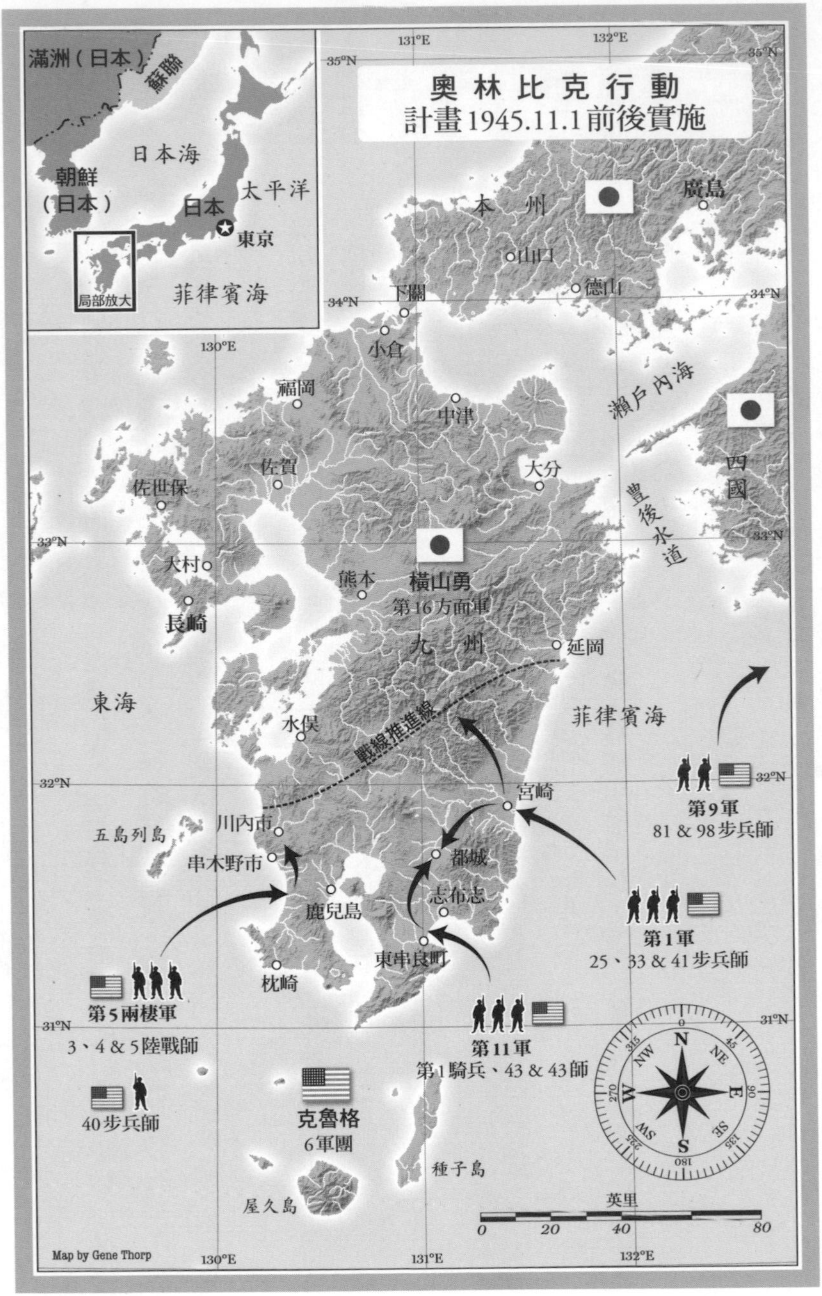
奧林比克行動
計畫1945.11.1前後實施
滿洲(日本)
蘇聯
日本海
朝鮮
(日本)
日本
太平洋
東京
局部放大
菲律賓海
131°E
132°E
35°N
34°N
33°N
32°N
31°N
130°E
本州
廣島
山口
德山
下關
小倉
福岡
中津
瀨戶內海
四國
大分
佐賀
佐世保
豐後水道
大村
熊本
橫山勇
第16方面軍
長崎
九州
延岡
東海
菲律賓海
水俣
戰線推進線
宮崎
第9軍
81 & 98步兵師
五島列島
川內市
串木野市
都城
志布志
鹿兒島
第1軍
25、33 & 41步兵師
東串良町
枕崎
第5兩棲軍
3、4 & 5陸戰師
第11軍
第1騎兵、43 & 43師
40步兵師
克魯格
6軍團
種子島
屋久島
英里
0
20
40
80
Map by Gene Thorp

麥帥公開與和他軍階相同、權力相當的海軍上將尼米茲作對，說尼米茲的戰術策略「簡直糟透了」。麥帥認為，海軍想要「在戰後控制所有的海外據點，然後把陸軍當成是本土的保全」。

雖然如此，他仍然需要水兵和飛行員。奧林匹克行動的基石是地面登陸前對日本工業區持續的空襲，並出動快速航艦特遣艦隊消滅日本海軍。然後，麥克亞瑟的第六軍團再登陸九州，揮出決定性的一擊。

麥帥不是那種指手畫腳的人，他通常只用靜默而強大的氣場指揮軍隊。他向朋友吐露，他相信日本人到九月一日會投降，但這份新的報告表明，敵人一心想著打仗。

這對奧林匹克行動的時機極其不利。麥帥最快也得在四到五個月後發動進攻，這就給了日本人更多時間來準備[3]。

最近截獲的其他日軍通訊，敵人的語氣非常自信，這說明有一件事是確定無疑的：敵人幹掉美國人的決心，在這暴風雨來臨前的片刻寧靜中只增不減。

表明日本決心殺掉美國人的證據，也能在太平洋水下一百英尺深、離馬尼拉六百英里的地方找到。

3 原註：登陸行動不僅僅是讓士兵上岸那麼簡單；官兵們需要吃飽喝足，需要武裝裝備，萬一受傷也需要得到照顧。麥帥在等歐洲戰場的部隊過來，同時也在儲備武器、彈藥、登陸艦、食物和醫療物資。

橋本以行少佐一邊吃著香噴噴的晚餐——新鮮洋蔥和地瓜罐頭，一邊謀劃著他的潛艇下一步該怎麼做；這位日本軍官雖然遭受了打擊，卻沒有被打倒。廚房就像擁擠的潛艇上的其他地方，有男人的汗味，食物壞了的味道，以及魚煮熟了的氣味。蒸籠般的濕熱填滿了這艘赤道水域中的潛艇，於是為了涼快些，橋本的官兵乾脆在米袋上裸睡。

橋本故意把潛艇停在關島和菲律賓群島之間繁忙的海運航線上。雖然他每天都對著那個簡易的神道教神龕拜拜，卻還沒有得到神明的保佑。昨天貌似走了運，伊五十八號觀測到一艘美國貨輪及護航的驅逐艦。但武裝貨輪荒野獵人號（SSWild Hunter）用甲板主砲開火，把第一枚回天魚雷給擊沉，回天的駕駛也死了。第二枚回天撞上了驅逐艦洛利（USS Lowry, DD-770），回天炸成了碎片，而美艦卻沒怎麼受損。

更重要的是，錯失這個機會讓橋本從獵人變成獵物。美軍護航驅逐艦阿爾伯特・哈里斯號（USS Albert T. Harris, DE-447）」正和伊五十八號在同一航道航行，搜尋著荒野獵人號目擊到的潛望鏡軌跡。伊五十八號長達一個月的任務進行到了一半，已經耗盡了燃料和食物，橋本知道他必須盡快返回日本。每天都是以失敗告終，橋本越來越絕望，覺得自己無法捕獲獵物了。

離日本潛艇十三英里處的黑夜，印第安納波利斯號快速駛向菲律賓。她在三天前已經把原子彈組裝零件卸在天寧島上了。海水劇烈翻騰起來，薄雲遮月。雖然天色已晚，甲板下緊密的船艙裡仍然熱得讓很多官兵受不了。三百名水兵在堅硬的鋼製甲板上放下床鋪睡覺，暴露在可能到來的威脅且毫無防備。

累了一整天了，馬克威艦長睡前再巡視一下印第安納波利斯號。三小時前，他很高興他的巡洋艦和官兵沒有遇到迫在眉睫的危險，於是下令不用為了避開潛艇而採取的之字形航行，以便增加航行速度。他也下令打開艙門，讓夜間空氣能夠灌進來。但一旦遇到攻擊，船艙就會快速進水，不過馬克威沒有收到有關敵人潛艇在太平洋的這片水域潛伏的情報。而且，上頭沒有為這兩天的航行派護航的驅逐艦同行，更讓他確信官兵的安全無虞。

胸圍寬闊、身材高大的馬克威俯身鑽進位於駕駛台下方的艦長室，脫掉衣服躺下。三天前，

英姿煥發的印第安納波利斯號重巡洋艦。（US Navy）

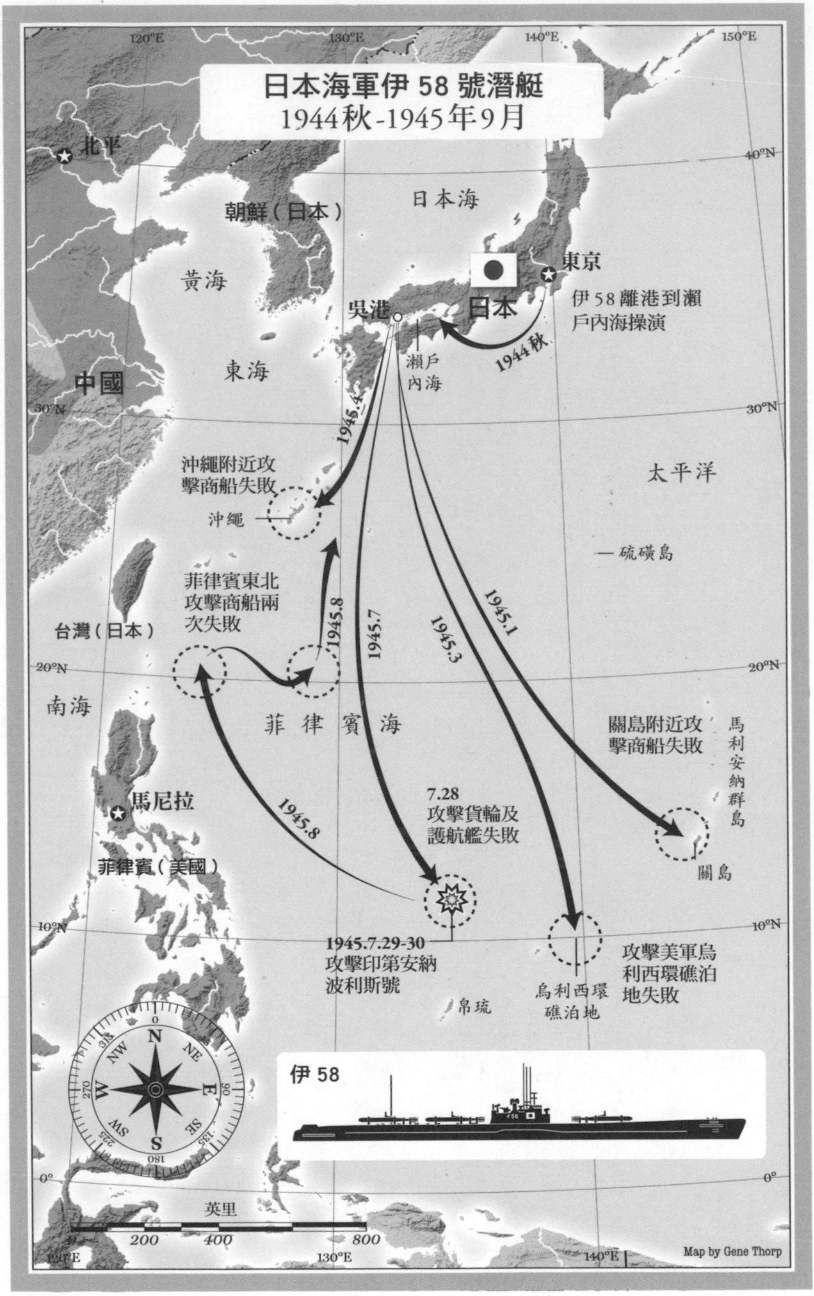

日本海軍伊 58 號潛艇
1944秋-1945年9月
120°E
130°E
140°E
150°E
40°N
30°N
20°N
10°N
0°
北平
朝鮮（日本）
日本海
黃海
東京
日本
伊 58 離港到瀨戶內海操演
呉港
1944秋
瀨戶內海
中國
東海
1945.4
沖繩附近攻擊商船失敗
沖繩
太平洋
硫磺島
菲律賓東北攻擊商船兩次失敗
1945.8
1945.7
1945.3
1945.1
台灣（日本）
南海
菲律賓海
關島附近攻擊商船失敗
馬利安納群島
馬尼拉
1945.8
7.28
攻擊貨輪及護航艦失敗
菲律賓（美國）
關島
1945.7.29-30
攻擊印第安納波利斯號
攻擊美軍烏利西環礁泊地失敗
烏利西環礁泊地
帛琉
伊 58
英里
0
200
400
800
Map by Gene Thorp

印第安納波利斯號才卸下那批官兵完全不知道是「小男孩」的零件，然後立刻收到了下一個命令：盡快趕往雷伊泰進行為期兩週的訓練。

馬克威本人不會因為對他隱瞞原子彈之事而生氣。這樣一來，他永遠不會陷於這個關乎道德的窘境：到底要不要把人類歷史上最致命的武器越過太平洋運送到六千英里外？原子彈將被掛載在世界上最強大飛機的炸彈艙裡，然後投向一座有著三十五萬男女老幼的城市。

在黑暗中渾身是汗的馬克威艦長盡量睡著。本艦應於十一點鐘在雷伊泰靠岸。他腦子裡想的全是在菲律賓等著印第安納波利斯號的十七天訓練任務。艦長本人已經有四個月時間沒有親臨前線，手下官兵將參加一系列的訓練任務、恢復戰備。訓練一結束，印第安納波利斯號就要向沖繩島出發，等待奧林匹克行動的開始。

午夜。

星期日退去，星期一來臨。

甲板下方深處的廚房裡，盤子已經洗淨疊好，準備盛早餐。難以置信的是，準備早餐的聲響竟然傳到了十三英里外的日本潛艇伊五十八號上。

當馬克威艦長在簡陋狹小的臥艙裡時斷時續地睡覺時，餐盤碰撞的聲響，引起了日軍聲納手的注意，印第安納波利斯號已經成了日軍的目標。

橋本以行少佐迅速下令裝上六枚致命的魚雷。海面狀況太惡劣，沒法出動回天自殺式魚雷，所以他選擇發射一般的九五式魚雷。這樣其實更好，因為在波濤洶湧的情況下，回天有很大的不確定性。而九五式魚雷是當今最好的魚雷，它的彈頭不管在哪個陣營來看都是最大的一顆，有效射程超過六英里。

橋本命令潛艇上浮，好讓他觀察四周，並讓潛艇上悶熱潮溼的小船艙灌入一些新鮮空氣。令少佐驚訝的是，目標完全沒覺察到不對勁，還在直線航行，而且沒有護航艦。橋本沒有急忙攻擊，而是耐心地把潛艇浮到水下六十英尺，並減慢了速度。在驚心動魄的二十分鐘，伊五十八號漸漸向印第安納波利斯號逼近。橋本以為他們隨時會被敵艦的聲納發現。

儘管印第安納波利斯號在舊金山升級改裝了一翻，裝上了最先進的設備，卻沒有裝上能夠聽到水下聲音、探測到周邊威脅的設備，這對她來說恰恰是致命的[4]。

艦長將伊五十八號的航速減緩到每小時三海里。

橋本鎮定自若。他知道只有一次擊沉這艘美國軍艦的機會，於是把潛艇開到距目標一千五百碼。潛艇官兵的戰時任務就是要無情地擊沉敵艦。但在殘酷的現實中，獵手也可能會被埋葬進水底深淵。潛艇戰是世界上最致命的作戰型態，比如德國海軍百分之八十的潛艇官兵就是戰死他鄉，日軍的死亡率要低，但也只略低一點。另外，攻擊的潛艇沒有義務救人，這項任務由當時可能在附近的其他船隻執行。魚雷一旦朝敵艦發射出去，潛艇就要迅速逃走，越快越好。

零時零二分，橋本決定出擊。「全齊放，」他下令，「兩秒間隔——開火！」

通過潛望鏡，他看到印第安納波利斯號仍然沒有採取任何規避措施。六枚魚雷悶聲從水中發出，朝美國軍艦的舷側打去。

橋本守著潛望鏡，保持警惕，猜想這次攻擊會成功還是又一次失敗。時間一分一秒過去，除了如墨般的漆黑，他什麼也沒看見。

突然，天空變成了明亮的橘黃色。

「打中了，打中了。」橋本艦長向圍在潛望鏡邊的官兵大叫道。潛艇上所有官兵都高興地手舞足蹈。今夜他們將盡情享用米飯和鰻魚，吃一頓慶功宴。

橋本少佐終於捕捉到了獵物。

震盪傳遍了印第安納波利斯號。

領頭的魚雷在艦艏右舷炸出了個洞。不過，負責為該艦巨大的推進器——也就是海軍常說的「俥葉」——提供動力的輪機艙安然無恙，船艦仍然以每小時十七海里的速度前進。海水灌進了裂開的缺口，如湍急的河流般衝進敞開的艙室，立即淹沒了船艦前半部。無線電士馬上發出SOS求救信號，提醒任何在附近的船隻，印第安納波利斯號需要幫助。「我們被魚雷擊中，正在快速下沉。」絕望的無線電士

4 原註：人們對於該艦為何沒裝聲納有許多不同的說法。最有說服力的說法是，當時海軍很著急，想趕緊讓印第安納波利斯號出海。

除了發送SOS摩斯電碼外，還加了一句，「我們此刻就需要幫助。」[5]

絕望的求救呼喚戛然而止，第二枚魚雷在第一擊之後立刻打了過來，在船艦右側炸開一個大洞，引爆了三千磅的航空燃油，船上立刻斷了電，求救信號也就發不出去了。

幾百人立即死亡——很多人被燒得面目全非。

在他那正好位於駕駛台下方的船艙裡，馬克威艦長飛快地穿上一條短褲，出去查看損毀情況。濃煙滾滾，周圍幾乎一片漆黑，他根本看不見。起初艦長鬆了口氣，以為這次比在沖繩水域遭受到的攻擊還要輕微。當損害管制官摩爾上尉（K. C. Moore）告訴馬克威，前部艙室全部在水裡、船正在下沉時，他還不相信對方。

三分鐘後，他就不那麼想了。副艦長約瑟夫．福林（Joseph Flynn）一語中的道出殘酷的現實：「我覺得我們完了，」他告訴馬克威：「我建議棄船。」

艦長目瞪口呆——對於一個有著完整履歷的海軍軍官來說，這無異是一次毀滅性打擊。印第安納波利斯號是一艘功績卓著的軍艦，她有著相當高地位的榮譽，還一度是美國第五艦隊的旗艦。馬克威不認為有驅逐艦護航將能減低攻擊機率，但他還是得解釋為何停止採取保護性的之航模式以及在敵對海域開放船艙的一連串錯誤。

現在，艦長查爾斯．馬克威三世必須把個人情感拋在一邊，集中精力拯救官兵的性命。

遭遇魚雷攻擊後八分鐘，印第安納波利斯號向右舷傾斜十八度，而且每過一秒就越向那一側倒過去。

馬克威被迫命令福林中校：「下令棄船。」

但命令卻永遠沒能傳達給全體官兵，因為印第安納波利斯號斷電了，而且號角手沒有宣達這個命令。

十二點十七分，印第安納波利斯號已經傾斜六十度，離第一枚魚雷攻擊僅僅過了十分鐘。艦艏已經斷落，「好比你拿了一把鋸子把它整個鋸掉一樣。」一名初級軍官這樣說。很多官兵都十分恐慌，忘了穿上救生衣就跳進覆蓋著厚厚一層油的水面。他們瘋狂地游著，不顧一切地想要遠離正在下沉的船艦，他們知道，如果靠得太近，印第安納波利斯號下沉的同時會把他們吸進地獄深淵。

「我往前走，看到艦艏有約六十英尺的部分被砍掉了，完全沒了。」水兵伍迪·詹姆士（Woody James）後來回憶道，「再一分半，也許最多兩分鐘，艦艏就開始下沉。裡面裝滿了水，下沉得很快。甲板下面每間艙室都開著，水漫了進來，我們還在下面，還在把水舀出去。當時艦上陷入混亂。大家都難以置信地大叫起來，沒有人知道到底發生了什麼事。」

一千一百九十六名官兵中，八百多人成功從船上跳到海裡。在舊金山，軍方因疏忽大意給印第安納波利斯號多送了一箱救生衣，現在看來像是天意。但是全艦三十五個救生筏中，只放出了十幾個，因為船艦向一邊傾斜的時候，另一側的救生筏就報銷了。

馬克威艦長是最後幾個離開印第安納波利斯號的人之一。他站在艦上一個之前和海面垂直的地方，然後直直走進海水裡，就像走下馬路路肩要走到對街那樣。

馬克威回頭看到他的船完全豎了起來。俥葉緩慢地轉著，月亮照映著她的剪影。然後這艘一萬噸重

5 原註：摩斯電碼裡，求救信號為三短、三長、三短的連續拍發。

的巡洋艦，如刀刃一般直直地插入太平洋海底。

活下來的人完全不知所措。不久前，他們還在睡夢中，就像那些在戰爭快要結束的時候以為自己肯定能回家的人一樣做著美夢。而此刻，很多人因為爆炸被燒傷、斷肢。官兵在黑夜中絕望地漂著，身體隨著洶湧的海浪起起伏伏。他們不再集體行動，而是三三兩兩地漂流。他們知道自己本應在第二天早上到達菲律賓，現在他們肯定要遲到了，所以他們當中多人相信，一定會有人發現異常而趕來營救。

但本該拯救他們的ＳＯＳ訊號卻沒人收到。沒有人知道印第安納波利斯號已經沉了，也沒有人對倖存的官兵進行搜救。

情況看來還要雪上加霜。

鯊魚要來了。

印第安納波利斯號沉船後兩天，卡爾·「圖伊」·斯帕茨將軍（Carl "Tooey" Spaatz）抵達馬尼拉，秘密與麥帥會面。這位新上任的美國陸軍太平洋戰略空軍司令，在過去五天的大部分時間都在飛行，從華府飛了八千五百英里才到馬尼拉。斯帕茨不是自己要來這裡的，而是奉代理的陸軍助理參謀長湯瑪斯·漢迪（Thomas Handy）之命，向麥帥做簡報[6]。

五十四歲的斯帕茨中等身材，留著艾洛佛林[7]（Errol Flynn）般的鬍子。德國人在一九四五年五月七日投降的時候，他人在法國蘭斯（Reims）。如今調到了太平洋，幫助加速日本的投降。但長官要求他完成的第一要務是確保原子彈的部署。漢迪下了口頭命令給斯帕茨，但斯帕茨拒絕接受任務，除非收到書面命令。「聽著，湯姆。」斯帕茨告訴漢迪，他知道自己可能會因戰爭罪而受審，因為原子彈爆炸導致的生靈塗炭可能要唯他是問。「如果我要殺十萬人，我不會只聽一個口頭命令就去做。我要一紙文書作憑證。」

漢迪反對，說用書面寫下這個命令會危害到保密原則。連杜魯門都拒絕在任何把他和投放原子彈有關係的命令上簽字。但斯帕茨堅持，最後漢迪妥協了。「我想我同意了，圖伊，」代理參謀長說，「如果一個人認為他可能會把整個日本都炸沉的話，理應得到要求他這麼做的書面證明。」

漢迪簽署了命令，但這命令事實上是曼哈頓計畫主管萊斯利．葛羅夫斯將軍寫的。

這可能是史上最重要的一紙命令。

沒有了後顧之憂，斯帕茨便欣然接受了命令，他搭乘軍機從華府先到檀香山，再去關島，現在到馬

6 原註：由於當時陸軍參謀長馬歇爾將軍隨杜魯門總統去了波茨坦，因此由漢迪代理。

7 譯註：澳洲演員，主演過《羅賓漢歷險記》（*The Adventures of Robin Hood*）和《劍俠唐璜》（*Advenyures of Don Juan*）。

尼拉的麥克亞瑟辦公室，這段旅程讓人十分煎熬。坐那些又笨又慢的軍用運輸機飛來飛去可真是折騰，發動機轟隆隆地震天響，說話只能大聲喊叫；睡覺只能坐著，而且只能睡幾分鐘，別想舒服地睡上幾個小時。

然而斯帕茨將軍到達關島的新司令部後卻沒怎麼休息，雖然豪華的別墅和舒適平坦的床鋪在等著他。這位職業飛官抓緊時間，再增加了兩天的旅程，好親自見到麥克亞瑟。他這麼著急是有原因的：他想在原子彈投下前讓麥帥知道這件事。葛羅夫斯後來解釋：「如果天氣條件允許，原子彈將會在麥克亞瑟從斯帕茨那邊知道之前就投下去了，如此的話（麥克亞瑟）會大吃一驚的。」

斯帕茨說話直截了當，行事實事求是。見到麥克亞瑟的時候，他非常疲憊。他的身體不適應熱帶高溫，制服都透出了汗。然而他要告訴麥克亞瑟的事情非常重要，不得不馬不停蹄地趕路，直到把投下原子彈的命令交到這位很快將會獲得「太平洋的凱撒大帝」名號的傳奇將官手上。

兩人先是閒聊了一下。然後斯帕茨把命令遞給麥克亞瑟。「我沒有試著解釋，」斯帕茨後來回憶道，「我只是把東西給他，我想他肯定有一大串問題要問我，但他只談了那一紙命令五分鐘，剩下的時間都在跟我說關於原子能的理論。」

命令開門見山，第一：「如果天氣狀況適合目視投彈的話，第一顆『特殊炸彈』大概最快於一九四五年八月三日投向下列目標之一：廣島、小倉、新潟、長崎。」

第二：「其他炸彈將在工程人員準備就緒後立即投向上述目標。關於除上述目標以外的其他目標，會進一步作出指示。」

第三是警告：「僅美國戰爭部長和總統可以討論對日本使用這種武器的任何事宜。戰場上的作戰指揮官在事先沒有得到具體批准的情況下，不得就該事宜發表聲明或披露訊息。任何最新情況將報告給戰爭部做專案處理。」

第四條也是最後一條指令，是特別針對斯帕茨的要求：「你最好親自將一份命令交給麥克亞瑟將軍，另一份交給尼米茲將軍，供他們參考。」

尼米茲的太平洋艦隊總部位於關島，他已經看過這份命令了。所以，麥克亞瑟將軍是最後一個知道日本要遭受滅頂之災的人。他在頁面右邊簽下名字的縮寫「MACA」，表示已收到這張一頁長的文件。

當初反對投彈的不只麥克亞瑟一人。阿諾德將軍和艾森豪將軍在最高機密層級裡也公開表示反對。此外，李海上將（William D. Leahy）、斯特勞斯少將（Lewis L. Strauss）、助理戰爭部長麥克洛伊（John J. McCloy），以及助理海軍部長巴德（Ralph A. Bard）也表示反對。這些人都認為，原子彈毀滅性太大了，會造成太多無辜平民的死亡。

而那些支持使用原子彈的，比如戰爭部長史汀生和陸軍參謀長馬歇爾，他們更在乎白宮的利益，而不是顧及戰場上的實際作戰情況。

相比其他反對者，麥克亞瑟對於不快的表達更為強烈。

麥帥是傑出的策略家。他對日本文化也有很深刻的理解，認為這個民族永遠不會完全接受投降以及隨之被佔領的屈辱，除非裕仁天皇在戰爭結束後還能在位。

但真相卻是更加殘酷。

麥克亞瑟為了要實施奧林匹克行動，因此向馬歇爾短報了預計的傷亡數字。在六月十七日給作為杜魯門總統眼線的馬歇爾電報中，他向華府保證，美軍死亡人數將不超過十萬人。

「還剩三十分鐘的時候收到了你的消息。」馬歇爾給麥克亞瑟覆電，他在與杜魯門開大會之前已經收到了這份錯誤的估計，「你這個消息能決定奧林匹克行動能否獲得總統的正式批准。」

然而現在奧林匹克行動再也不可能發生了。麥克亞瑟明白，他通過指揮登陸征服日本民族的夢想破滅了。

這對麥克亞瑟來說無異於當頭棒喝。他對自己的軍事天份非常有自信，曾公開藐視過同為陸軍將領的艾森豪和巴頓，稱他們「犯了每個所謂的聰明人都會犯的錯誤。」在一九四四年十一月接受《紐約先驅論壇報》專訪的時候，麥帥還說，「歐洲戰場的戰略是愚蠢地打擊敵人的優勢之處。」他還吹噓道，雖然派給自己的軍隊數量只有給巴頓在北非的「部分」軍力，但麥帥「能夠在三個月內收復菲律賓」。

麥帥不希望用原子彈轟炸日本——他想親自用近距離攻擊的方式把他們碾碎。

在他看來，這樣的勝利才會讓個人永垂不朽。

麥克亞瑟在消化關於原子彈的消息時，印第安納波利斯號的官兵正奄奄一息。在海裡已經泡了四天了。由於白天的強烈日光，他們的視力都不行了，極度渴望食物和淡水。許多人被燒傷了，另一些人被太平洋上蔓延了二十多平方英里的大面積浮油的油污給包覆著。翻騰的波濤讓幾乎所有人都吞了好多油污和海水。缺水讓他們開始出現幻覺，以為自己看到了船隻、飛機、島嶼，甚至是飯店，然而這一切都不過是海市蜃樓。由於實在太渴，一些人顧不得喝起了海水來。過量鹽分讓他們神志不清，最終陷入昏迷。

美國飛機好幾次飛過印第安納波利斯號遇難者上空。雖然官兵盡全力揮手好讓被發現，但沒有一個人看見他們。

馬克威艦長還算幸運，他在一個救生筏裡留有一席之地，不用穿著救生衣在海上漂浮。他曾指揮過一千兩百人的軍艦，但現在他只掌管著一個長方形的膠筏，只有幾個仍然把他尊為艦長的人還聽他的。

沉船後不過幾小時，飢腸轆轆的鯊魚更加劇了恐怖。

「時間一點點過去，鯊魚還在我們周圍，幾百條那麼多，」水兵伍迪・詹姆斯後來回憶道，「經常聽見有人在慘叫，尤其在接近黃昏的時候，似乎那時的鯊魚是最兇猛的，比白天的都還要兇猛。然而那些傢伙晚上也加菜。一片寧靜之中，要是聽到有人大喊大叫，那你就知道一定是鯊魚抓住了他。」

一條有著白色背鰭的鯊魚盯上了馬克威艦長的救生筏，牠遊到膠筏下方，轉著圈圈。馬克威沒有理會，仍然用逃生箱裡的一個小魚鉤和魚線在釣魚，並用信號槍發射信號來引起過往飛機的注意，同時盡力安慰救生筏上的每個人，也給自己打打氣。

至於水裡的官兵，馬克威無能為力。他們或三三兩兩，或獨自一人，在開闊的海面上散開數英里。

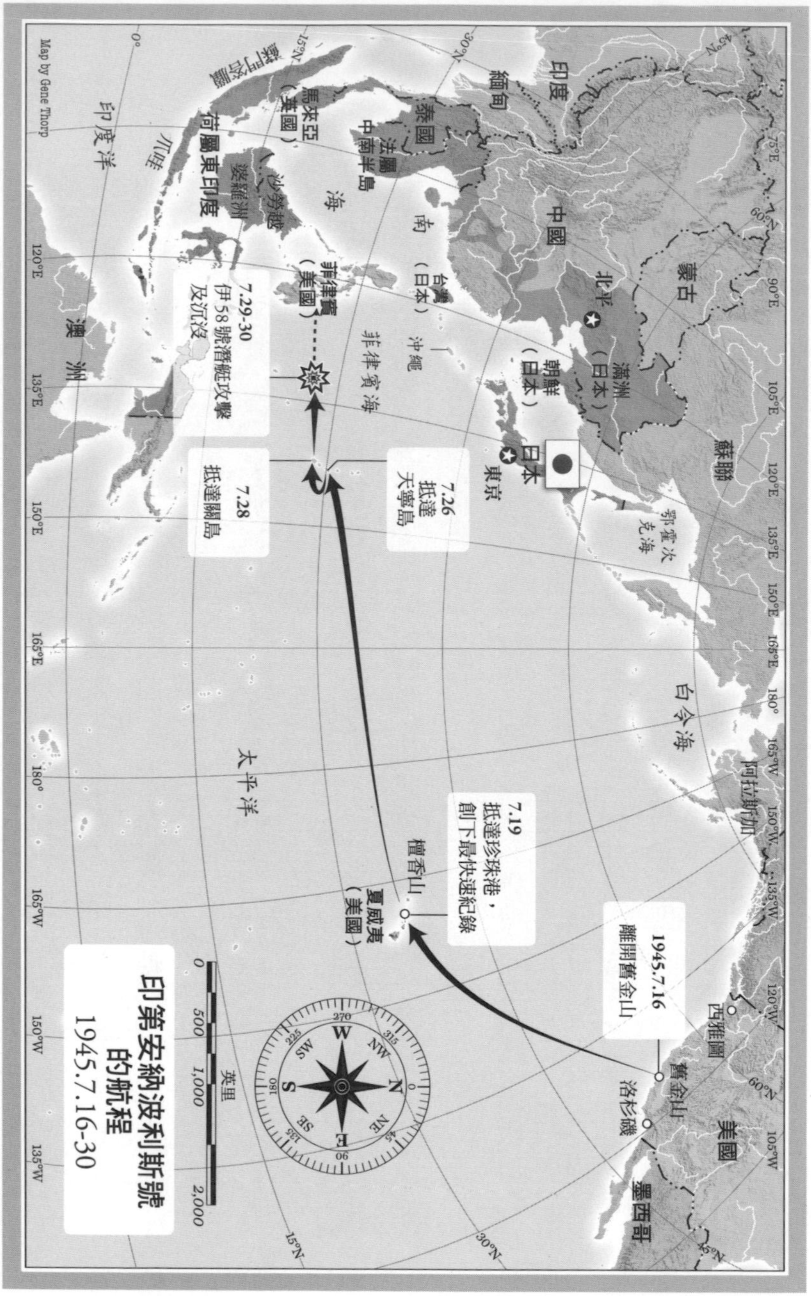
印第安納波利斯號
的航程
1945.7.16-30
1945.7.16
離開舊金山
7.19
抵達珍珠港，
創下最快速紀錄
7.26
抵達
天寧島
7.28
抵達關島
7.29-30
伊58號潛艇攻擊
及沉沒
蘇聯
蒙古
滿洲
（日本）
北平
中國
印度
緬甸
朝鮮
（日本）
日本
東京
台灣
（日本）
沖繩
泰國
法屬
中南半島
南
海
菲律賓海
菲律賓
（美國）
馬來亞
（英國）
沙勞越
婆羅洲
蘇門答臘
荷屬東印度
爪哇
印度洋
澳洲
鄂霍次
克海
白令海
阿拉斯加
西雅圖
美國
舊金山
洛杉磯
墨西哥
檀香山
夏威夷
（美國）
太平洋
英里
0
500
1,000
2,000
Map by Gene Thorp

第一晚，微風把膠筏吹向東北方，吹離了菲律賓，而潮汐把穿救生衣在水上漂的人推到相反的方向。現在，距沉船已經第四天了，落水的人已經死了三分之一。

活下來的人卻備受折磨和煎熬。起初，一些人在爭搶救生衣的時候自相殘殺。但現在死的人太多了，救生衣反而有多了。

潮汐把官兵帶離印第安納波利斯號沉沒的位置，一些水兵漂了五十多英里。整個海面上都漂著屍體，許多僅剩身軀，四肢早被鯊魚給咬了。還活著的人，部分失去了希望，覺得不會有人來營救他們了。有人索性脫掉救生衣沉到水中自殺了。

一個水兵算了算他們那隊人一共遭到二十五次鯊魚的襲擊，另一人算到有八十八次。由於離陸地很遠，海水是清澈的藍色，白天官兵向下就能清楚看到掠食者在底下盤旋。鯊魚襲擊是沒有規律的，只有一個例外：吃了逃生箱內午餐肉的人最先遭到攻擊，因為鯊魚被醃肉的氣味吸引而來。但事實上沒有一個人是安全的。發現鯊魚過來時完全保持不動的戰術，似乎跟亂動踢水試圖把牠趕走都是沒有什麼效果——鯊魚無情，無論嚇壞了的官兵做什麼事都無濟於事。

海上第四天，已經沒多少時間了。只有天意才能營救剩下的人。

事實確實就是如此。

印第安納波利斯號消失在波濤下四天後，比爾・李奇（Bill Ritchie）在麥克阿瑟的辦公室裡徘徊，又一批來自華府的代表團剛剛結束訪問。麥克亞瑟的行程秘書含糊不清地跟他們上司說，李奇會進來跟麥帥簡短地談一下。

四十三歲的李奇是阿肯色州人，畢業於西點軍校，剛剛在波茨坦開完高峰會就飛了六千英里來到菲律賓。和兩天前斯帕茨將軍一樣，他也因長途飛行而非常疲憊，他搭乘運輸機飛了地球四分之一的距離。很快，麥克亞瑟的辦公室裡就只剩他和李奇兩人。由於曾經共事過，兩人對彼此都很了解。門關了起來，一股熱帶的微風從陽台上吹來。

隨和的李奇用平靜、清晰的語調向麥克亞瑟確認他是否知道原子彈的事。

他還確認了，空投可能最快在隔天就會實施。

印第安納波利斯號的救援行動是在不經意的情況下開始的。PV-1轟炸機飛行員威爾伯・格溫（Wilbur G. Gwinn）在八月二日早上離開貝里琉的基地，去尋找敵軍潛艇。然而，震驚的格溫中尉給基地發回無線電說他發現「海裡有很多人」。一架PBY-5A「卡特琳娜」（Catalina）巡邏機立刻被派出去調查。飛行員是二十八歲的安德瑞・馬克斯中尉（R. Adrian Marks），他自太平洋戰爭開始的第一天就參戰了，當時他在日軍偷襲的珍珠港中倖免於難。

當馬克斯飛往現場的同時，他向護航驅逐艦塞西爾．道爾號（USS Cecil J.Doyle, DE-368）發出通報，知會有關他的緊急任務。很快，道爾號改變航向，並搶著往生還者的海域過去。

馬克斯和他的八人機組人員迅速發現了海裡的倖存者。他驚訝地看到鯊魚直接就攻擊這群人。機組員向水兵們放下了三個救生筏，但馬克斯敏銳地意識到，這沒有什麼幫助，他清楚看到那些受傷的人把胳膊和臉都埋在油裡避免太陽直射，在十二英尺高的海浪裡浮浮沉沉。而鯊魚似乎不去管聚成一堆的人，只攻擊獨自漂流者。

馬克斯中尉明白，他必須採取行動。

根據海軍規定，他不得把「小飛象」（Dumbo）——他的水上飛機的暱稱——降落在除平靜水面的任何地方。但馬克斯無論如何都要降落。他要機組人員表決，因為如果飛機墜毀了，他就要為他們的生命負責。雖然波濤洶湧，但每個人都同意降落。

一開始，小飛象避開了一個浪頭，在空中上升十五英尺，然後重重降落在浪底。馬克斯馬上控制飛機穿過海面，優先救援孤身一人的倖存者。每次他的飛機接近某個落水者，機組人員就扔下一個綁住繩子的救生圈，然後把這個人拉上來。

馬克斯和組員積極地行動。飛機裡很快裝滿了救上來的人。消息傳到駕駛艙，這些人原來是印第安納波利斯號的官兵，這讓馬克斯心裡一酸，因為他就是在離印第安那州的印第安納波利斯市很近的一座小鎮上長大的。

夜幕降臨，由於馬克斯和機組人員的勇敢行為，五十六人得救了。然而，小飛象卻再也飛不起來了，由於在降落到海面的時候受了嚴重損傷。現在它成了逃離鯊魚和有毒浮油的避難所，讓印第安納波利斯號官兵終於可以醒醒睡睡地度過一晚——一些人被用傘繩綁在機翼上。

海象又一次轉壞，馬克斯擔心超載的飛機是否會沉沒。

「幾十個受重傷的人又渴又痛，在輕聲啜泣，」馬克斯後來回憶道，「然後，在遠處的地平線上，出現了一道光。」

塞西爾．道爾號來了。

馬克威艦長和膠筏裡的人沒被馬克斯中尉或塞西爾．道爾號救起。第五天早上太陽升起時，馬克威他們可以看到遠處的

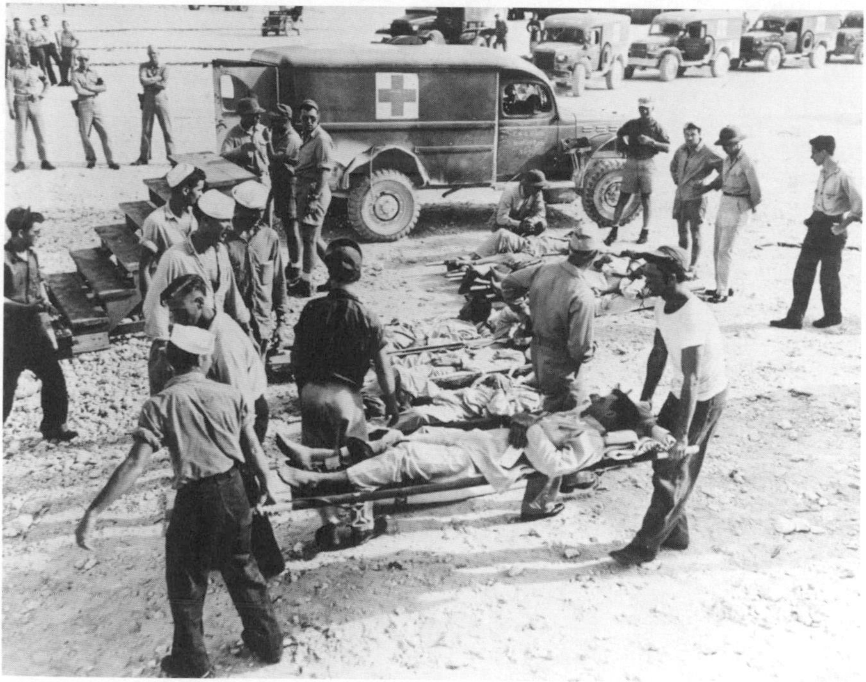

印第安納波利斯號倖存官兵，被救起之後送到貝里琉的海軍醫院。（US Navy）

救援行動，但絕望地認為自己離得太遠了，根本不可能被發現。

八月三日星期五，上午十一點三十分，馬克威發現了另一架飛機。

這次，飛機發現到了他。

救生筏上一個空鋁製彈藥罐奇跡似地被一艘搜救船的雷達發現，然後救援飛機立刻被派來了。在海上五天了，一滴雨都沒下，一口水也沒喝，馬克威和同救生筏的其他人終於都被救起了。印第安納波利斯號沉沒的那天晚上，八百多人跳海逃生。現在，只有總共三百一十七名將士倖存。

但實際上，還多算了一個。

二十三年後，由於無法忘卻那可怕的記憶，而且認為自己是造成近九百人死亡的罪魁禍首，艦長查爾斯・馬克威用他的海軍左輪配槍抵著自己的頭，把扳機給扣了下去[8]。

8 原註：就在被救起的一週之後，馬克威艦長被要求向調查小組說明印第安納波利斯號沉沒的過程。調查發現馬克威有過失，因為在夜幕降臨後不久，他就下令不再以之航前進。太平洋艦隊司令尼米茲上將反對把馬克威送軍法；然而，華府海軍高層否決了。一九四五年，馬克威被宣判有罪，但許多倖存者都認為他被迫當了代罪羔羊。後來，在尼米茲上將的要求下，馬克威的刑責被擱置了。馬克威於一九四九年以少將退伍。

第十七章
「沒有什麼好著急的」

廣島，日本
一九四五年八月三日
上午七時三十分

B－29轟炸機的發動機轟隆隆的聲響，對於這個人口密集的港口城市來說絕非尋常。在一個烏雲密佈的早晨，空襲警報又一次宣告銀色巨獸的到來，這些巨獸在頭頂兩萬英尺的上空肆意吼叫。由於廣島在此之前還沒被轟炸過，許多市民認為這次警報肯定又是虛驚一場，因此沒有蜂擁狂奔到防空洞避難。

但這次的警報有所不同，是在廣島早上通勤的尖峰時段響起的，上班的人正坐著路面電車、公車或騎腳踏車去上班，他們可以清楚地看到炸彈在轟炸機外搖晃，很快就會像在日本其他主要城市那樣給廣島帶來恐怖的毀滅。

直到今天，這座位於太田川三角洲上的城市從沒遭受過空襲，雖然B－29已經有系統地摧毀了日本大部分的城市。東京等主要城市首當其衝。現在李梅將軍正指揮著他的轟炸機攻擊次要目標，如富山——

滾珠軸承和製鋁的中心。四天前，一百八十二架B－29投下一千四百六十六噸普通炸彈和燒夷彈，把富山市夷為平地。估計富山的百分之九十九點五從地圖上被抹去了。

八月一日，美軍主力放在打擊日本運輸方面的人力與物力，鐵路樞紐八王子市被陸軍航空軍第五十八轟炸聯隊毀滅殆盡。此外，第三一三轟炸聯隊夷平了鐵路樞紐的長岡市，第三一四聯隊把次要的鐵路中心——水戶給癱瘓。

自三月的東京大轟炸以來，李梅發動空襲的成果已經全部揭曉：六十六座被鎖定城市，有一百萬日本人死亡，一千萬人流離失所。

當B－29今天早上向廣島打開炸彈艙時，炸彈沒有從天而降。相反，沒有炸藥的五百磅彈體砸向地面。在海拔四千英尺的空中，根據高度計的設定，這些彈體自動打開，成千上萬張四英寸寬八英寸的紙片——「李梅轟炸傳單」，灑滿天空，飄落地面。

「日本國民！」紙上用日語寫著，「即刻撤離！」

「今以此文為告，汝之城已為我強軍擇定，必遭轟炸。」

「為免汝難，發此預告，與汝軍方充裕之時間，以行必要之事。如此，汝便知其何其無能也。汝軍方釀禍致滅頂之災，殃及汝等，然，若汝仍唯其馬首是瞻，則我必將依計逐城狂轟濫炸。伐汝軍方之專政，救汝江山於水火，汝之責也。」

「又，務必即刻撤離！」

一週前，在波茨坦會議上，杜魯門總統發表了一個簡短的警告，如果日本不立刻投降，就會面臨「迅速而徹底的毀滅」，這份警告很快被稱作《波茨坦宣言》。日本許多民眾通過美國廣播的得知了這一最後通牒[1]。

傳單飄落地面，廣島市民打開一看，只見五架B-29正在向日本投放幾十顆炸彈的空拍照。沿著下方畫了很多小圓圈，每個圓圈代表一座已經成為轟炸目標的城市。過去超過一週時間，B-29在日本所有城市都空投了這種傳單。

無論怎麼看，廣島都是完美的攻擊目標。日方非常相信這一點，已經把差不多十萬名市民撤離到安全地帶。

廣島市位於平原上，只在海拔幾英尺以上。換句話說，爆炸效果將會是最大限度、最大幅度地擴散。該市也是日本陸軍第二總軍司令部所在地，第二總軍的兩萬五千名官兵將對阻撓美軍登陸扮演關鍵角色。另外，廣島擁有大量的武器存放。這是一個欣欣向榮的港口和交通樞紐——就像美國情報單位在七月三十日的報告所顯現出的那種寬心——沒有一

李梅轟炸傳單，背後用日文寫下轟炸廣島的預告。

1　原註：因為有原子彈的助力，杜魯門堅決要打壓蘇聯戰後在太平洋的影響力，於是不向蘇聯說明就發表了波茨坦宣言。蘇聯在外交上被打臉，不被允許在結束戰爭的決定性宣言上留名。作為報復，蘇聯加速侵略滿洲，意圖在戰爭結束前，踏上日本的佔領區。

個盟軍戰俘被羈押在廣島方圓二十六平方英里內[2]。

六小時後，B－29轟炸機飛離廣島，經日本海回到馬利安納群島的基地。廣島市民還在疑惑這些傳單到底是什麼意思。

廣島東南邊，一千五百英里的天寧島上，為投原子彈所做的最後準備已經就緒。就在今天，八月三日，B－29很可能空投名為「小男孩」的原子彈，而不再是警告傳單了。由於颱風正向日本靠近，飛行條件不太理想。

小男孩已經準備好有三天的時間了。這個五噸重的爆炸裝置放在一個特製的拖車上，上面蓋著帆布，不露出真面目。要啟動「小男孩」，還缺四包將引爆炸彈的無煙火藥，火藥要等到裝載原子彈的B－29起飛以後，才會在空中裝到原子彈上，以防萬一飛機在跑道上撞毀。

執行轟炸任務的飛行員是保羅．提貝茲上校（Paul W. Tibbets），一位三十歲的職業軍官，來自伊利諾州昆西市（Quincy）。戰爭初期，他在歐洲擔任巴頓將軍的專機飛行員。他曾奉命在第三帝國上空進行了四十多次作戰任務。自一九四三年B－29問世以來，他就一直駕駛這種飛機。此刻，他要駕駛的飛機沒有什麼響亮的外號，機鼻上也沒有華麗的畫作，當時只能通過機身上的數字「82」來辨識出它。

提貝茲是由葛羅夫斯將軍親自挑選，要率領一批精英飛行員去執行空投原子彈的任務。他已經練了幾週如何投彈——帶著練習用的「小男孩」飛到太平洋上空，投向海洋。現在提貝茲正等著天氣轉好。廣島上空必須足夠晴朗，這樣他才能看清楚目標，準確投彈。

最後的命令將由李梅將軍發出，然後他會通知華府已經下令提貝茲起飛了。「預計李梅會在八月四日〇四〇〇時下達。」發給戰爭部的最高機密等級電報如此表示。

提貝茲上校知道差不多是時候了。「實際和預報的天氣幾乎一樣。」他後來回憶道。

「所以我們有得忙了。」

在東京，裕仁天皇一點也不擔心。杜魯門總統

2 原註：後來的報告發現，有八名美國戰俘被關在廣島城。

廣島任務準備就緒，左側坑道裡「小男孩」準備裝上 B-29。（US Navy）

說的什麼「迅速而徹底的毀滅」，他毫不在意。和首相鈴木貫太郎一樣，他認為這些話不過是重複之前同盟國領袖會議的說辭。所以天皇不理會杜魯門的最後通牒，仍然堅信蘇聯會從中斡旋與西方講和——完全沒覺察到史達林僅僅五天後就要攻打日佔滿洲了。

此時此刻，國家迫切需要裕仁表現出智慧和謹慎，而天皇卻像個上當受騙的傻瓜一樣。

同時正在進行的，是日本內閣和最高戰爭指導會議成員的聯合會議，討論著是否允許任何形式的投降。會議已經開了有一週多了，眼下卻還沒得出結論。

和他們神聖的天皇一樣，政客和軍方也認為，杜魯門不會堅持要求日本無條件投降。他們仍然覺得，日本和敵人比，有的是時間。七月二十八日，在向全球媒體發佈的聲明中，高層正式駁斥了所有宣稱日本將對杜魯門讓步的說法。當天，鈴木首相舉行記者會重申上述觀點，稱：「我們唯一的選擇是堅持作戰到底」。

日本高層和他們的天皇一樣沉浸在幻想中，相信他們仍然掌握著自己的命運。

正如海軍大臣米內光政，就杜魯門保證要全面性毀滅日本一事所言：「美國正要被孤立，因此政府是不會理會他們的。」

「沒有什麼好著急的。」

第十八章

八月六日出發

北機場
天寧島，馬利安納群島
一九四五年八月四日
一五〇〇時

小保羅・沃菲德・提貝茲上校從不遲到。

左手握著梅花牌石楠木根菸斗，這個核武攻擊隊長大步越過武裝警衛的警戒線，迅速走進一間匡西特活動房屋，這就是今天任務前的簡報室。提貝茲每次都很準時，今天也不例外。會議定於下午三點整開始。他推門進到已經坐滿人的房間時，時間正好，一秒也不差。

三十歲的提貝茲在伊利諾州、愛荷華州和佛羅里達州長大，生得短小精悍，年紀輕輕就做到了上校。他兩邊鬢角剪得很短，完全符合軍紀。除去這一點，其餘外貌特徵都顯示出此人極具個性：從來不梳的濃密、黑色頭髮；卡其上衣皺巴巴，風紀扣沒扣，蓬鬆的胸毛還露了出來；而且，跟這種嚴肅的場合很違和的是，提貝茲在這個炎熱的週日下午穿著一條短褲，把這個時刻變得很是輕鬆。

提貝茲站在簡報室前方，環顧了房間一圈。攝影師捕捉到了這一刻。每架B-29需要十一個機組人員[1]。七架飛機已經備妥。眼前機組人員都穿著輕便的卡其制服，坐在堅硬的木頭椅子上。這些人都是提貝茲親自挑選出來的，都二三十來歲，是精英中的精英，馬上要對他們口中的「帝國」執行一場改變世界的任務了。

提貝茲直言不諱：「這一刻已經來臨。這是我們一直為之努力的。就在不久前，我們即將投下的武器在國內實驗成功。現在我們已經收到命令，要把它投向敵人。」

小保羅・沃菲德・提貝茲上校和威廉・「迪克」・帕森斯海軍上校，在廣島任務前向B-29機組人員做行前簡報。（Everett Collection）

提貝茲身後有兩面黑板，都蓋著厚厚的布幕。兩名情報官上前掀開，出現的是廣島、小倉和長崎的地圖。提貝茲說，這些就是計畫攻擊的目標[2]。然後他為每個機組人員分配任務：上尉查爾斯・麥禮（Charles McKnight）駕駛外號「最高機密」（Top Secret）的B－29，飛到硫磺島，在那裡待命，作為緊急備用機；少校小雷夫・泰勒（Ralph Taylor Jr.）駕駛「滿堂紅」（Full House），上尉克勞德・伊薩里（Claude Eatherly）駕駛「同花順」（Straight Flush），少校約翰・威爾遜（John Wilson）駕駛「嘉比三號」（Jabit III），在任務前一天要飛到日本上空確認天氣狀況；上尉喬治・馬奎特（George Marquardt）駕駛「必要之惡」（Necessary Evil）負責拍攝爆炸現場；少校查爾斯・斯威尼（Charles Sweeney）駕駛「大藝術家」（The Great Artiste），空投觀測器材測量爆炸效果，器材會通過傘降落地、觀測，然後用無線電將細節傳輸到關島和天寧島。

提貝茲將駕駛裝有原子彈的領航機。不過這架飛機到目前為止還沒有命名。

自一九四四年十二月「第五〇九混合大隊」（509th Composite Group）成立以後，成員就在完全保密的情況下訓練。在這裡，天寧島上，他們並不討喜，別的轟炸機隊對他們有許多的特權和神神秘秘的房舍冷嘲熱諷。但他們完全不在乎，因為知道自己是為了執行一項可以結束戰爭的高層級任務。長官提供提貝茲十五架B－29，並派他去猶他州沙漠的一個秘密場地進行訓練。一個月前，提貝茲親自挑選的

1 原註：機組人員包括機長、副機長、領航員、投彈手、電子作戰官、機尾機槍手、機械士、副機械士、軍械專家，以及兩名雷達操作員。在廣島任務，提貝茲的飛機還會增加第十二名人員——兵器官，負責為原子彈裝上引信。

2 原註：新潟最終從名單上去除。該城位於本州西北部，離天寧島太遠，因航程的侷限性將導致B－29出現錯誤的空間相對較少。

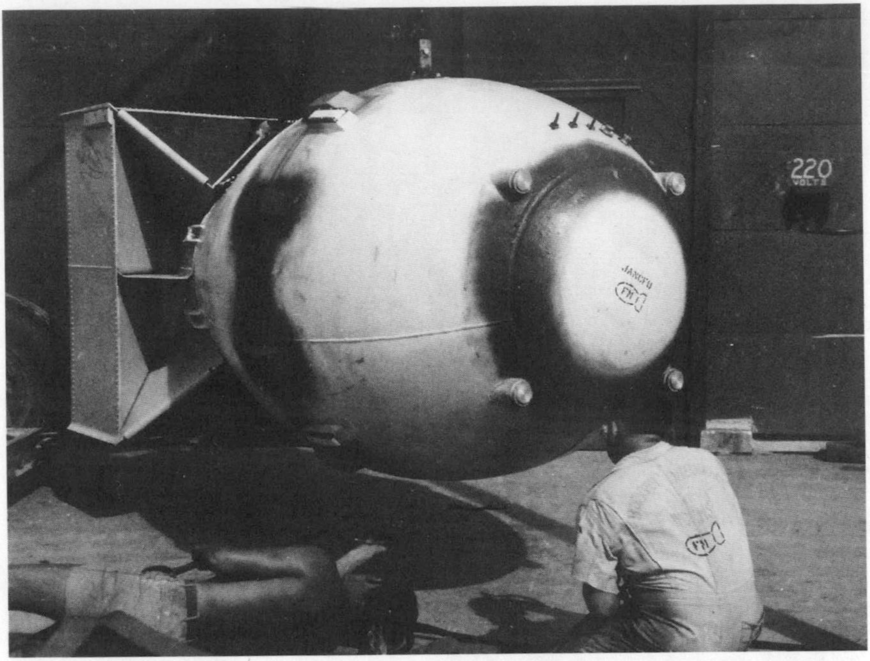

兩顆原子彈的外型比較，胖子（上）圓滾滾，小男孩則顯得細長，這是因為設計不同的關係。（US Navy）

機組人員飛到天寧島後，就立即開始模擬最為奇怪的轟炸任務：不是練習投幾十顆炸彈，而是練習只投一顆圓滾滾的「南瓜彈」。這顆南瓜彈重五噸，長十二英尺，直徑五英尺，體積和「胖子」（Fat Man）原子彈差不多，這是為了讓飛行員感受當原子彈從前部炸彈艙投出後會如何落下。

「小男孩」的外形和「胖子」不同，有十英尺長，而直徑只有兩英尺多。五〇九大隊於七月二十三日成功試投了一顆「小男孩」的訓練彈。

提貝茲請四十三歲的海軍軍官，威廉・「迪克」・帕森斯（William S. "Deak" Parsons）上講台。作為受過訓練的軍械專家，帕森斯上校用他獨特的方式為戰爭做出了貢獻。他在洛斯阿拉莫斯待了很久，不僅與歐本海默共同設計及研發小男孩，而且還和葛羅夫斯將軍同為目標選擇委員會成員。一個多月前，他甚至還去見習了「三位一體」的試爆。

自那時起，帕森斯就成了「小男孩」的忠實伙伴，監督把「小男孩」運送到天寧島的過程。是帕森斯在舊金山見過印第安納波利斯號的馬克威艦長查爾斯，親自向他傳達命令，要他的船帶著炸彈的各個組件「快速前往天寧島」。

帕森斯上校在洛斯阿拉莫斯待了兩年，他想要設計原子彈的初衷是為了結束戰爭。但這個願望後來摻入了個人的情感，那是在印第安納波利斯號從舊金山出發後不久，帕森斯突然繞路去看望在聖地牙哥海軍醫院的弟弟。

鮑勃・帕森斯（Bob Parsons）是硫磺島戰役中的兩萬名受害者之一。這個海軍陸戰隊士兵曾是俊俏的美少年，現在卻被毀容了：右半邊臉凹了進去，下巴沒了，右眼眶裡沒了眼球，只有一個粉色的人造球體。

迪克・帕森斯知道對弟弟自己什麼忙也幫不上，只能相信投下原子彈會阻止同樣的厄運降臨到別的美國青年頭上。

講台上，帕森斯上校看著擁擠的簡報室裡飛行員的面龐，告訴他們所有關於這個即將帶來勝利的武器的一切。

「你們將要空投的這顆炸彈是戰爭史上的新事物，」帕森斯開口道，「這是有史以來人類製造出最具殺傷力的武器。」

然後帕森斯告訴他們「三位一體」試爆的事，這場爆炸「如同十個太陽那樣光芒萬丈」。因為要遵守保密協定，他沒有用「原子」或「核子」這樣的字眼[3]。他用粉筆在黑板上畫了一朵巨大的蘑菇雲，向官兵們描繪，蘑菇雲捲起地面千層沙，直上空中好幾千英尺。

「我們認為這會摧毀方圓三英里內的一切。」帕森斯告訴他們，還說「小男孩」可能比「三位一體」的力量更強：「沒有人知道這顆炸彈從空中落下後會發生什麼事。」

B－29機組人員目瞪口呆。這樣的武器對他們來說簡直是不可思議。

提貝茲再次上前走到講台。

「到目前為止，無論誰，包括我在內，不管做了哪些事情，跟我們即將要去完成的事情相比，根本不能相提並論。」他向官兵說道，「我很自豪能夠與你們共事。你們士氣很高，尤其又不能知道你們這段時間是在做什麼事，或許覺得只是在浪費時間，而且那個『機密裝置』也許只是某個人不切實際的幻想而已。」

「我可以感受到個人的榮譽感——我確信你們每個人也是如此——為自己能夠參與這場將使戰爭縮短至少六個月的空襲而感到萬分榮譽。」

提貝茲最後一次望向窗外。

「天氣允許的話，任務將於八月六日實施。」[4]

3 原註：只有提貝茲、帕森斯和投彈手湯瑪斯・費勒畢被告知，即將投在廣島的是原子彈。

4 原註：提貝茲的談話內容是經過轉述的，摘取自無線電士阿比・史匹哲（Abe Spitzer）當時未經同意偷偷留存的紀錄。

第十九章

災難前的不氣味

廣島，日本
一九四五年八月五日
晚上十一時

現在是週日晚上睡覺時間。廣島市民都在休息，準備迎接隔天的工作。在宇品[1]，三十二歲的消防員三上與作二十四小時的值班已經過去一半多了。如果一切順利，他就能在夜班的時候睡個覺，第二天早上八點下班，然後搭電車回到在郊區榮町的家，與早上從家裡去上班的人正好走相反的方向。

大多數早上，三上與作一回家就能聞到煤炭爐散發出香噴噴的早飯氣味。太太熱情地歡迎他回來，兩個孩子準備去上學。

但一九四五年八月六日的早上，一切都不一樣了。

1 編註：今廣島市南區面臨廣島港的地區。

廣島市裡很多人都用日語的「不氣味」——意思是奇怪或不現實——來形容最近幾日的不安感，因為美國人沒有把他們的城市夷為平地。一些人開玩笑說只是時間問題，他們總有一天會倒楣的，這聽起來真讓人膽戰心驚。身為消防員，三上贊成把全市的防火道都清除乾淨。防火道指的是市中心的開闊地帶，把那裡的木造房屋和建築都拆了，留下的建材也移除，防止大火像在一九四四年三月東京大轟炸那樣逐屋延燒。

三上知道厄運將臨之後十分難過，但同時也因為政府正採取預防措施保護婦孺而鬆了口氣。幾千人被撤離到鄉間；其中就有他的妻兒，他早上才剛剛和他們分別。家人最終的命運現在還沒有定數。如果沒有親戚接濟，他們就得在寺廟或民眾大會堂裡和其他幾千人擠在一起過夜，這些人都是被送到當地避難的。

隔天早上，三上將孤身一人。因為他將回到空蕩蕩的家，思念不知身在何處的家人。

突然的空襲警報驚醒了正在家中的十五歲少年小野木明，他家是在一座小倉庫附近。這聲音已經頻繁出現了很多個夜晚，通常是因為美國轟炸機從廣島上空路過前往其他目標。因此，小野木覺得沒必要急著去防空洞。日本一九三七年的《防空法》就是為這樣的夜晚而制訂的，但連年戰爭以及美國遲遲不轟炸讓廣島市民都麻木了。接著，解除警報響起，分明就是一場虛驚，但B-29轟炸機中隊的隆隆聲還在不斷接近，所以無論老少最好馬上躲進防空洞。儘管有遭襲的風險，小野木和家裡其他四個人還是寧願在床上舒服地躺著。

今晚，五百八十八架B－29分別空襲日本五個城市，廣島不在其中。沒有一架飛機被擊落，似乎美國人可以想炸哪裡就炸哪裡，想什麼時候炸就什麼時候炸，想炸什麼就炸什麼。

很快，一切恢復平靜。小野木翻過身去又睡著了。他現在國二，是個熱衷於學習的學生，但再也不能上學了。和其他同學一樣，他被動員到工廠支援戰爭。每天早上都得早起去三菱造船廠工作。這是他的愛國義務，但卻不是他喜歡的工作。

八月的夜晚一片漆黑，但溫暖宜人。小野木聽到的唯一聲音是爸爸媽媽輕微的鼾聲。他不擔心睡夢被干擾，因為八月六日週一早上他不用早起，有安排別的計畫──待在家裡看書而不是去上班，來個小小的抗議。

然而小野木卻一點也不曉得，他將很快在一個真實故事裡扮演一個角色，這個故事根本無法用文字來確切地形容。

高藏信子週一要早起。她希望有一天能成為幼稚園老師。但這個二十歲的女孩現在是個銀行員。每天早餐她吃玉米片、豆渣和米飯，然後搭電車到八丁堀站，再走路去藝備銀行上班。往公司走的時候正是早上的尖峰時段，街上擠滿了通勤的人。但這段路程很不錯，沿途可以欣賞太田川的美景，士兵晨練的操場，以及廣島城——建於十六世紀，當地擁有崇高地位的標誌性建築。如果一切順利，信子就會爬上九級石階，在上午八點十五分準時來到藝備銀行這座三層樓建築的雙扇門門口。

銀行是石造建築，一樓和二樓都裝上了防盜窗。女員工必須要比男員工提早三十分鐘到，因為要打掃辦公室。進去以後，信子就會在簽到簿上蓋章，走到出納櫃台後面開始擦桌子，再稍微整理環境，她每天的工作都以此開始。

她是模範員工。長官都知道她喜歡早到公司就定位。

這個習慣，不久之後會救了她一命。

三位一體原子彈三週前在新墨西哥沙漠試爆後，曼哈頓計畫成員英國物理學家威廉·彭尼（William Penney）測量了爆炸效果並報告說，另一場類似的爆炸「會使一座三十到四十萬人的城市滿目瘡痍，哀鴻遍野，生靈塗炭」。

試爆產生的威力相當於一萬噸炸藥。先是一個明亮炫目的火球，接著一朵熾熱的放射性紫雲升入平流層。爆炸區內所有一切都蒸發掉。

如果一個人站在爆心點內，一眨眼的功夫就會斃命，但首先他的骨髓會煮沸，血肉從骨骼爆裂而出。

下一毫秒，將屍骨無存，只剩下一堆壓縮氣體，氣體也會立即吸進那巨大、直衝上天的紫雲。

「三位一體」原子彈試爆沒造成一人死亡。但現在，戰爭史上新的篇章即將開啟。

第二十章
目標是廣島

北機場
天寧島，馬利安納群島
一九四五年八月六日
〇一三〇時

死神的使者坐在一輛六乘六軍用卡車的前座，向著他親自挑選執行任務的B－29開去。提貝茲上校身穿連身式飛行皮衣，頭戴鴨舌帽。為了接下來十二小時的任務，他帶了雪茄、香菸、菸草以及一根菸斗。為防萬一他的飛機被擊落，他也準備了一把手槍，還帶了十二粒氰化物藥丸，給十二個機組人員每人一粒，萬一被俘，寧可自行了斷，也不會因不堪酷刑折磨而供出原子彈的秘密。

提貝茲知道今晚的任務多少會引起一些騷動。但他從來沒想過會發生眼前的景象：探照燈照得漆黑的熱帶夜晚亮如白晝。閃光燈在提貝茲和其他機組人員到達起飛線時閃個不停。科學家和技術人員圍著轟炸機走來走去，還在做最後一分鐘的確認。前部炸彈艙內，安全地收藏著八千九百磅的球狀「小男孩」，馬上要從五英里高的空中投在廣島了。目標是鋼筋水泥造的相生橋，其T形外貌很容易在空中就能辨識出來。

就在幾小時前，機身尾部塗著「82」的B－29終於有了外號。提貝茲在一張廢紙上寫了幾個字，在下午三四點鐘交給繪圖員。過去，他偏好為自己的飛機取一些具攻擊性的外號，如「屠夫鋪子」（Butcher Shop）、「紅色鬼怪」（Red Gremlin）等，但這架飛機是會在歷史上佔有特殊地位的，所以他更希望以不同的方式展露自己的情感。

下午四點，飛機正式取名為「艾諾拉．蓋」（Enola Gay），以紀念提貝茲五十四歲的母親。多年前，上校為追尋自己的飛行夢想而辭掉了性病診所醫生助理的工作，惹得父親大發雷霆，是母親艾諾拉．蓋化干戈為玉帛。「如果你要自尋死路，」他父親生氣地說，「我可一點也不在乎。」

對此，當時的艾諾拉．蓋．海格（Enola Gay Haggard）平靜地說：「保羅，如果你想去開飛機，那麼你一定會沒事的。」

現在，艾諾拉．蓋用黑色粗體字寫在銀色的機體，在歷史上，她和她兒子的名字將永遠連結在一起[1]。

「艾諾拉．蓋號停在那裡，」提貝茲後來寫道，「沐浴在探照燈的光亮下，彷彿是個好萊塢電影明星。攝影機已經架好，攝影師帶著他們的設備站在一旁。任何一個潛伏在附近山頭的日本人——還有一些人沒被抓到——都會知道，一件極為特殊的事情正要發生。」

很快，兩千兩百匹馬力的B－29萊特颶風式（Wright Cyclone）引擎在嗡嗡作響，前方偵察天氣的飛機：嘉比三號、滿堂紅和同花順，沿著八千五百英尺的東西向跑道——「裕仁公路」（Hirohito Highway）隆隆向前。一架接著一架，起飛升入夜空，開始了十二小時往返「帝國」的飛行。

凌晨一點三十七分。

保羅・提貝茲上校和艾諾拉・蓋號計畫要在一小時後起飛。

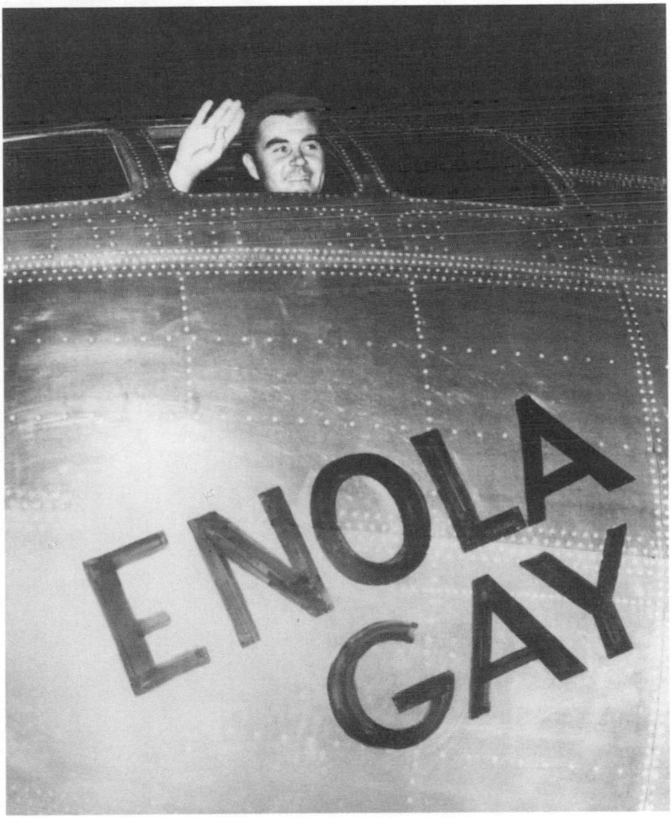

即將出發前往廣島的提貝茲上校。（Everett Collection）

1 原註：艾諾拉是個罕見的名字，其實是「alone」（孤單）反過來拼寫而成的。據說，艾諾拉的父母是從勞拉・普雷斯頓（Laura Preston）一八六七年的小說《束縛》（*In Bonds*）中獲得靈感，艾諾拉是對主角有特殊意義的一個地方的名字。事後父親告訴提貝茲，他們從廣播聽到這個消息時的情形。當艾諾拉得知她的名字被寫在向廣島投彈的飛機上時，臉上雖無表情，但她高興時肚子總是會不由自主的抖動，「你應該看看老太婆的肚子顫抖得有多厲害。」

準備工作緊鑼密鼓。下午兩點，「小男孩」從曳引車上抬下，放到一個特製的裝載坑裡。由於體積巨大，它無法像普通炸彈那樣吊入，要在地上挖出一個混凝土坑。兩點十五分，艾諾拉·蓋號被架在坑上，一台液壓起重機把原子彈舉起放到炸彈艙。帕森斯上校於三點三十分進入炸彈艙，複習如何在空中準備好這顆炸彈的十一個必要步驟。他以前可從沒這麼做過。

就在今天早上，四架出發執行日常轟炸任務的B-29起飛時撞毀並引爆了機上的所有炸彈。帕森斯坦承，害怕艾諾拉·蓋號也會發生相同的事故，進而把整個天寧島從地圖上抹去。

下午五點三十分，駕駛艙外寫著粗體大字艾諾拉·蓋的B-29，準備進行飛行前測試。測試順利完成。

晚上八點，提貝茲上校作最後一次簡報。除了強調飛行路線、飛行高度、起飛時間外，他還詳細說明了救援軍艦和潛艇的確切位置，以便在飛機不得不在海上迫降時能得到救援。這一資訊尤其重要，因為美國海軍剛剛警告所有船艦，至少要保持在廣島五十英里方圓之外。這減少了必要的救援船隻的數量。也就是說，唯有精準的水面迫降才能救提貝茲和他的組員脫險。

晚上十點天主教彌撒，接著馬上在十點三十分進行新教的禱告。幾乎所有人都參加了其中一次的禱告。唯一信仰飛行物理學的提貝茲一場也沒參加。飛行員看上去輕鬆，實則心情沉重——即使他們都是經過訓練的專業人士，已經執行過幾十次作戰任務了。提貝茲也不例外，起飛前他在外號「多帕奇飯店」（Dogpatch Inn）的餐廳吃著香腸、藍莓派和雞蛋作為飛前的最後一頓宵夜，儘管他極力表現出輕鬆，但事實上非常緊張。他幾乎沒吃什麼，寧可喝黑咖啡、抽菸斗。任務時間幾乎快要到了。

天寧島西南邊三百英里處，攻擊人員運輸艦奧奈達號（USS Oneida, APA-221）剛剛抵達烏利西環礁（Ulithi Atoll）繁忙的泊地。烏利西是位於帛琉（Palau）東北邊四百英里的環礁。該艦在八月五日一五○○時下錨，正是「小男孩」正被裝入艾諾拉・蓋號炸彈艙的同一時間。奧奈達號上載著一批陸軍新兵，他們從珍珠港前往沖繩島接受登陸日本的訓練。

奧奈達號是一艘新艦，前一年十二月剛服役。長四百五十五英尺，寬六十二英尺，最高航速可達每小時十七・七海里。雖然服役不久，但差

「小男孩」正在特製的坑道內，準備吊掛到任務機艾諾拉・蓋號的炸彈艙。（© Atlas Archive/The Image Works）

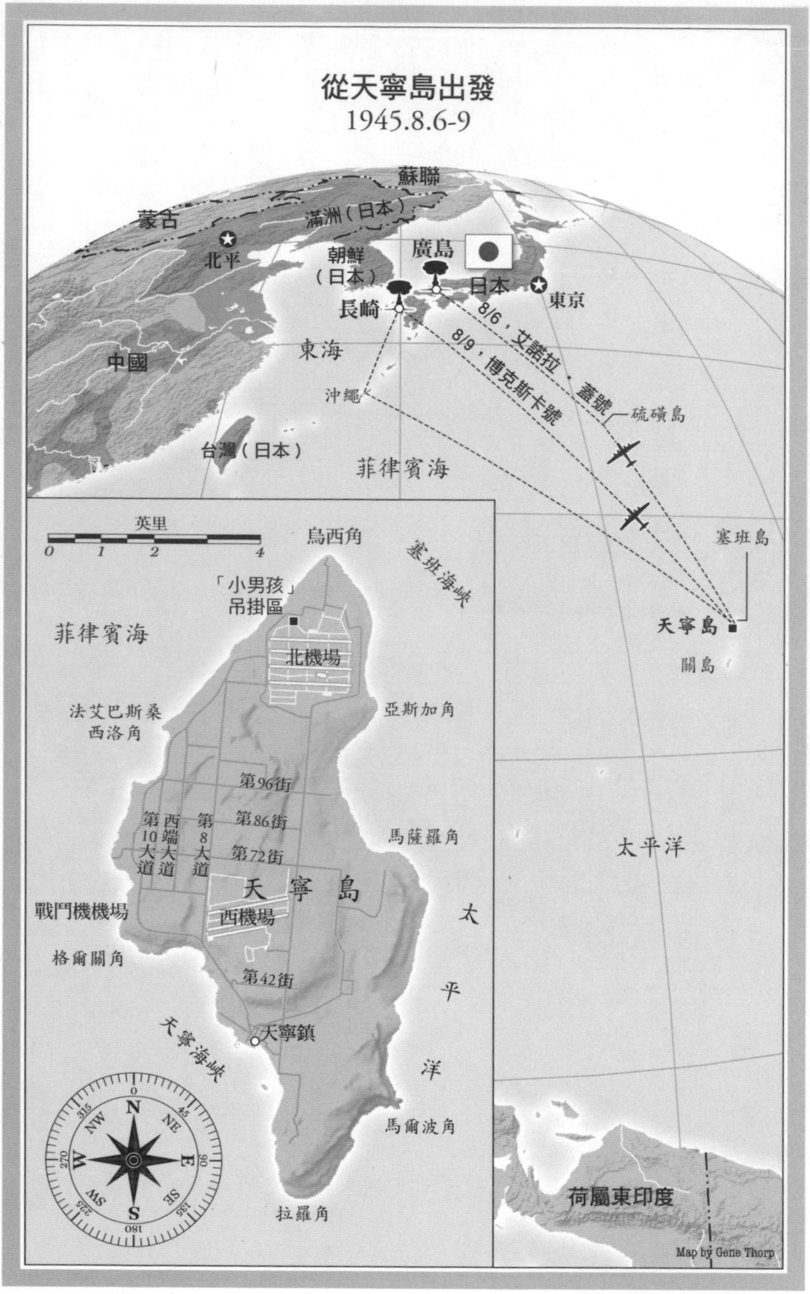
從天寧島出發
1945.8.6-9
蘇聯
蒙古
滿洲（日本）
北平
朝鮮
（日本）
廣島
日本
東京
長崎
8/6，艾諾拉．蓋號
8/9，博克斯卡號
東海
中國
沖繩
硫磺島
台灣（日本）
菲律賓海
塞班島
天寧島
關島
太平洋
荷屬東印度
Map by Gene Thorp
英里
0 1 2 4
烏西角
塞班海峽
「小男孩」
吊掛區
菲律賓海
北機場
法艾巴斯桑
西洛角
亞斯加角
第96街
第86街
第72街
第10大道
西端大道
第8大道
馬薩羅角
天寧島
戰鬥機機場
西機場
太平洋
格爾關角
第42街
天寧海峽
天寧鎮
馬爾波角
拉羅角
N
NE
E
SE
S
SW
W
NW
0
45
90
135
180
225
270
315

不多已經去過太平洋所有地方了，幾乎是馬不停蹄地把人員和物資從各戰區送進送出。自一月三十日離開舊金山後，奧奈達號已經到過十九個港口或泊地了[2]。

一位來自紐約布魯克林的年輕海軍少尉，是艦上搭載的五十六名軍官之一。他二十一歲，頭腦靈活，是紐約市一名警察之子。他要在奧奈達號上服役九個月，這位剛從聖十字學院（College of the Holy Cross）的V－12大學海軍訓練班（V-12 Navy College Training Program）結業的新人，參加過沖繩島戰役，近距離接觸過戰敗的日本軍人。上一個月，奧奈達號把一千零五十名戰俘運往珍珠港，期間經歷了各種天氣——大多數時候下雨、高溫、熱帶的潮溼。接下來一個月，海軍少尉在奧奈達號上甚至還會經歷到颱風。

跟陸軍和海軍官兵一樣，這位年輕軍官仍然不知道前路如何。當然，有謠言說，美國將大舉進攻日本本土。所有美國軍人都知道這將會給雙方都帶來災難性的傷亡。

無論如何，少尉都會履行自己的職責，但他希望能活著回家，因為有個年輕少女在等著他。

2 原註：奧奈達人是紐約郊區一個易洛魁（Iroquois）部落，包括紐約、威斯康辛和愛達荷的一些郡及本艦都以此來命名。二戰時的奧奈達號，是第三艘取用這名字的軍艦，第一艘是一八一二年戰爭中的雙桅橫帆戰船。第二艘單桅縱帆船，一八六二年到一八六五年的南北戰爭中表現卓越，一八七〇年與一艘英國汽船相撞而在日本橫濱岸外沉沒，船上七名官兵因英勇行為而被授予榮譽勳章。

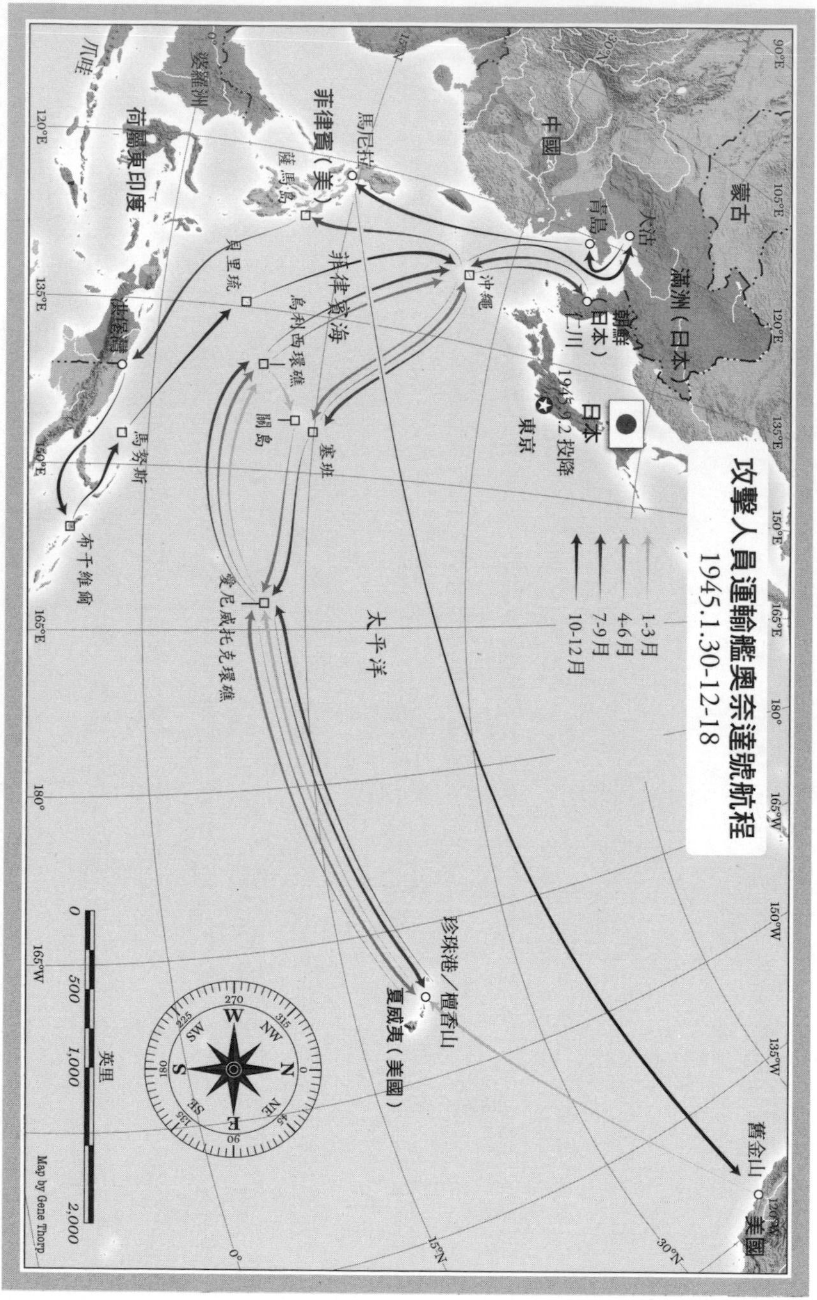
攻擊人員運輸艦奧奈達號航程
1945.1.30-12-18
1-3月
4-6月
7-9月
10-12月
蒙古
滿洲（日本）
中國
大沽
青島
朝鮮（日本）
仁川
日本
1945.9.2 投降
東京
沖繩
菲律賓（美）
馬尼拉
薩馬島
菲律賓海
烏利西環礁
關島
塞班
貝里琉
荷屬東印度
婆羅洲
爪哇
馬努斯
布干維爾
艾尼威托克環礁
太平洋
珍珠港／檀香山
夏威夷（美國）
舊金山
美國
英里
0
500
1,000
2,000
Map by Gene Thorp

提貝茲上校做事有條不紊，他繞著艾諾拉．蓋號做了最後的目視檢查，確認是否有什麼問題。裝了七千加侖燃料和四噸的炸彈，差不多有七噸重，所以再小的故障也會是致命的。

「我確保所有蓋子都合上了，輪胎都打足了氣，狀態良好。我也檢查了地面，看看有沒有明顯的液體洩漏的跡象，還拿手電筒查看了引擎罩底部，確保沒有過多油滴。」

提貝茲爬上前輪起落架後方的梯子進入駕駛艙，另外十一名機組人員也上機就位，做好長途飛行的準備。

提貝茲坐在左邊機長座位，副機長鮑勃．路易士（Bob Lewis）坐在右邊。這兩人現在關係緊張。艾諾拉．蓋號原先是路易士的飛機，提貝茲後來才選中她出此次任務，還改了名字。

外面，圍觀的人在艾諾拉．蓋號即將起飛的跑道頭耐心等待。提貝茲並不著急，不在意圍觀的人在等待或路易士上尉不爽，自顧自地又進行了一次設備和系統檢查。

四個引擎都啟動後，提貝茲最後一次檢查了油壓、燃料表和轉速表。隨著螺旋槳的嗡嗡聲，艾諾拉．蓋號震動起來——只有起飛以後震動才會停止。「整個檢查和啟動程序大概需要三十五分鐘，現在是兩點三十分。」提貝茲後來回憶道。

「我向周圍大約一百位圍觀者揮了揮手，加大馬力，開始滑行。」

「目標：廣島。」

第二十一章

「小男孩」

廣島，日本
一九四五年八月六日
上午七時十分

空氣中的溼氣充滿著不祥的預兆。防空警報再次將廣島市民從睡夢中驚醒。破曉的廣島氣候溫暖，晴朗的天空只飄著幾縷雲彩。一架美國B-29正朝著這座城市飛來，所以才響起了防空警報。警報聲打亂了這個工作天的一開始——這時人們正在準備早餐或是乘坐路面電車去上班。雖然廣島市民經常會被防空警報打擾，但現在都到戰爭尾聲了，看來美國人也不太可能會來轟炸。因此，當只有一些居民老老實實躲進防空洞時，其他人都還照舊忙著自己的事。

在廣島港，捕蝦的漁民正在整理魚網，就像他們的祖先幾個世紀以來一直做的那樣。他們選擇忽略這些防空警報，因為反正也沒地方可躲。在靠近港口的城南，消防署宇品出張所內相對平靜，消防員三上與作目不轉睛地盯著時鐘。他的二十四小時值班還剩下最後不到六十分鐘了，但如果發生空襲的話，難免會有地方起火，如此他就需要立刻去救災。

雖然三上的家人昨天已經撤離，雖然下班後等待他的將是空蕩蕩的家，但他還是急切著想回家。他耐心地等待解除空襲警報的汽笛聲，終於在七點三十二分的時候聽到了。危險已經過去了——至少看起來是這樣。

在城市的另一邊，十六歲的小野木明正在實施從三菱造船廠的工作中歇息一天的計畫。小野木是一個好學的男孩，為自己因戰爭而不能再去上學而忿忿不平。不過現在他正心滿意足地躺在家裡的地板上，手裡捧著一本書讀著。他非常享受這一天的悠閒——沒有任何工作等著他去做。

解除空襲警報的汽笛聲告訴那些躲在八丁堀電車站的人們現在可以出來了。二十歲的高藏信子是個非常謹慎的年輕女生，但是現在也繼續踏上了往藝備銀行的路上。她在這家銀行擔任秘書的工作。銀行的石造牆和防盜窗幾乎完全阻絕了透進屋內的光線。離它不到半英里外就是太田川上的T形相生橋——這座大橋即將成為原爆點。

三天前，廣島大學的鐘樓停擺了，時間正好停在八點十五分。因為市內沒有修理所需的備料，所以這座俯視著整個廣島市的巨大時鐘就這樣靜止了。

當信子走進銀行大廳時，她注意到大廳裡的時鐘馬上就要到八點十五分了。

這個預兆，信子一輩子都不會忘記。

艾諾拉．蓋號轟炸機飛到日本上空時，高度是三萬零七百英尺，這架負載重的轟炸機已經不能飛得再高了。早上剛剛觸發廣島防空警報的同花順號天氣觀測機報告，當地天氣狀況良好，適合目視轟炸。當資訊從同花順號上發出時，這座城市的命運就已經注定了。

「目標，廣島。」保羅．提貝茲上校對著艾諾拉．蓋號的內部通訊喊道。

六小時前，剛從天寧島起飛後不久，帕森斯海軍上校和他的助手莫里斯．傑普森中尉（Morris Jeppson）費了好大的勁，才鑽進隔開炸彈艙與機身的狹窄縫隙。「小男孩」幾乎把洞穴狀的空間給填滿。這顆外表醜陋的原子彈呈球形，裝有四個控制降落方向的方形尾翼。想必這種設計只考慮了原子彈的性能，並不在乎它的外表有多麼難看。

一條鐵鍊把「小男孩」給固定住，兩邊的支架使得它不會左右晃動。帕森斯站在彈體後方的狹小通道，他需要照明才能看清自己手頭上的工作。為他照明的傑普森是名物理學家，曾在哈佛、耶魯還有麻省理工學院深造。

帕森斯上校正俐落地完成啟動「小男孩」所需要的十一個步驟。他打開一個小面板，將四袋用絲織包裹著的無煙火藥裝了進去。這些推進劑可以在「小男孩」內部的槍筒一端將鈾「彈頭」引爆。這一小塊濃縮鈾-235將飛速穿過槍筒，然後撞擊到另一端的環形鈾。在彈頭撞擊到環形鈾後的萬億分之一秒內——用專業術語來說就是一「皮秒」——一個原子分裂為兩個小原子，引起核分裂反應。隨即產生巨大的爆炸，向外釋放出致命的高溫和放射性伽馬射線。

正當帕森斯在「小男孩」身邊忙著時，後面板子上被機器加工得鋒利無比的邊緣劃破了他的手指頭。帕森斯面不改色，在二十五分鐘內完成了自己的工作。他的最後一步是將三個綠色的絕緣墊塞在「小男孩」的電池與擊發機構之間。

「小男孩」已經整裝待發，但十分脆弱，無煙火藥一旦被觸發就會引爆，艾諾拉．蓋號上的人將無一倖免。所以得在導電連接間隙插上三個絕緣插銷。只要這三個插銷不出問題，「小男孩」就不會引爆。

☀

就在他們將要進入日本領空的時候，帕森斯派傑普森最後一次進入炸彈艙。一頭金髮的中尉，用三個紅色的通電插頭替換掉了綠色的插銷，接通了電池與炸彈間的迴路。

現在，「小男孩」已經有生命了。

一個小時後，艾諾拉．蓋號投彈手，湯瑪斯．費勒畢（Thomas Ferebee）用手直指著前方氣泡觀察窗的外面說道：「我看到那座橋了。」

相生橋被選為「小男孩」的瞄準點，一是因為它位於廣島市中心，二是因為它那獨一無二的Ｔ形結構可以很明顯地從空中觀測到。

從飛機向下看去，提貝茲上校能看到廣島市中心一幢幢白色的建築，他甚至還能看到許多活動的小點，看起來是走路去上班的人們。「我的雙眼緊盯著市中心，那裡因為清晨陽光的照射而閃閃發光。」他後來回憶道。

艾諾拉．蓋號在飛到廣島上空之前的最

Ｔ字型的相生橋，在空中是絕對不會錯過的目標。垂直橋面是連接今日已成為原爆紀念紀念館的公園。

後幾英里沒有遇到絲毫抵抗，沒有任何敵機或是防空砲火迎接到訪的美國人。防空單位在夜裡已經拉響了三次防空警報，因此選擇忽略B－29轟炸機的到來，以為它只不過純粹是來執行偵察任務。

時間還剩下九十秒，投彈手費勒畢的左眼一直盯著諾登瞄準器的準星。如果他操作得當，為艾諾拉．蓋號每小時三百三十英里的對空速度，以及會讓炸彈偏移的微小風速留出空間，那麼「小男孩」就會以極高的精準度落到地面。

「還剩一分鐘。」提貝茲宣佈，打破了無線電靜默。

費勒畢扳動了開關，艾諾拉．蓋號和跟在後面的兩架觀測機上全體組員的耳機裡都響起了尖銳的聲音，這是在預告事情即將要發生。聽到這聲音後，各人戴上特製的深色護目鏡保護雙眼。三架飛機之前都接到了命令，盡迅撤離，躲避原子彈引爆後產生的餘波。

「三十秒，」提貝茲說道。

「二十秒。」

炸彈艙艙門在八點十五分準時打開——這正是三天前廣島大學的鐘樓停罷的同一時刻。

「十、九、八、七、六、五、四、三、二、一……」

上午八點十五分十七秒，「小男孩」從基座釋放出去。

一瞬間，艾諾拉．蓋號擺脫了彈艙的四噸額外重量，機鼻突然朝上。提貝茲做了一個幾乎垂直的大角度右轉，離開廣島。他只有不到五十秒的時間盡量遠離即將發生的爆炸。如果距離不夠遠的話，艾諾拉．蓋號就會葬身在衝擊波中。

機身的大幅度轉彎達到了六十度。這種對輕盈的戰鬥機來說還不算問題的飛行動作，並不適合大型轟炸機，但是投彈手費勒畢的左眼一直緊盯著諾登瞄準器，觀察著向地面俯衝的「小男孩」。剛被投下去的時候，原子彈搖晃了幾下，但在彈身後部四個方形尾翼的作用下，很快就保持頭部向下的姿勢朝廣島市中心衝去。

費勒畢呆若木雞，他知道自己正在見證歷史的發生。十秒鐘過去了，二十秒，三十秒。突然他想起原子彈爆炸時釋放的亮度會弄瞎任何盯著它看的人。費勒畢趕緊從瞄準器上挪開，不再看「小男孩」落下。

安全返航的艾諾拉．蓋號，天寧島因他們在歷史上留下印記。（US Air Force）

廣島原爆
1945.8.6
完全摧毀
半摧毀
滿洲（日本）
蘇聯
日本海
朝鮮
（日本）
日本
東京
廣島
太平洋
太田川
茶臼山
尾長山
廣島城
相生橋
目標點
廣島縣產業獎勵館
爆心點
藝備銀行
猿猴川
廣
島
太田川放水路
天滿川
舊太田川
元安川
京橋川
尾長山
廣島港
宇品島
金輪島
廣島灣
英里
0 ½ 1 2
132° 25' E
132° 26' E
132° 27' E
132° 28' E
132° 29' E
34° 25' N
34° 24' N
34° 23' N
34° 22' N
34° 21' N
34° 20' N
Map by Gene Thorp

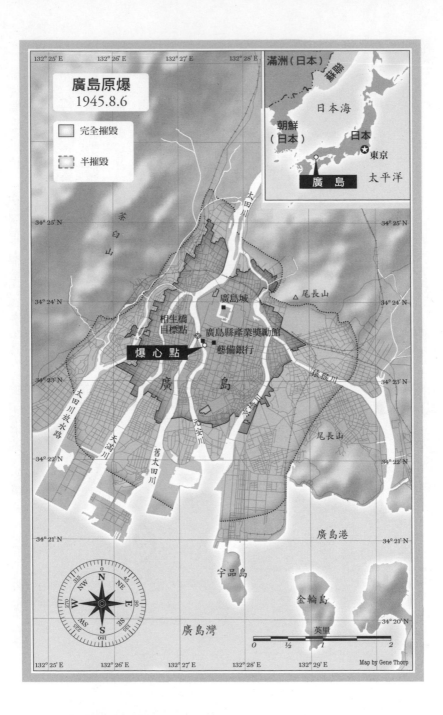

釋放後四十三秒，相生橋上空一千八百九十英尺處，「小男孩」的雷達空炸引信啟動了。原子彈內部的槍筒，四包無煙火藥的引爆使鈾彈頭猛衝到槍筒的另一端，撞到了另一塊鈾-235。鏈鎖反應在一瞬間就完成了。隨後的爆炸，在目標上空翻起一大團蔓延開來的火球。火球的延伸速度是音速的一百倍，因此在過程中一直是無聲的，百萬分之一秒後，廣島市民就開始被燒成灰燼。

大約二十英里外，爆炸產生的衝擊波狠狠地衝擊艾諾拉．蓋號，以至於提貝茲以為飛機是被地面火力擊中而大喊：「高射砲！」他感覺到嘴裡有奇怪的刺刺感，這其實是他的唾液正與在幾千英尺高空翻騰的放射性元素相互作用的關係。

但艾諾拉．蓋號至少是安全的。飛機上的十二名組員全都沒事。六個小時後，機組員將在離剛剛他們所造成的人間煉獄之外很遠的地方，用威士忌和檸檬水慶祝此行的成功，並度過一個愉快的夜晚。

✹

「小男孩」爆炸的地方離瞄準點之間有三百碼遠。在核分裂的瞬間，原子彈內的溫度超過了華氏一百萬度，所發出的白光是太陽亮度的十倍。百萬分之幾秒後，原子彈正下方的地面溫度驟升至華氏六千度，隨之而來的還有致命的放射性伽馬射線。

三十五歲的青山太太是個寡婦，她年輕的兒子已經出門去參加強制性的工作了。按照她每天的生活習慣，她正在戶外與附近一家寺廟的和尚們共有的菜園裡種菜。菜園正好位於「小男孩」爆炸點的正下方，以後這個地方將會被稱為「原爆點」。

青山太太被蒸發了。

死亡到來的速度是如此之快，以至於她身體的神經末梢甚至都沒有時間對疼痛做出反應，也來不及感受到光芒和高溫的存在。高溫下，她的骨頭瞬間被液化，大腦也以五倍於沸水的溫度汽化了。

在青山太太方圓半英里範圍內，成千上萬的男女老幼瞬間化為一塊塊木炭。燒焦的屍體內，內臟器官已經蒸發。廣島市中心的這些人，剛才還活生生的，轉眼成了一堆堆黑色物體。站在廣島放送局前方的一位婦女試圖逃離，卻被燒焦成一個逃跑的姿勢，懷裡還緊緊抱著自己的孩子。

但這只是剛開始而已。

三毫秒後，空中爆出一個三百碼寬的巨大火球，火球周圍的空氣燃燒起來，將四周的一切生命都液化掉了。

緊接著是威力相當於兩萬噸ＴＮＴ炸藥的爆炸，蜂擁而來的蘑菇雲升到五萬多英尺的空中，席捲了原爆點的灰塵、泥土以及那些被殺死的人的屍體所液化成的氣體。

幾秒之內就有七萬人的生命被奪去。

距原爆點一英里範圍，幾乎所有的生命和建築都人間蒸發。

寵物、鳥、老鼠、螞蟻、蟑螂——消失殆盡。

房屋、漁船、電線杆，以及有幾個世紀歷史的廣島城——不復存在。

隨著太陽被蘑菇雲遮住，白天變成了黑夜。在原爆點方圓一英里外，一些人倖存了下來，但代價慘不忍睹。強光將所有當時正在朝爆炸方向看的人的眼睛都閃瞎了，在強烈的高溫炙烤下，成千上萬的人不是斷肢就是毀容，當時其中大多數人還是在幾英里外。一隊日本士兵被燒得面目全非，他們的臉是真真實實地被融化了；人們甚至無法分清他們的腦袋哪邊是正臉，哪邊是後腦勺。

沒有一個人免遭原爆之苦。廣島女子商業學校的一群學生們「背上、臉上、肩膀上還有胳膊上都冒出了橄欖球大的水泡。隨著水泡一個個爆開，她們的皮膚就像毛毯一樣掛在身上。」日本攝影記者松重美人後來回憶道。

超高溫把許多受害者身上的衣服燒成灰燼，其中包括廣島市郊一輛路面電車上的十五名乘客。他們死去的屍體赤裸著堆在一起。因為深色可以吸收高溫，而淺色則會反射溫度，所以有些赤裸的女性屍體上還有花朵形狀的灼傷，這是她們死去時身上衣服的圖案。

如果說「小男孩」的設計者曾想像到一顆原子彈的引爆，就能讓成千上萬的人在瞬間失去生命的話，那麼他們的想像實現了。事實上，不需要怎樣的想像力，就能預測到那些爆炸後在空中飛舞的玻璃和木頭碎片所造成的穿刺傷。原子彈爆炸後的衝擊波，以每秒兩英里的速度向外擴散，將所到之處皆夷為平地。接下來還有可怕的輻射——輻射塵將在之後的數月乃至數年將廣島的居民慢慢殺死。但是，可怕的殺傷力還遠遠不止於此。

還有成千上萬的日本人死在火海和水裡。首先到來的是火焰，在「小男孩」引爆的一瞬間到處起火。不到五分鐘，爆炸方圓兩英里內的所有建築物都燃起了熊熊大火，洶湧的火焰形成了威力強大的火舌。火借風勢，風助火威，風力很快就達到颶風的強度，將廣島大部分燃為灰燼。

許多居民都被埋在自家房屋倒塌後的廢墟裡。他們深埋在厚重的木頭樑柱和屋頂瓦片之下，眼看著火苗越來越近而瘋狂喊叫，呼救聲在廣島的每條街道此起彼落。

為了逃離火焰風暴，或者是為了冷卻一下身體上的灼傷，許多人跳進各處的消防水池裡。但等待他們的還是殘酷的命運：原子彈的爆炸把水也煮沸了，

廣島市區的廢墟，可見一輛被爆路面電車的殘骸。（Bernard Hoffman/The LIFE Picture Collection/Getty Images）

任何人只要一跳進消防水池就會立刻被活活烹死。

還有些人為了逃離火舌，跳進穿過廣島的七條河流，但他們跳進去後就發現，河流已經被屍體堵塞了。許多人其實是被後面逃離火焰的人潮給推進河裡的。一旦進入水流當中，河裡的屍體實在是太多了，根本沒有辦法游泳。「我看到水裡還有幾個倖存者，他們隨著水流飄蕩著，不時撞到河裡的屍體。」一位目擊者後來回憶道。「從火海中跳到河裡的人，有幾百幾千人最後淹死在那裡。」

整個廣島陷入一片混亂。一些不知發生什麼事的市民，幾乎默默承受著「小男孩」帶來的恐怖。很多人茫然地在街上遊蕩，胳膊向外撐著，以免碰到身上的傷口，瞪大眼睛看著街上一堆堆燒焦的殘骸，在廢墟中擇路而行，感受著剛發生、令人難以置信的慘劇。還有很多房屋被毀的人也走上街頭，蜿蜒成長長的隊伍，發了狂似地朝鄉下的安全地方逃去。

✹

「小男孩」爆炸後不久，東京的日本放送協會發現，廣島電台停止了廣播。調度員以為是發生了故障，就撥打電話想問問看能不能幫上忙，可是沒有人接電話。

人們很快發現，廣島的火車站、報務員和衛戍部隊的通信全都中斷了。日軍參謀本部認為廣島恐怕是遭到了美軍的轟炸，於是從東京派了一名年輕軍官去廣島調查情況。這名軍官接到的任務是立即飛到廣島，看那裡是不是遭受到美軍的空襲。

第二天，廣播電台放送了這位年輕軍官從空中看到的可怕景象：「幾乎所有生命，不管是人還是動物，都被燒焦而死。」

那些從廣島原爆倖存下來的人們，今後將會在日本被稱為「被爆者」——意思就是「受原爆影響的人」。

這些人能從死神手裡撿回一條命往往靠的是運氣：或者是置身的混凝土建築物阻擋住了衝擊波，又或者是在房屋倒塌時幸運地沒被壓在巨大的橫樑之下。

「原子彈對於所有人都是一視同仁的，」廣島氣象台技術員北勳後來回憶道，「無論是襁褓中的孩子，還是耄耋老人，原子彈一併奪取了他們的性命。而且死亡的過程並不好受。那是一種非常殘忍、非常痛苦的死法。」

消防員三上與作也是「被爆者」之一。他在下班回家的路上幸運地與死亡擦身而過，因為原子彈爆炸時他乘坐的電車正好在一條隧道內而躲過了衝擊波。

「電車經過了御幸橋，正在駛向車站，這時我看到了窗外的藍色閃光。與此同時，電車內湧起濃烈的煙霧。在濃煙下，我甚至看不見站在我對面的人。」

三上返回消防分隊，然後和同事們一起登上消防車。他們所到之處盡是徹底的混亂和難以想像的恐懼，數十名倖存者「咒罵、哭喊、哀號、大聲求助」。三上和隊友們立刻投入救援，並尋找醫院來安置情況最糟糕的倖存者。「我們試著撥開傷者的雙眼，發現他們居然還活著。我們接著抬起他們的雙手和腿，試著把他們放到消防車上。但此舉非常困難，因為當我們一挪動傷者時，身上的皮膚就會脫落……但他們一聲痛也沒喊過，即使是皮膚脫落下來的時候也是如此。」

三上和其他消防員一起在市區穿梭，照顧受傷的人，還到其他消防分隊去看看其他消防弟兄的狀況如何。他們發現很多消防員都活了下來，而且正在頑強地與兇猛的火焰對抗。同時也目睹了很多死亡的慘狀。

在一處消防分隊，三上發現一名消防員被燒焦在自己的消防車裡：「他看起來是正要發動消防車，準備去滅火。」

十六歲的小野木明被原子彈引爆時產生的衝擊波拋到了空中，然後被撞得人事不省。甦醒後，小野木走到外面，看到鄰居正赤身裸體地站在房子的廢墟之中。這位鄰居正在發瘋似地搜尋自己的家人，渾然不顧身上還吊著燒焦的肉塊。

「我開口和他說話，但筋疲力竭的他並沒有回答我。他正絕望地尋找自己的家人。」小野木很久之後回憶道。

「我們還看到一個哭泣的小女孩，她乞求我們幫忙救救她的母親……她母親的下半身被困在倒塌的樑柱之下。」小野木和其他圍觀者，合力試圖把梁柱抬起來，卻沒能成功。

「然後就燃起了大火，我們隨時都有被火苗吞噬的危險，所以不得不把她母親留在那裡。那時她母親還有意識，我們在離開前雙掌合十向她深深鞠躬，以示歉意。」

往後十年，每當電車摩擦軌道發出火花，都會嚇了小野木一跳，讓他

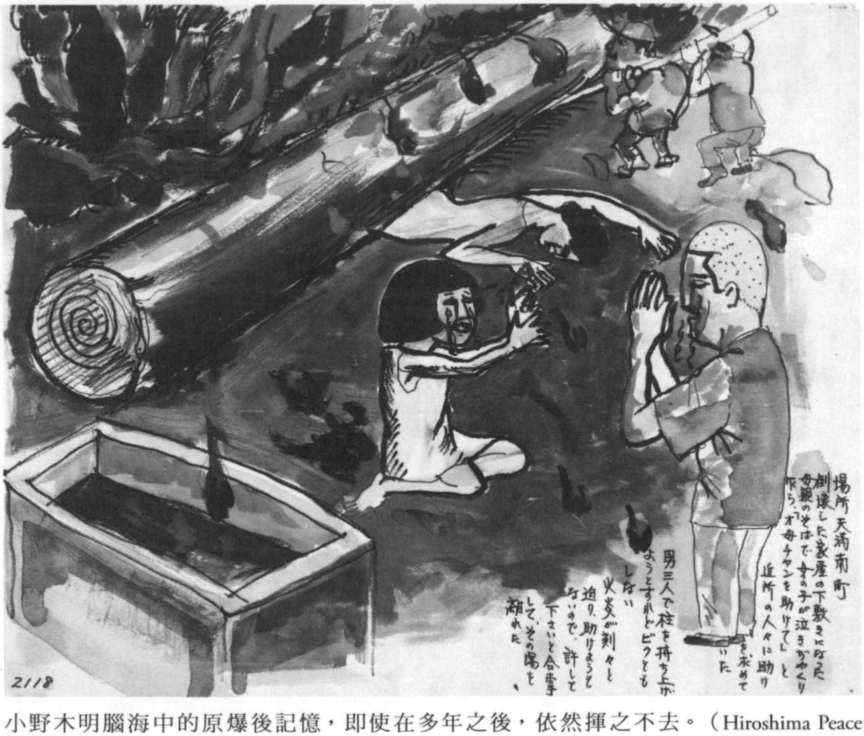

小野木明腦海中的原爆後記憶，即使在多年之後，依然揮之不去。（Hiroshima Peace Memorial Museum）

想起原子彈爆炸瞬間的閃光——倖存者們往往把這叫做「皮卡咚」，意思是「火花和爆炸」。從那之後，他再也沒有在窗戶邊上坐過，因為他親眼目睹了太多被破碎的玻璃穿透的屍體。

但最真實的一幅場景，同時也是小野木餘生揮之不去的記憶，是那個小女孩和她難逃一死的母親的畫面。原爆三十年後，小野木將自己的悲痛表達在畫布上，放開情緒把那幅場景畫了下來。畫作當中右下角是小野木本人，雙手帶著懊悔緊緊地合在一起，而那個哭泣的小女孩正在苦苦哀求他救母親一命[1]。

藝備銀行雇員高藏信子也是僥倖存活下來的人之一。在八點十五分原爆時，銀行大廳的鐘被定格在那個時刻，那時她剛剛走進銀行開始要工作。「我正在忙早上的雜事，打掃桌子什麼的，那時候原子彈就扔了下來。我只記得自己當時看到什麼東西突然閃起了光。」

雖然藝備銀行距離原爆點只有三百碼，但它的石牆和鋼鐵防盜窗有非常好的保護效果。如果信子是在外面台階上的話，她將在瞬間被燒成一堆炭灰。

信子被衝擊波震得暫時失去了知覺，但很快就醒了過來。她踉踉蹌蹌地走到街上，映入眼簾的是一幅慘絕人寰的景象：「街上的許多人幾乎都在一瞬間失去了性命。那些屍體的手指頭上燒了起來，而且

1 原註：大野木明的這幅作品，成為廣島原爆的指標性畫作之一，經常在廣島和平紀念資料館展出。

火苗慢慢地從指尖延燒到全身。手掌上滴落著淺灰色的液體，灼燒著他們的手指。我實在是太震驚，沒想到人的手指和身體能像那樣地燃燒和變形。」

信子精神恍惚地遊走在市區，她的腳步很慢，因為要時不時跨過數不盡的屍體。她走到西練兵場，一個小時前那裡的士兵們還打著赤膊在做早操。

「操場上，四處散佈著死去士兵留下的痕跡。」

她躺在地上喘息。「我不知道時間過了多久，到了黃昏的時候，我突然嘔吐起來，吐出的想必是早餐的殘留物……我吐了兩次帶血的痰。那時的我意識到自己也將死在那裡。」

雖然信子背部被飛散的玻璃碎片割開了一百零二處傷口，而且還有兩處嚴

原爆後的相生橋，一眼望去，廣島市西邊的房子幾乎被夷為平地。（US Army）

重的燒傷和不計其數的瘀青，但是她還是鼓起了求生的勇氣。「我一定要活下去。我必須得活下去。」她這樣對自己說。半個世紀之後，為了讓日本的新一代不要忘記她此時此刻經歷的恐懼，在日後一個記錄信子口述歷史的網頁，有這樣一句話。文章的標題是《致那些不知道原子彈的孩子們》（*To Children Who Don't Know the Atomic Bomb*）。談話用充滿畫面感的文字描寫了當天早上的景象。口述紀錄的最後是幅令人難忘的畫面[2]。

一個走在路上的女人，
倒下之後，
她的手指燃起了火，
像冒著藍色火焰的蠟燭，
越燃越短。

2 原註：《目擊者的證言：原爆被爆者的控訴》（原爆被爆者は訴える 被爆証言集）是由廣島和平文化基金會出版。原爆之後數十年，四十五歲的信子被診斷患有脊柱腫瘤，後來成功切除。二〇一二年，八十六歲時又被診斷患上骨髓增生不良症候群（MDS），這種血液異常往往是白血病的前兆。這兩種病徵在原彈被爆者身上相當常見。已經八十九歲高齡的信子，還在履行著廣島市安佐北區龜山的報恩寺主持夫人的職責。

東京當地時間晚上七點五十分，離「小男孩」投下廣島已經過去了十一小時又三十五分鐘。大本營很多人認為扔下來的是原子彈，但是將軍們整整一個下午都沒把這個消息告訴天皇。

現在已是黃昏時分，裕仁正趁著八月夜晚的宜人氣候，在宮城的吹上御苑裡散步。此時的他對廣島所發生的事情一無所知。

突然，陸軍侍從武官走了過來，這只能表示有不好的消息。除非遇到災難，否則沒有人敢打擾天皇。侍從武官用低沉的聲音告訴裕仁，廣島被「一架美軍轟炸機扔下的特殊炸彈襲擊了」。侍從武官接下來說，負責調查這次空襲的海軍省認為，「廣島市的大部分」已經不復存在。

侍從武官告退，留下裕仁天皇獨自對剛聽到的消息陷入沉思。六個星期前，當沖繩島淪陷之時，他就知道日本已經打不贏了。裕仁只需在宮城內隨處一看，便能明白美軍到底佔了多大的優勢。儘管美軍的作戰命令明確規定不能轟炸宮城，但是B-29空襲所引發的大火，還是越過了這座避難所的高大石牆以及護城河，將裕仁的木造御所焚為平地[3]。裕仁和皇室成員現在只得住在他現在散步的吹上御苑旁邊的御文庫。天皇都是在御文庫下方六十英尺的防空洞處理公務。就這點來看，他和那位已經死去的盟友——德國元首阿道夫·希特勒——倒是滿相似。

也正是和希特勒一樣，裕仁也拒絕投降。他一直堅信蘇聯會幫他爭取到與美國議和。他現在也還是如此相信。然而，廣島傳來的消息卻讓他猶豫了。

裕仁知道，如果關於廣島的報告屬實，那麼只有無條件投降才能讓日本免於全面性毀滅。如此，這個有著兩千五百年歷史的皇朝也將走到盡頭——也可能是裕仁自己生命的盡頭，如果他被判戰爭罪的話。

五個小時後，當美國總統杜魯門再次要求日本無條件投降時，裕仁依然選擇沉默。當他可憐的子民正痛苦死去的時候，這位「現人神」[4]還持續在散步。

3 編註：即一八八八年落成的明治宮殿。
4 編註：用以指稱天皇，是以人類形態出現於世上的神，乃神聖不可侵犯者。

第二十二章

「美國已經成為毀滅的代名詞」

奧古斯塔號重巡洋艦
大西洋中部
一九四五年八月六日
中午

杜魯門感覺自己充滿了力量。午飯前，在奧古斯塔號重巡洋艦（USS Augusta, CA-31）的士兵餐廳裡，他正與桌上六名水兵談笑風生，打聽他們的家鄉在哪裡，詢問他們在海軍的日子過得怎麼樣。在德國歷時三週的波茨坦會議之後，杜魯門本可以乘坐飛機回國，但安全人員建議他花五天時間乘艦橫跨大西洋，因為在空中有可能會遭到襲擊。

此次航行一路狂風大作，大西洋波濤滾滾，白浪紛紛。但是杜魯門每天都一早起床，然後在露天甲板上散散步。官兵們驚訝地發現，雖然太平洋戰場上戰事不斷，但總統每天早上散步時臉上都依然掛著燦爛的笑容。他們當然不可能知道，杜魯門在波茨坦的世界舞台上，堅守住自己的立場是一種多麼強烈的成就感。然而更重要的是，他們也不知道杜魯門正等著確認投下原子彈的消息。

總統之前獨自守住這個高度機密的日子可謂煎熬。現在奧古斯塔號上有幾個新聞記者。當本艦從英國普利茅斯港出發當天，杜魯門就約見了他們，說美國現在手裡已經有了原子彈。他敢於說出這個令人震驚的消息，是因為他知道媒體被禁止使用艦上的無線電，因此絕不可能把消息傳到外界。在這個特殊的隔離環境，健談的杜魯門得以盡情向別人解釋原子彈是怎麼一回事，同時還能繼續保證不會洩密。

正當杜魯門和年輕水兵們在午飯前談笑風生的時候，艦長法蘭克·葛拉漢（Frank H. Graham）走到桌前，手上拿著一張日本的地圖和一份電報。地圖上，廣島被用紅色鉛筆圈了起來。電報上說：「對廣島進行了目視轟炸……各方面效果都明顯成功。目視效果比任何實驗的威力都要大。轟炸機投彈後情況正常。」

杜魯門面露喜色。「這是歷史上最重大的事情，」他激動地握住葛拉漢的手說道，「現在是時候要回家了。」

杜魯門接著命令葛拉漢，將這個秘密消息轉告給幾張桌子外的國務卿伯恩斯。過了沒多久，戰爭部長史汀生發來電報確認上一份電報的內容。「八月五日於華府時間晚上七點十五分，向廣島投擲了一顆大炸彈。初步報告顯示完全成功。」

杜魯門難以掩飾喜悅之情，他從座位上一躍而起，用叉子敲了敲手裡的水杯。開始的時候人們有些困惑。士兵們迅速立正，因為當總統站著的時候，自己卻坐著則顯得不太合宜。但是杜魯門揮手要他們坐下，「請大家坐下，我有一件事要宣佈。我們剛剛在日本投下了一顆新型的炸彈，炸彈的威力比兩萬噸TNT炸藥還要巨大。這對於我們來說是一個壓倒性的勝利！」

喧鬧聲響徹整間餐廳，歡呼聲在軍艦的通道裡迴響不絕。杜魯門洋溢著笑容，手裡高舉著電報，快步從士兵餐廳沿著通道去和奧古斯塔號的軍官們分享這一消息。「我們賭贏了。」杜魯門興奮的吶喊蓋過了歡慶的歡呼聲。

當時，在場的所有人都以為戰爭就要結束了。

可是，他們錯了。

過了不久，杜魯門身穿褐色的雙排扣西裝和黑色領帶，在奧古斯塔號的總統專用艙向美國人民發表談話。他坐在桌後，右肩上方還能看到舷窗。講稿其實早就已經準備好了，但到了這個時候才由白宮向全國媒體公佈。但是，正在用無線電直播的杜魯門，講話比起油印的講稿有著更為強烈的影響。這個看起來針對美國人民的談話，實際上是對日本大本營的一次警告。

「十六小時前，一架美國飛機在廣島上空投下一顆炸彈，把那裡變成了一片廢墟。」杜魯門開頭這樣說道。聲音雖然低沉，但毫無疑問，他覺得當時做出投下原子彈的決定是無誤的。就在他發表談話的同時，美軍在日本空投了許多傳單，鼓勵日本人民起來反抗，要他們的政府投降。

「日本人首先以偷襲珍珠港的方式挑起了這場戰爭。他們已經為此付出了代價。但這場戰爭還沒有結束。現在我們有了原子彈，這將為我們軍隊的戰鬥力帶來嶄新、革命性的升級。現在這樣的炸彈仍在繼續生產，而且威力更大的炸彈也正在研發當中。」

「這是一顆原子彈。這是我們對宇宙基本能量的利用。現在這種太陽的能量之源，已經被用在那些把戰端引入遠東的人們身上。」

接著，杜魯門說明了原子彈的研發歷史，然後在結尾毋庸置疑地表示事情還沒有結束。只要日本還沒有接受《波茨坦宣言》以及無條件投降，美國人的轟炸就不會停止。

「我們現在已經準備好用更為迅速、更為徹底的方式，摧毀日本任何一座城市的任何一個仍在運轉的戰爭機器。我們將摧毀他們的碼頭，摧毀他們的工廠，摧毀他們的通訊。毋庸贅言，我們將徹底摧毀日本發動戰爭的能力……如果他們不接受我們的條件，等待他們的，將是來自空中的毀滅之雨，前所未有的毀滅之雨。」

終於，杜魯門的廣播結束了。他並不需要下達向日本投擲第二顆原子彈的命令，因為這道命令早在兩週前他批准轟炸廣島的當天就已經發出了。事實上，根據那個命令，只要有原子彈，就可以繼續轟炸。

當杜魯門結束廣播談話時，奧古斯塔號正在百慕達的北邊海域。海面上的空氣終於開始變得溫暖。杜魯門總統知道，明天抵達美國的時候，迎接他的將是鋪天蓋地的新聞採訪，於是他決定先好好享受一天的日光浴，並等待日本投降的消息。

在馬尼拉的麥克亞瑟感到震驚。週二午夜剛過，侍從官把麥帥叫醒，告訴他廣島原爆的消息。麥帥對於有形和無形的輕視都非常有感，而在原子彈這件事上，他所受到的不管哪一種輕視都不會少。過去三年，麥克亞瑟一直在按照他的方式來作戰，想打哪裡就打哪裡，想什麼時候打就什麼時候打。根據自己在太平洋地區幾十年的生活經驗，他對日本文化非常了解，並堅信日本人已經到了投降的邊緣。

儘管麥帥肩上掛的是陸軍五星上將軍階，但杜魯門很少就太平洋戰場的情況諮詢他的意見。而馬歇爾和艾森豪則一直向總統提出對戰爭的建議。然而，馬歇爾早就知曉關於原子彈的計畫，艾森豪在「三位一體」爆炸後不久也得知了，麥克亞瑟直到一週前才知道原子彈的存在。

麥克亞瑟從未曾就原子彈在他的戰區內的戰術性運用問題被人徵求意見。他認為，這就好比是在歐洲戰場上扔下原子彈，但艾森豪卻事先一無所知。

麥克亞瑟知道，後者是絕對不會發生的。

如今，除了這些冒犯之外，麥帥緊接著震驚地發現，原來杜魯門並不信任他。

八月五日星期日，將軍得到了口頭上的確認，說原子彈將會在第二天被投下。然而，這樣一個禮貌性的通知當中，也包含著一個重要的誤導性。那位華府派來的信使告訴將軍，原爆點將會是東京南部一個人口較少的工業區，而不是廣島。

看來，某個單位、某些人認為麥克亞瑟這人不能保守秘密。

不幸的是，麥克亞瑟的行為印證了這個關於他管不住自己嘴巴的看法。在廣島原爆當天早上，雖然麥帥並不知道原子彈投擲的地點以及任務是否已經成功，但他還是把記者召集到在馬尼拉市政府的辦公室，並在一段不留紀錄的評論中含糊其辭地預測道：「戰爭可能會比我們預計的要更早結束。」

事實上，麥克亞瑟贊成轟炸的是那個人煙較少的工業區，因為將這種強大的破壞力用在幾乎沒有平民的地方符合他的軍事道德觀。幾個月前，撤退的日軍對馬尼拉居民的殘忍屠殺仍然在麥帥的腦海中歷歷在目，即使在這些毫無人性的屠殺發生之前，麥帥就曾公開反對把平民當成目標。當日軍的指揮官指責麥克亞瑟的部隊砲轟位於新不列顛島拉包爾（Rabaul）的一所醫院時，麥帥立即否定了指控，並通過東京一家中立國使館轉告這位日本將軍說，其實砲擊的目標是這所醫院旁邊的一個砲兵連。但是麥帥的立場也有前後不一的地方。如果轟炸平民符合他的目標的話，他也會支持的，比如說在「奧林匹克行動」，為了削弱九州的抵抗力而進行的空襲。

如今都到了軍旅生涯的這個階段，作為一名軍人，麥克亞瑟雖然不會公開批評自己的最高統帥，但在餘生，他曾提到自己對於一九四五年八月六日原爆的看法。「麥克亞瑟曾對我意味深長地說起過，」尼克森後來對記者回憶道（這位未來的美國總統，曾於二戰太平洋戰場當了一年的海軍軍官），「他認為那顆原子彈就是一場慘劇……你們要知道，麥克亞瑟是一名戰士。他認為軍事力量只應該用於軍事目標，這就是為什麼原子彈的事情讓他感到厭煩。」

其他人也曾提及，說麥克亞瑟認為「投擲原子彈沒有什麼正當的理由」[1]。

麥克亞瑟的專機飛行員，威爾登·「灰塵」·羅德斯中校（Weldon "Dust" Rhoades）後來在他的日記裡，更清楚地寫下有關麥克亞瑟對原子彈的看法。「麥克亞瑟將軍對這個法蘭根斯坦怪物[2]肯定感到震驚和沮喪。」

準確地說，麥帥認為廣島原爆並不會導致日本的投降。因為日本人承受不了這麼大的羞辱。按照麥帥的觀點，想要日本投降，除非杜魯門能讓天皇在戰後繼續掌權。「保留天皇制度的話……日本人民才會有尊嚴地停戰，因為日本人知道神聖的天皇會繼續引領他們。」

但是，大多數美國人的判斷並非是如此。

「感謝上帝帶來了原子彈」這樣的話，是美國陸海軍士兵經常會說的。如果美國軍隊在日本本土海岸登陸的話，肯定會造成非常慘重的傷亡，他們對此其實心存恐懼。對他們當中的大多數人來說，對平民的轟炸算不了什麼——這是對日本人偷襲珍珠港的血債血償。如果廣島的毀滅可以迎來和平的話，想必美國大兵幾乎會全體一致地認為這是值得的。自從穿上軍服以來，這些陸海軍士兵終於可以開始規劃人生的未來了。「儘管我們表面上是那麼的有男子漢氣概，」一位二十一歲的陸軍中尉後來寫道，「那一刻我們還是帶著解脫和喜悅的心情哭泣了。我們終於能活下去了。我們終於可以在人生道路上繼續走下去了。」

1 原註：引自記者諾曼・卡森斯（Norman Cousins）在戰後採訪，及之後出版的《權力的病理》（*The Pathology of Power*）。

2 編註：Frankenstein monster，意指毀滅或危害到其創造者的事物。

新墨西哥州的洛斯阿拉莫斯，歐本海默面前的觀眾席上坐滿了參與原子彈設計與生產的科學家。他兩手抱著自己的頭，就像是進入擂台的拳擊手。他對著歡呼的人群說，雖然現在「要確定爆炸的結果是怎樣仍為時過早，但我敢確定，日本人肯定不會喜歡它」。

歐本海默很快就走下了台，但他臨走前的一席話讓整個屋內頓時陷入沸騰：「我現在唯一遺憾的是，沒能早點把原子彈造出來，然後把它用在德國人身上。」

蓋洛普民意調查顯示，百分之八十五的美國人認為，原子彈的使用是有正當性。大多數的媒體也支持這一決定。全美國的報紙都在用頭版大標題大肆宣揚原子彈。《紐約時報》甚至用頭版的六個篇幅來報導這一條新聞。

然而，《紐約時報》的社論，則是較少是以警世的角度切入，認為未來其他國家也會把原子彈作為正當手段。「昨天，人們用原子彈毀滅了另一些人，自此人類歷史翻開了新的一頁。在這新的一頁裡，那些神秘的、不可思議的與可怕的東西變得平凡與尋常。我們在太平洋戰場取得了勝利，卻為今後種下了惡果。」

「美國已經成為毀滅的代名詞。如今，我們成為第一個採用這種效果未知的武器使用者，這武器雖然能帶來更快的勝利，但也埋下了前所未有、廣袤的仇恨種子。[3]」

還有其他人也表達出他們的憂慮。曼哈頓計畫的物理學家路易士・阿爾瓦雷茨（Luis Alvarez），在大藝術家號上親眼見證了廣島原爆，他開始以道德的角度對原子彈提出了質疑。他在返回天寧島的途中給自己的兒子寫了一封信，信中提到對不久前所見的思考：「我很遺憾參與了今天早上這場殺傷成千上萬日本平民的浩劫，但也希望我們創造的可怕武器，能讓世界各國團結起來，從而阻止今後的戰爭。」

大衛・勞倫斯（David Lawrence）是《美國新聞》雜誌的創始人，也是個保守派。他寫下了當時對杜魯門的決定最為嚴厲的其中一篇批評：「我們不能輕易地擺脫這種普遍存在的罪惡感。面對批評的聲音，我們往往用軍事上的必要性來作為回應。但這也不可能抹掉純粹的事實：即我們作為一個文明國家，在使用毒氣上猶豫不決，卻不假思索地將迄今最具毀滅力量的武器，無差別地用在了男人、女人和兒童身上。且不論我們為今後其他國家開了一個怎樣的先例，看看我們為今後的道德良知和理想做了怎樣的示範！[4]」

3 原註：這篇社論出自記者漢森・鮑德溫（Hanson Baldwin）之手，他是《紐約時報》的軍事線編輯。

4 原註：《美國新聞》雜誌（*The United States News*）後來更名為《美國新聞與世界報導》雜誌（*U.S. News & World Report*）。

日本徹底震驚了，但還是沒有人提到接受《波茨坦宣言》和投降。相反，就在三百八十五架B－29轟炸機對東京的四個目標進行新一輪的轟炸時，首都的大本營仍在收音機裡進行無的放矢的廣播。廣播要求日本人民在美國的轟炸面前保持冷靜，並再次誓言會將戰爭進行下去。

八月八日一次針對北美聽眾的英文廣播，譴責美國發動的「殘暴宣傳戰」，要誤導「世人以為所有的日本人都是殘忍的傢伙」。儘管日本一直對《日內瓦公約》以及《海牙公約》置之不理，但是現在日本人反倒指責美國犯下了戰爭罪。「《海牙公約》第二十二條已有明確規定，因此對不設防的城市和手無寸鐵的民眾使用這種武器，是不可饒恕的罪行。」[5]

廣播問道：「美國將領要如何向其他國家以及美國的人民，為自己的墮落辯護呢？那些有正義感的美國人民將會怎樣看待本國軍方的這種反人類、反上帝的罪行？」

「他們是會認為愛情和戰爭中一切皆是公平的，從而寬恕這種行為呢？還是該從美國人的榮譽、傳統以及威望為出發點，憤怒地譴責這一暴行呢？」

為了博得歐洲人的同情，日本罕見地用法語廣播。「新型炸彈於八月六日在廣島爆炸之後，這座城市大部分已經被徹底毀滅了，死傷不計其數。」

「炸彈的毀滅力量無法用言語形容。爆炸之後的場面是如此的殘忍，那些在火海中喪生的人們，根本無法分辨出是男是女。屍體數量之多，根本無法計數。」

「新型炸彈的毀滅力觸及甚廣。爆炸發生時，戶外的人們被高溫活活燒死，室內的人們則被倒塌的建築物壓成碎片。[6]」

東京的廣播，清晰地傳到在一千五百英里外的天寧島。這裡，第二枚原子彈已經裝上B－29轟炸機。這是一枚威力更為巨大的鈈彈，代號「胖子」。

機組人員正在做出發前準備，他們將前往如今已經沒有防禦能力的日本製造另一個更為慘烈的地獄。與此同時，獨裁者史達林已經準備好攻打日本佔領的滿洲了。史達林的偷襲計畫一直沒讓杜魯門和美國知曉，因為史達林準確地看出了日本的弱點。在短短的三天時間，這個世界就已經改變了——而且接下來還會發生更大的改變。

第二枚原子彈的目的地即將揭曉。

5 原註：《海牙公約》第二十二條：交戰方在損害敵人的手段方面，並不擁有無限制的權利。

6 原註：關於廣島的傷亡人數，準確的數字很難取得。由於軍隊有人數的流動性，同時在原爆之前還有到鄉下疏散的平民，所以無法取得確切的人口數字。但估計，原爆時廣島人口為二十五萬五千。一般認為有五萬多人在瞬間死亡，另有七萬人受傷。後來日本有項研究發現，在所有死亡的人當中，約有百分之六十是被燒死，百分之三十死於倒塌的建築物以及飛散的各種碎片，伽馬輻射致死人數約佔百分之十。至一九四五年十一月，也就是原爆三個月後，基於燒傷導致的感染以及輻射傷害，估計的死亡人數已增至十三萬。七十年後，原子彈殘留的影響——比如白內障、白血病以及其他癌症等——仍在折磨著廣島人。廣島和平資料紀念館的統計把死亡人數定為二十萬人。

第二十三章

第二次原爆悄悄登場

東京，日本
一九四五年八月九日
上午十時三十分

裕仁天皇滿臉陰鬱，又在吹上御苑的榆樹和松樹林間散步。他知道戰爭的失敗已成定局。廣島的毀滅把他攪得心神不寧——他知道廣島原爆已經摧毀了日本人民的意志。此時卻又傳來更為可怕的消息：蘇聯人正在攻打滿洲[1]。

雖然裕仁天皇有地下防空洞的保護，但他明白，子民們沒這麼幸運。美國的空襲已經持續好幾個月，

1 原註：蘇聯攻打滿洲是二戰的最後一場大規模戰役。儘管經常被忽視，但這場作戰的規模足以比擬一九四四年六月六日聯軍在諾曼第的登陸。一百五十萬蘇聯兵面對七十一萬三千七百二十四名日軍。在短短幾週時間，蘇軍一直窮追不捨，約有一萬兩千人陣亡，兩萬四千人負傷。日軍陣亡兩萬兩千人，傷兩萬人，但日軍的軟弱則是前所未見——出現集體的逃兵。就像蘇聯人在歐洲戰場上戰勝之後常做的那樣，隨之而來的就是強姦與掠奪。許多中國人剛感到被解放的喜悅，但很快取而代之的就是對蘇聯人的恐懼與憎恨。

摧毀的城市如此之多，以至於美國人都快沒有轟炸的目標了，東京也遭受過十幾次的轟炸。就在前一天晚上，裕仁天皇又聽到在首都上空響起的防空警報，那是六架B－29轟炸機在襲擊附近的一家飛機工廠。雖然已經產生厭戰情緒，但日本人民仍然在忍耐，希望不使他們神聖的天皇蒙羞。

蘇聯攻打滿洲，使得日本只剩投降一條路可走。四年前，蘇聯與日本曾簽訂互不侵犯條約[2]，但現在史達林撕毀了條約。裕仁知道蘇聯是個攻擊性很強的民族，從歐戰結束三個月他們依然佔領東歐，就足以顯見這一點。蘇聯加入太平洋戰場，可能代表他們也想進攻日本。到如今，裕仁的日本既沒有足夠的軍隊，也沒有足夠的武器，怎能同時抗衡美國和蘇聯？

裕仁顧不得天氣的炎熱，繼續深思投降的可能性。但這條路危險重重：軍方也許不會合作，有些軍隊和政府官員甚至期待著即將到來的侵略，如此就有機會與他們眼中的野蠻人背水一戰，尚能留名青史。「如果決戰是在日本本土進行的話，」陸軍大臣阿南惟幾表示，「我們至少能暫時將敵人擊退，甚至還有可能置之死地而後生。」

當裕仁天皇還在消化蘇聯進攻滿洲的消息時，軍方和內閣成員組成的最高戰爭指導會議，正在首相鈴木貫太郎官邸下方的防空掩體裡開會，商討是否接受《波茨坦宣言》以及邁出投降的第一步。

裕仁知道，想要向美國人投降的話，必須得到軍方的完全支持。雖然裕仁在日本被敬若神明，日本也是帝制，但是真正掌權的其實是軍方。一九三六年的政變雖然已經過去將近十年，但裕仁仍然記得很清楚。在那次兵變中，有數名政府高官被狙殺，東京市中心也被佔領[3]。

當時，忠於裕仁的派系成功將叛亂鎮壓下去。但倘若再發生一次政變，結果如何可就說不準了。

在馬尼拉的簡樸辦公室裡，麥克亞瑟將軍聽到蘇聯進攻滿洲的消息時非常開心：「我非常高興得知蘇聯對日本宣戰。我們可以形成巨大的鉗形攻勢，此舉必將摧毀敵人。在歐洲戰場，蘇聯在東線，盟軍在西線。現在東線是盟軍，西線是蘇聯，但結果將會是一樣的。」

正如其他許多美軍高級將領一樣，麥帥將史達林當作盟友，而不是敵人。他之前就對其他軍官講過：「如果蘇軍事先不承諾在滿洲採取行動的話，我們就不宜攻擊日本本土。」麥克亞瑟此言是認為，蘇聯攻打滿洲將會牽制住可能會增援與美作戰的日軍。他還認為蘇聯佔領大部分的中國和朝鮮將是「無可避免的」——他可沒有想到，將來有一天他會被任命來對抗共產主義在上述地區的擴張。

此時，投下第一顆原子彈已經過了三天。日本人的選擇是不投降，麥帥仍然有望指揮歷史上規模最大的兩棲登陸作戰。在將軍的眼裡，第二顆原子彈並沒有必要。

因為，美國有他足矣。

---

2 譯註：即《蘇日中立條約》。

3 編註：即「二二六事件」，一九三六年二月二十六日，陸軍部分「皇道派」青年軍官率兵，計畫對政府及軍方將領中的「統制派」行刺。多名官員殉職，鈴木貫太郎亦受傷。

在廣島，人們還在尋找失蹤的家人，此時整座城市仍然瀰漫著人肉燒傷和屍體腐爛的惡臭。被爆者晃進各個急救站，大聲呼叫著失散親人的名字。這樣的場景一遍又一遍上演，可惜他們的呼叫很少會有回應。

陸軍船舶部隊（通稱曉部隊）倖存的士兵負責救災。他們分發大米，用木頭燒掉遺體，並安排把倖存者運送出已淪為一片廢墟的城市。

「微微南風吹過市區，帶來的氣味就像是烤焦的沙丁魚。我正納悶這氣味從何而來時，另一個注意到這氣味的人告訴我，衛生隊正在火化遺體……成百上千的屍體堆在一起燒成灰燼。」一位倖存者後來回憶道。

原爆時的廣島市長粟屋仙吉，是個滴酒不沾的基督徒。他的官邸在加古町，正位於爆心區。爆炸時，他正在和兒子以及三歲的孫女一起吃早餐；他們三個都在瞬間被奪走了性命。市長夫人，也是他們七個孩子的母親，保住了一命，但還是在一個月後死於輻射中毒[4]。

廣島市配給課長浜井信三，他後來選上了市長。早在原子彈投下之前，為防止廣島市民在重大災難後無飯可吃，浜井課長做好安排，一旦發生狀況，就將飯糰運到城裡。原爆後，附近鄉下的村民做好飯糰，馬上送到市區裡飢腸轆轆的被爆者手上。

幾天過後，被爆者已經全部轉移出去。大約十五萬多人通過軍用卡車或火車，轉移到臨時安置所。距離廣島灣五英里的似島沒有受到原爆影響，這裡原本是醫療用品的倉庫，現在成了該地區最大的救災中心，收容了一萬多名燒傷患者。傷者人數很快就超過了病床數，其他燒傷和傷殘者只好睡在馬廄或其他容身之處。

原爆造成的濃煙和殘骸所引起的細菌感染很常見。醫生夜以繼日地做手術，等著救治的病人實在太多，以至於他們都來不及在每次手術之間，把手術台擦一擦。做最多的手術就是截肢。似島其實並不算是醫院，只是一個為從國外執行任務回來的士兵以及馬匹準備的檢疫站。這裡也沒有處理醫療廢棄物品的安排，醫生把截下來的四肢直接扔到窗外。很快，手臂和腿就堆得比窗戶還高了。

但是，被截肢的患者還算是運氣好的。至少他們撿回了一條命，可以為嶄新的未來作打算。跟他們比起來，很多到似島來尋求醫療救助的被爆者在幾天內，就因感染和燒傷而失去了性命。剛開始的時候，他們的屍體被一個個綑起來燒掉。但很快遺體的數量實在是太多了，連集體火化都無法。人們只好把它們運到防空洞裡，讓它們在那裡慢慢腐爛。幾十年後，臨時掩埋場得以重見天日，從那裡挖出來的不僅僅有骨頭碎片和骨灰，還有遺體身上的戒指或鞋子等遺物，用以幫助確定死者的身分。

正當裕仁天皇在御苑裡散步的時候，廣島的現況已經到了此般境地。儘管正在發生著前所未有的慘劇，但這位「現人神」仍然猶豫不決。

4　原註：鈾分裂產生的輻射，對原爆點兩英里內的影響最為嚴重，導致嘔吐、腹瀉、掉髮、骨髓受損（影響人體造血功能），以及在皮膚上大面積出現稱為瘢瘤的腫塊。受影響患者白血球缺乏，導致敗血症和感染。延遲出現的影響包括反常的高夭折率——嬰兒承受過高的輻射劑量，而成功出生的胎兒則會出現智能障礙的問題。輻射中毒不僅在原爆後產生，還有在之後二十分鐘開始下的高輻射黑雨。那些在原爆幾週內到過廣島原爆點的人們也感染了極高的輻射量，並開始出現症狀。絕大多數（百分之九十）的輻射中毒患者在一開始的六十天內就死亡；那些活到五個月以上的人們仍然面臨比平常人更高的癌症死亡率。

第二十四章
「胖子」

北機場
天寧島，馬利安納群島
一九四五年八月九日
一〇三〇時

保羅・提貝茲上校仍未親眼目睹他和機組人員為廣島造成的可怕毀滅。不過現在這也不是他主要關心的事情了。與前往日本執行第二次原子彈轟炸任務的博克斯卡號（Bockscar）之間的無線電通訊已經中斷；有報告指出，該機與其人員在海上失蹤。提貝茲不知道，這是不是說他們在太平洋上迫降了，還是說該機攜帶的新型鈈彈，在他們飛往目標的路上爆炸了。擔心最壞的事情會發生，他只能寄希望於那個「博克斯卡下去了」的訊息是誤傳。

雖然李梅將軍想要提貝茲負責第二次原子彈轟炸任務，但是提貝茲還是決定把任務交給他的好友查克・斯維尼（Chuck Sweeney）少校，讓斯維尼也有機會名留青史。斯維尼二十五歲，波士頓人，曾在廣島轟炸任務中駕駛大藝術家號。當大藝術家號的觀測器材測量原爆產生的放射性以及威力時，斯維尼親眼目睹了廣島上空騰起的巨大蘑菇雲。斯維尼是執行第二次原子彈轟炸任務的理想人選，他曾擔任四個月的中隊長，參加過五次模擬原子彈轟炸的操演。提貝茲還知道斯維尼是一個守規則的人，不管接到什麼樣的命令，他都會完全依令行事。

斯維尼上校和他駕駛的博克斯卡號並沒有墜機。此時此刻，斯維尼正在日本上空搜尋著轟炸的目標，可是目視所及之處，不是暴雨雲就是防空砲火。

此時距離第一顆原子彈的空投已經過了三天，馬上美國又將投下第二顆。小倉被選為原爆點，這座綠樹成蔭的古城，距廣島西南方向一百三十英里。這裡聚集著眾多的鋼鐵廠和彈藥廠，是日本防衛最為森嚴的目標之一。很多在第一次原爆中倖存下來的廣島市民都跑到這裡來避難。

斯維尼的炸彈艙艙門早已打開，叫「胖子」的鈈彈已經做好釋放的準備。但是，根據命令，如果不能從天上看清楚目標的話，斯維尼就不能把「胖子」投下去。由於烏雲密佈，下面的小倉根本看不清楚。工業密集而被稱為「日本的匹茲堡」的八幡市就在小倉附近，那裡昨天晚上剛被普通的炸彈轟炸過。八幡市仍然在悶燒的地方冒出來的濃煙，現在飄到小倉上空，與低沉的灰色夏季風暴雲糾纏在一起。

沮喪的投彈手科密特・畢罕上尉（Kermit Beahan）將左眼湊到諾登投彈瞄準器的準星前，竭盡全力尋找目標。今天正好是他二十七歲生日。在瞄準器裡，畢罕只能看到零星的建築物，怎麼也看不到巨大的武器工廠——「胖子」的瞄準點。

斯維尼越來越生氣，他用大角度將博克斯卡號轉了個彎。他鐵了心是要遵從命令的，因此決定再到小倉上空轉一圈，可是此舉冒著很大的險，因為現在敵軍的抗擊火力非常強。當斯維尼駕機直直地飛過小倉時，四周都是日軍的防空砲火，機組人員沒有想到日軍居然還有隱藏的防禦力量。軍階比斯維尼要高的費德列克．阿什沃思海軍中校（Frederick Ashworth）是這次任務的首席武器專家，他爬到駕駛艙找斯維尼溝通。阿什沃思有最終的權力，命令斯維尼中止任務，飛回天寧島。

博克斯卡號的機鼻塗裝，該機的戲劇性任務過程，長期被歷史給忽略了。（AFP/Getty Images）

博克斯卡號機腹中裝著一顆準備好投出的原子彈。可是它現在不僅落後於原定計畫，而且燃料也所剩無幾。任務中所有可能出問題的地方都有了麻煩。

「少校，」機尾機槍手艾伯特・「帕皮」・德哈特（Albert "Pappy" Dehart）中士看到防空火力的爆炸雲，朝他們的方向接近時用無線電說道，「高射砲火正在逼近。」

「收到。」斯維尼回答道，他的聲音平靜又冷酷。

德哈特的聲音又在無線電中響起，這次他的聲音又高又緊張：「高射砲火就在我機正後方，且越來越近。」

「機長，」愛德華・巴克利（Edward K. Buckley）上士大喊道，「日軍零式戰機正朝我趕來，目測約有十架。」

可是到現在畢罕上尉仍然沒有看到任何目標。

「我們換個角度試試看。」斯維尼對著內部通訊喊道，並準備第三次飛過小倉上空，完全無視日軍逐漸逼近的戰鬥機。

畢罕仍無法發現目標，這時阿什沃思中校終於接管任務機，要它朝遠離小倉的方向飛去。

「目標，長崎。」阿什沃思中校對斯維尼說出了次要轟炸目標的名字，「不管是用雷達還是目視，我們一定要投下去。」

博克斯卡號炸彈艙艙門隨即關閉，即將投彈的警報聲戛然而止。雖然日機還沒趕到，斯維尼還是全速逃離現場。

本來提心吊膽的機組人員歡呼道：「長崎，我們來啦。」

博克斯卡號早在起飛前就遇到了麻煩。那時，核子工程師在組裝「胖子」點火裝置時，將一條電線裝反了，差點就將這傢伙給引爆。兩名工程師連夜奮戰了好幾個小時，冒著冷汗將連接頭重新焊接，生怕「胖子」會把他們兩個炸飛，不過問題總算是解決了。

第二個問題就是燃料。由於日本上空的季風，博克斯卡號不得不比普通轟炸任務飛得更高一點，如此就會消耗更多燃料。可是在起飛前的系統檢查發現，負責將副油箱的六百四十加侖燃油輸往主油箱的開關不能正常運作。這無疑是雪上加霜。如果這樣的問題發生在艾諾拉．蓋號上的話，轟炸任務肯定會被叫停。但是根據天氣預報，惡劣天氣馬上就要降臨日本，因此留給美國人扔下第二顆原子彈的時間不多了。現在只有兩種選擇，要麼就是現在，要麼就是一星期後。這次任務不得不按原計畫進行。

因此，一九四五年八月八號凌晨兩點過後不久，博克斯卡號起飛了。和艾諾拉．蓋號一樣，博克斯卡號衝到天寧島的跑道盡頭，斯維尼才能把飛機給拉起來，飛進能見度不高的熱帶天空。此時此刻，在西方兩千英里之外，蘇聯軍隊正開始侵略滿洲。

起飛後，斯維尼上校早已筋疲力盡，為了在飛行任務後期保持清醒，他立刻把飛機交給副機長查爾斯．唐納德．阿伯瑞中尉（Charles Donald Albury），自己抓緊時間睡上幾個小時。受到前方季風的影響，天氣狀況非常惡劣，夾雜著雷電、暴雨以及狂風。博克斯卡號費了好大的力氣，才從惡劣天氣中上升到九千英尺的高度，過程中還消耗了大量燃料。炸彈艙裡，阿什沃思中校和他的助手菲力浦．巴恩上尉（Philip M. Barnes）移除了原子彈的綠色絕緣片。

現在，「胖子」已經準備好了。

三小時後，日出後不久，武器專家控制面板上的紅燈開始急促地閃爍，這是原子彈隨時都有可能引爆的訊號。嚇壞了的巴恩上尉趕快去通知阿什沃思，結果發現阿什沃思正在炸彈艙裡枕著「胖子」睡覺。

「喂，」巴恩把阿什沃思搖醒，「出問題了。控制面板上的紅燈一直在閃爍，好像原子彈馬上就要爆炸了。準備好了，這傢伙可是準備好要引爆了，引信都裝好了。」

「哦，我的天哪。」阿什沃思驚呼道。

這兩個人沒有對任何人說過。在那緊張的十分鐘裡，他們研究了原子彈的設計圖，尋找可能會出問題的地方。最後，為了看看「胖子」裡面的情況，他們拆開外殼，結果發現是自己在裝配時出了差錯。解決的辦法很簡單，將兩個小開關扳動一下就好了。

紅燈的閃爍停止了。

阿什沃思繼續把頭枕在原子彈上，又睡去了。

博克斯卡號的麻煩遠不止於此。按照計畫，它與負責測量、拍照的兩架飛機將於〇九〇〇時在三萬英里高度集結。提貝茲上校明確命令斯維尼，在集結地點的等待時間不得超過十五分鐘。仍然負責觀測器材的大藝術家號準時出現了，但另一架負責拍照的飛機卻毫無蹤影。

「哈皮（Hoppy）在哪裡？」斯維尼問道，指的就是那架不見蹤影的B－29轟炸機的飛行員。「哈皮他媽的在哪裡？」

斯維尼並沒有遵從提貝茲的命令，而是在預定會合地點盤旋了五十分鐘，這無疑也消耗了更多的燃料。他是想把任務做得跟艾諾拉．蓋號那樣完美無瑕。他在會合地點一直等到不得不離開為止。最終，就要到十點的時候，斯維尼離開預定會合地點，向小倉飛去。

在此期間，詹姆士．「哈皮」．霍普金斯少校（James I. Hopkins）和他駕駛的、命名為「巨大惡臭」（Big Stink）的B－29轟炸機一直都在預定會合地點。只不過霍普金斯所處的高度有誤，比博克斯卡號以及大藝術家號高出九千英尺。

霍普金斯越來越擔心，終於違背命令打破了無線電靜默。「博克斯卡下去了嗎？」他對天寧島的人員問道。

可是，天寧島塔台只聽到了「博克斯卡下去了」，所以才導致提貝茲上校當下的焦慮，還導致某位將軍走到餐廳外面把早餐都給吐了出來。那些準備參與救援任務的船隻和飛機也都取消了待命，博克斯卡號已經被認定是失事了。

可是博克斯卡號機組人員對此一無所知。他們現在只能靠自己了。

斯維尼緊緊地握住操縱桿，駕機向九十五英里外的長崎飛去。他轉彎的幅度是如此之大，以至於博克斯卡號與一直跟在他們後面準備記錄原子彈爆炸威力的大藝術家號差點相撞。斯維尼滿腦子都在盤算，如果想在返程時降落在四百五十英里外的沖繩，飛機上的燃料只夠完成一次轟炸航線。雖然會是極限——他可能得將博克斯卡號投彈後在太平洋迫降。這個沉重的念頭一直在腦海裡壓得他喘不過氣來。

長崎是一座略帶傳奇色彩的城市。自從葡萄牙水手在十六世紀第一次到訪後，一直深受歐洲遊客的喜愛，義大利作曲家普契尼（Giacomo Puccini）的歌劇《蝴蝶夫人》就是以這裡為背景。長崎是日軍戰時的重要港口城市，這裡有三菱製鋼所、三菱兵器製作所，以及製造魚雷的三菱兵器浦上工場。

斯維尼在兩萬八千英尺的高度進入平飛狀態，但是長崎和小倉一樣也是被雲層遮蔽。當斯維尼開始為時五分鐘的轟炸航線時，博克斯卡號投彈手畢罕上尉已經做好了抗命的準備，用雷達來鎖定目標。

「我看到了。」畢罕突然激動地大喊，他從雲洞之間看到那絕對不會被誤認、宛如賽道般的長崎。他立即從雷達轉為目視投彈。此時博克斯卡號的對空速度僅僅才每小時兩百英里。

四十五秒之後，畢罕找到了目標，並將「胖子」投了出去。

「原子彈已出艙，」他宣佈。五噸重的黑色炸彈從炸彈艙掉了下去，將在四十三秒後爆炸。

斯維尼把博克斯卡號急劇下降並向右急轉，分秒不浪費地向朝即將升起蘑菇雲的反方向逃去。大藝術家號緊隨其後。這次原爆產生的威力遠超過「小男孩」。兩架飛機在脫離過程遭到了五次衝擊波，斯維尼感覺就像是「被人用電線杆揍了一頓」。過沒多久，兩機順利離開日本領空。

「Mayday，Mayday。」斯維尼打破了無線電靜默喊道，他絕望地想通知該區域任何一架美國軍機，博克斯卡號遇到了麻煩——燃料幾乎已經見底。斯維尼的呼叫被天寧島上的人聽到了，這時他們才知道任務並沒有中途放棄，而且博克斯卡號的機組人員都還活著。但是，想要讓博克斯卡號平安降落到沖繩島只能靠斯維尼自己，誰也幫不上忙。早在人們擔心博克斯卡號已經墜機的時候，所有的救援行動都中止了。博克斯卡號的空勤機械士約翰·庫哈雷克（John D. Kuharek）士官長估計，他們剩下的三百加侖燃料即使耗盡，距離終點還差五十英里。

差不多一個小時多的時間，斯維尼和博克斯卡號的組員都在祈禱。他們一邊在遼闊的海洋上飛行，一邊評估剩下多少燃油，深知沒有任何犯錯的空間。每個人都穿上了救生衣，免得在海上迫降之後淹死[1]。斯維尼減慢了引擎的轉速，拖長燃料的消耗時間，並逐漸降低高度，讓重力轉換成對空速度。飛機上的許多人不認為他們能平安降落。博克斯卡號領航員，佛瑞德·奧利維少尉（Fred Olivi）已經在考慮

1 原註：可充氣式救生衣是一種穿在飛機機組人員衣服外面的漂浮配備。在海上迫降的時候，需要向一個小管子裡吹氣，將救生衣撐起來增加浮力。救生衣用非常顯眼的黃色橡膠表層的布料製成，外號「梅·韋斯特」（Mae West），取自一名身材豐滿女演員的名字，因為穿上救生衣的人體態看起來就像她一樣豐腴。

會有多冷了。

沖繩島終於出現在博克斯卡號的視野範圍。在被美軍佔領的短短幾個星期，島上機場一直都非常擁擠繁忙，一排排準備起飛的轟炸機在停機坪上停得滿滿滿。因為不能通過無線電來通知塔台，斯維尼命令從飛機上方的天窗發射緊急信號彈，希望地面上的人能把跑道給清空出來。

好在真做到了。

博克斯卡號在下午一點五十一分降落，進場速度過快，以至於在第一次觸地後被彈起了二十五英尺。飛機引擎因為燃料耗盡而一個接著一個熄火。斯維尼費力控制著脫韁野馬一般的飛機，差點撞上一排裝載著燒夷彈的B-24轟炸機。如果撞上的話，劇烈的爆炸無疑將會要他和他的機組人員喪命。

博克斯卡號終於停了下來，消防車和救護車馬上趕到支援。他們連滑出跑道的燃料都沒有了。奇怪的是，既然沒有人知會機場博克斯卡號正在前來的路上。

「你們他媽的是哪個單位的啊？」基地指揮官杜立德中將（Jimmy Doolittle）問道。問話的，正是一九四二年大膽空襲東京，並成為第一個攻擊日本本土的那個杜立德。歷史總是如此巧合，二戰第一個轟炸日本的人面前站著的，正是有望成為最後一個轟炸日本的人。

「我們是五〇九大隊，博克斯卡號，」斯維尼答道，「我們在長崎丟下一顆原子彈。」

因為沒留在現場確認「胖子」的成效，所以斯維尼對杜立德說：「我覺得我們有點偏離了目標。」

「胖子」確實偏離了目標，離預定的三菱魚雷工場有將近兩英里遠。不過這沒關係。

「騰起的火柱像是有生命一般，」《紐約時報》記者威廉・勞倫斯（William Laurence）寫道，他當時在大藝術家號上親眼目睹了原爆，「就像是一個難以置信的新生物在你眼前出生一樣。它狂怒地翻滾沸騰，有如同時噴發的千座噴泉。」[2]

長崎估計有四萬五千人在瞬間被奪去性命，男女老幼都有；還有六萬人傷勢嚴重。長崎並沒有發生像廣島那樣的爆裂大火，因為「胖子」爆炸的地方位於浦上河谷，是地勢陡峭、樹木茂密的丘陵地形，因此阻攔了向外擴散的爆炸力。但是，那些死去或正在死去的人們所受到的創傷性灼傷與燒傷卻依然慘烈。

又一次，成千上萬的人被困在自家和工作地點的廢墟當中。長崎的防空洞結構獨特，大多是從山坡挖進去的山洞。原子彈爆炸時，這些石頭通道變成了烤爐，瞬間將數千人活活燒死。許多被燒傷的人走上幾英里後才倒地死去。還有人不僅遭受了燒傷的痛苦，還要忍受嘔吐以及血性腹瀉。這些人將在「胖子」爆炸後的一星期內，被這樣的痛苦折磨而死。成千上萬的被爆者，眼睜睜地看著自己的皮膚變成黃

2　原註：勞倫斯一八八八年出生於立陶宛，一九〇五年移民到美國。畢業於哈佛大學法學院，卻決定成為一名記者。一九四〇年九月，他寫了篇報導，講述原子彈在作戰中運用的可能。勞倫斯實在是太有先見之明了，以至於葛羅夫斯將軍後來下令調查每個從圖書館查閱過這篇報導的人。正是由於他的專長，《紐約時報》得以與曼哈頓計畫達成協議，讓勞倫斯親眼見證「三位一體」的試爆以及艾諾拉・蓋號從天寧島的出發，最終還在第二次原爆任務隨機飛到長崎直接觀察。

色；這些人將在數週以及數月內死於輻射中毒。由於長崎沒有足夠的地方安葬死者，只得在露天的火葬場將遺體火化。

其中有一個令人難忘的畫面。一個不到十歲的小男孩走向火葬場的工作人員，他背包裡裝的是他還在襁褓中的弟弟。嬰兒的頭安詳地靠向一邊，看起來好像只是睡著了。

小男孩小心翼翼地把背包打開，將弟弟遞給火堆旁的人手裡。這時他們才看出小嬰兒已經死了。當人們把嬰兒放在煤炭上火化時，哥哥像個士兵肅立在旁邊緊緊地盯著看，為了強忍淚水，緊緊咬著嘴唇。很快，他的嘴角就咬出血來。

直到確定弟弟得到體面的火化之後，小男孩才轉身離開。

「當時人們除了身體上的感覺之外，

「胖子」在長崎爆炸後冒出的蘑菇雲。（Schultz Reinhard/Prisma/Superstock）

還有一種無處不在的死亡氣息，死亡即是終點，永不可能再重見天日。」一位親眼目睹了長崎毀滅的目擊者後來寫道。

「這種氣息無處不在，無所不及。」[3]

3 原註：原子彈引爆時，長崎估計有二十多萬人口。原爆八週之後，死亡人數達到十四萬。有一百六十五人成為「雙重被爆者」——廣島和長崎原爆的時候他們都在。除了日本人以外，約有兩萬名朝鮮奴工死在廣島，另有約兩千名死在長崎。那些「被爆者」（即那些從原爆中活下來的人）及他們的親人，現在在日本仍是受到歧視，許多人認為輻射病會遺傳，而且可能還會傳染。

第二十五章

玉音放送

白宮，華府

一九四五年八月九日

上午十時四十六分

美國首都此時正值濕熱的天氣。杜魯門總統在辦公室裡，與他精挑細選的原子彈顧問開了九十分鐘的會議[1]。前天夜裡，長崎原子彈轟炸任務成功的消息傳到白宮。現在惡劣的夏季風暴正在日本肆虐，近期的任務都得推遲。杜魯門必須要決定，當天氣好轉之後，美國是否應當再向日本投下第三顆原子彈。而這次的目標將會是東京。

杜魯門並不想將日本人從地球上抹去，他想要的是他們的投降。早先的報告顯示，長崎有大量的平

1 原註：出席會議的有戰爭部長史汀生、科學家布希（Vannevar Bush）和康南特（James B. Conant）、戰爭部長特別助理喬治．哈里遜（George L. Harrison），以及負責曼哈頓計畫的葛羅夫斯少將。

民傷亡，就如廣島一樣。可是日本軍方似乎願意承受如此可怕的損失。

「就我個人而言，我並不想因為一個國家元首的『愚昧頑固』，就要滅絕他們整個民族，」杜魯門後來在寫給朋友，喬治亞州民主黨參議員理察・羅素（Richard Russell）的一封信中寫道，「我想要的是盡量挽救更多美國人的生命。但與此同時，我又想讓日本的婦孺少受痛苦。」

杜魯門是想表達同情心，但並不是轉變自己的立場。他是一名堅定的鬥士，為了打敗日本人能夠不惜一切代價。

當美洲基督教聯會（Federal Council of the Churches of Christ in America）的撒母耳・麥克雷・卡維特（Samuel McCrea Cavert），要求杜魯門總統說明投下原子彈的理由時，杜魯門就鮮明地表達了這一立場。

卡維特在發給杜魯門總統的電報中寫道：「原子彈的使用給人類未來開了非常危險的先例。」後面還呼籲，「在下一顆原子彈為日本人民帶去更多的毀滅之前，請給日本充分的機會重新考慮最後通牒。」卡維特的電報激怒了杜魯門，牧師居然對總統威脅說，他的教會將發表公開聲明譴責原子彈。

杜魯門是絕不會被嚇倒的。一般情況下，他不會對這樣的威脅作出回應，尤其是當他正全心投入到高風險的戰略決策之時。就像打喜愛的撲克牌[2]，現在可不是虛張聲勢、嚇唬人的時候。於是杜魯門口述了一份直截了當的回應。

「沒人會比我對使用原子彈更感到不安，但令我感到不安的還有日本對珍珠港的偷襲以及對我們戰俘的殺害。」杜魯門寫道。「似乎他們唯一能聽得進去的就是炸彈的聲音。要對付一頭野獸，首先你得把牠當成一頭野獸。雖然感到遺憾，但事實確實就是如此。」

東京，這頭野獸的首領——裕仁天皇在他的地下掩體裡正起身準備講話。現在是凌晨兩點，裕仁卻穿著全套戎裝。一天一夜的殫精竭慮所帶來的疲憊，在他臉上一覽無餘。當時在場的人們回憶道，天皇衣冠不整、滿臉油光、頭髮凌亂。

地下會議室裡，天皇已經與戰時內閣成員以及他們的助理，待了將近三個小時。厚重的木門緊閉，再加上空調壞了，臥室大小的房間裡溼氣異常高，每個人都汗流浹背。就連塗漆的牆面也掛滿了凝結的水珠。

這場午夜會議討論的議題是無條件投降。在這之前還進行了一整天的高層級戰局討論。會議都是緊接著蘇聯的進攻，以及長崎原子彈轟炸而召開的，大家已經筋疲力盡。這場討論與房間裡的每個人的切身利益都相關。投降，日本帝國就將走向末日。美國和英國在前一天也對戰犯的處置作出了適切的協定。

2 原註：刻有杜魯門名言「責無旁貸」（The Buck Stops Here）的那塊桌牌，直到一九四五年十月二日才送到杜魯門總統手裡，因此二戰期間這塊牌子並沒有出現在他的書桌上。牌上另一面，只有杜魯門看到的那一邊，寫著「我來自密蘇里」。「責無旁貸」這種說法，源自於美國邊境地區的撲克牌遊戲：玩家之間將一把鹿角柄的刀傳來傳去，拿到這把刀的人可以做莊家。如果玩家想放棄做莊的機會，就可以把它傳下去，英文稱「pass the buck」。

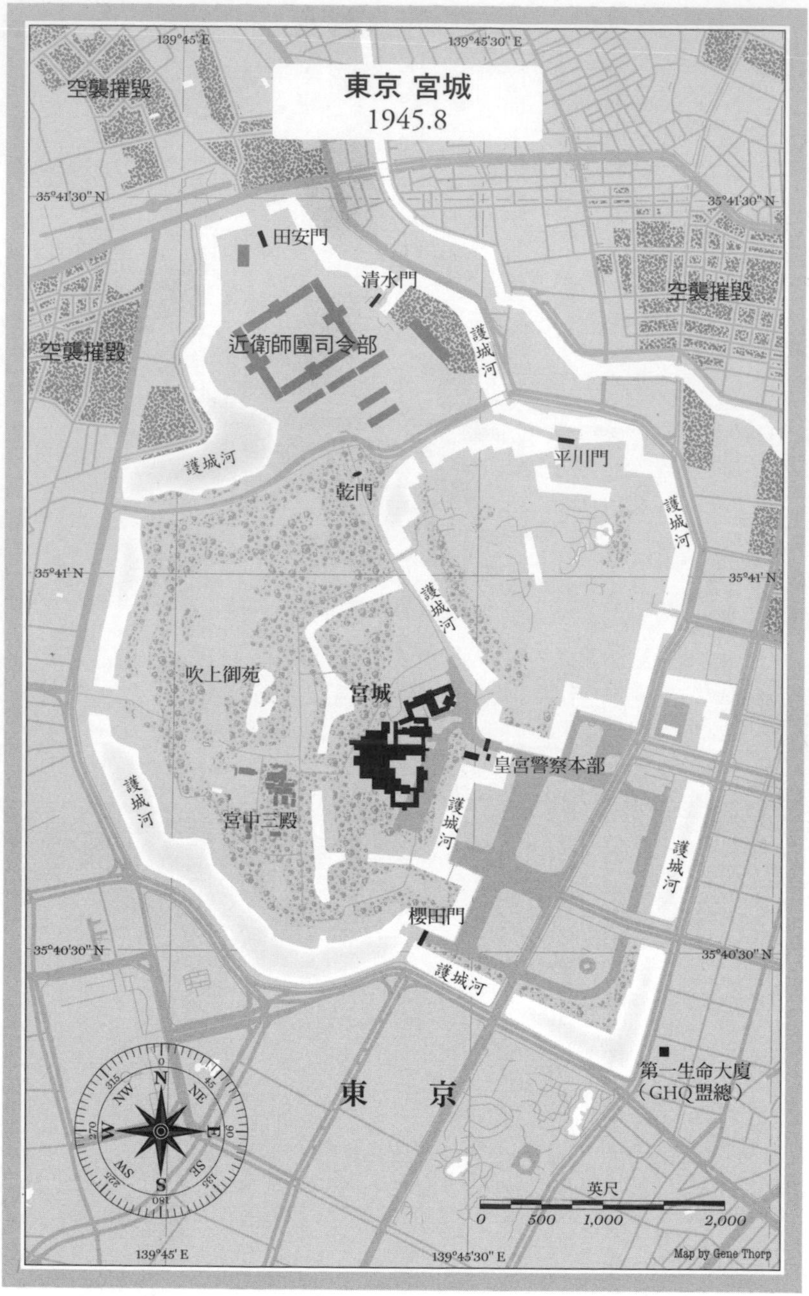
東京 宮城
1945.8
139°45' E
139°45'30" E
35°41'30" N
35°41' N
35°40'30" N
空襲摧毀
空襲摧毀
空襲摧毀
田安門
清水門
近衛師團司令部
護城河
護城河
平川門
乾門
護城河
護城河
吹上御苑
宮城
皇宮警察本部
護城河
宮中三殿
護城河
護城河
櫻田門
護城河
第一生命大廈
（GHQ盟總）
東 京
英尺
0 500 1,000 2,000
Map by Gene Thorp

首先接受審判的將是德國納粹，審判將於該年十一月在德國紐倫堡舉行。

如果日本投降，這個悶熱房間裡的人就會是下一批接受審判的戰犯——他們都非常清楚這一點。所有與這場戰爭相關的人都意識到，他們極有可能受審並被定罪，甚至包括天皇在內。首相鈴木貫太郎、陸軍大臣阿南惟幾、海軍大臣米內光政、外務大臣東鄉茂德、海軍軍令部長豐田副武，以及陸軍參謀總長梅津美治郎都意識到，他們本人有沒有犯下暴行不重要——但他們指揮的陸海軍官兵有做了那些暴行。

當然了，裕仁才是那個位階最高的負責人。

在整場戰爭，內閣成員深感歡喜的是，十幾個會說英語的日本女播音員——其中有個是名叫戶栗鬱子的二十九歲美國人，出生於洛杉磯，戰爭爆發時滯留在日本——在電台負責播送嘲諷美國大兵的心戰節目。這些女播音員被人稱作「東京玫瑰」，她們在播音時告訴太平洋戰場上寂寞的美國大兵，家裡的女友正在紅杏出牆。此外還說了不計其數的謊話來打擊美軍的士氣。

但在許多美國大兵眼中，這些廣播節目都是非常可笑的。而且日本內閣的不明智之舉還不止如此。當初正是防空掩體裡的這些人，將權力交給了東條英機，喪心病狂的他在一九四一年十月到一九四四年七月間擔任首相，並一手策劃了日軍的侵略。外表謙遜但善於操縱人心的東條，說服了天皇，讓他相信有必要「在東亞建立一個新的穩定秩序」。

東條被世人看作是日本的希特勒，在他監管之下，橫跨太平洋去偷襲珍珠港，進而引發了慘烈的太平洋戰爭——這場戰爭在太平洋和亞洲奪去了兩千四百萬人的生命。東條不僅挑起了戰爭，還批准了一系列慘無人道的政策。任何日軍在戰爭中表現出在戰略上的卓越，都掩蓋不住這些政策的滅絕人性。

而這些事情，都是現在待在防空掩體裡的那些人一手造成的[3]。

世人很快發現，日本高層官員不僅殘忍對待戰俘，更批准在佔領區強迫婦女為日軍提供性服務，無辜的平民被迫當起了性奴隸，成為慰安婦。約有二十萬名受害者被綁架或賣到為日本軍隊服務的妓院。一旦這些婦女懷孕之後，等待她們的往往不是死亡就是剖腹，因為日軍不想讓混血兒玷污了日本人種的純潔。

日軍嚴密管理慰安婦被迫工作的地方——「慰安所」，不僅派崗哨防範她們逃脫，還定期檢查她們是否患上了性病。這種做法早在日軍侵略中國時就已經開始了，隨著日軍對太平洋地區的佔領，也擴散到了許多其他國家。台灣、菲律賓、朝鮮、印尼、緬甸以及荷蘭都有婦女被擄去，慘遭日軍士兵的長期性侵和蹂躪。

「有時，十二名士兵強迫我和他們性交，完事後他們會讓我稍微休息一下，但緊接著又會有約十二名士兵來和我性交，」一名菲律賓婦女在約五十年後回憶道，「我不能拒絕，因為他們肯定會殺死我。早上，會有一名警衛陪著我在慰安所裡面散散步，但絕不可能離開。」

日軍士兵與慰安婦的人數比例，因所在地區的不同而有差異，最高可達一五〇：一。日軍中央甚至將這種強迫賣淫納入到戰爭計畫當中，認為此舉可以提升部隊士氣。

「每當有士兵從戰場退下來，一大早就會有差不多二十名日本兵到我的房間來，」另一名慰安婦後來回憶道，「他們還把那些仍在上學的小女孩們成批成批地抓來。那些可憐的小女孩生殖器都還沒有發育，卻被活生生地扯裂、遭到感染。除了一些預防性傳染病的藥物以及紅藥水之外，沒有任何其他藥物。小女孩生病後，傷口都腐爛了，卻得不到任何治療。」

並不是所有的「慰安所」都是在房子裡面。

「日軍強迫中國勞工在壕溝裡鋪上乾草，然後那些婦女就被放在裡面，」一名婦女後來回憶道，「根本沒有什麼床褥……身下就是泥土。那個時候沒有電，只有油燈，但就連油燈他們也不會給。女孩就在黑暗中哭泣，哭喊『媽媽，我疼！』」

這些日本高官也知道自己曾經對那些做過斬首、焚燒、奴役甚至吃掉戰俘的日軍士兵給予表彰。在

---

3 原註：偷襲珍珠港的行動早在一九四〇年，東條英機擔任首相之前就已經在計畫。但是東條是最後導致發動戰爭的人。東條不僅主張對戰俘的虐待和屠殺，而且在日本教育體系，開設鼓吹軍國主義的課程，下令對智力低下的人進行絕育手術。同時在多個地方推動戰爭——在中國與中國人作戰，在緬甸和馬來半島與英國和澳洲交手，在西太平洋向美國人開戰。戰爭初期，東條非常受歡迎。但當局面扭轉，美國人逐漸逼近本土的時候，東條也首當其衝，遭受批評。一九四四年六月塞班島失守之後，東京第一次進入美國轟炸機的航程範圍之內，東條被迫引咎辭職。

日軍戰俘營裡被抓為奴工的約十五萬名美國、英國以及荷蘭平民當中，大多數沒有食物，沒有衛生資源，沒有衣物，被迫生活在骯髒污穢的環境。逃跑也是絕不可能的。

在叢林裡，被日軍關押的戰俘睡的是一百人住的竹製營房，因為痢疾發病率非常高，泥土地面上經常會有戰俘排泄的糞便。被俘虜的軍官和普通士兵很快發現，日本人根本不把日內瓦公約當一回事。日軍手上的戰俘就像奴隸一般在煤礦、工廠、造船廠以及種植園裡工作。僅在修建泰緬鐵路的過程，就有一萬兩千多名美國、英國以及荷蘭的戰俘，再加上一百五十萬平民奴工死於勞累和疾病[4]。

東條首相甚至還下達指令說，所有的戰俘都是無足輕重的，還制定了「殺光所有俘虜」的政策。美國政府取得的一份文件，詳細說明了東條的指令：「不管是單獨還是集體處決，也無論是以什麼樣的方式，集中轟炸也好，毒藥也罷，淹死也好，斬首亦可，其他什麼方式都行，在需要的時候把所有俘虜解決掉。不管什麼情況下，絕不許讓哪怕一個人脫逃，把他們殺得一個不剩，而且不要留下任何痕跡。」

在一次惡名昭彰的屠殺行動，日軍試圖殺害被關押在菲律賓西部巴拉望島（Palawan）戰俘營裡的一百五十名美國士兵，免得他們被正在趕來的盟軍救走。當美國士兵躲在防空洞時，日軍向洞內灌滿了汽油然後點燃。嘗試從洞中逃出去的美國士兵一出洞口，就遭到日軍機槍的掃射。雖然有一百三十九名戰俘喪生，但仍有十一名僥倖存活下來，這段故事才為世人所知。

日軍關押的兩萬七千四百六十五名美軍戰俘裡，一萬一千多人死在戰俘營。與之形成鮮明對比，德軍俘虜的九萬三千九百四十一名美國戰俘，有九萬兩千八百二十人活了下來[5]。

裕仁天皇也親自批准了這場戰爭中最慘無人道的行為之一——七三一部隊。這支部隊假借病理學研究的名義對活人進行實驗，在不施打麻醉藥的情況下切掉人的胳膊和大腿，抽出人體的血液然後輸入抗凍劑，將人從頭向下劈成兩半存放在六英尺高、裝有福馬林的玻璃罐，還對健康人注射黑死病和霍亂等病毒試劑。

七三一部隊還是很多戰地醫生進行實戰培訓的地方——先用步槍或機槍對活生生的受害者射擊，然後外科醫生在不使用麻醉藥的情況下，對受害者進行處置，以此練習戰場上的緊急處理程序。成千上萬亞洲平民以及盟軍戰俘死於七三一部隊之手。

即使戰局變得對日本不利，日軍的暴行仍然在繼續。一九四五年五月五日，一架美軍B－29轟炸機

---

4 原註：這條鐵路又稱為「死亡鐵路」，有太多的戰俘和奴工在修建鐵路過程中喪生。這條從泰國班蓬到緬甸仰光的鐵路，始建於一九四二年十月，工期一年，全長二百五十英里。盟軍曾成功炸掉鐵路上一座重要的橋樑，摧毀其中三處。一九五七年上映，亞歷·堅尼斯（Alec Guinness）和威廉·霍頓（William Holden）主演的電影《桂河大橋》（*The Bridge on the River Kwai*）上映後，該橋也成為家喻戶曉的景點。電影根據真實事件改編，是史上優秀的電影之一，後來還贏得包括最佳影片獎在內的七座奧斯卡獎。

5 原註：關於被日軍俘虜的美軍數字，有不同版本的資料。本文所用資料來自紐奧良的第二次世界大戰紀念館。需要註明的是，日軍在亞洲地區約有五百座戰俘營，從緬甸一直到太平洋上的菲律賓群島。日軍抓獲的第一名俘虜是英國飛行員威廉·鮑登中尉（William Bowden）。他於一九四一年十二月八日在暹羅灣墜機後被日軍俘虜，有幸活到戰爭結束。最後一名戰俘也是一名英國皇家海軍飛行員，費雷德·霍克利少尉（Fred Hockley）。日本投降九小時後，他在日本上空被擊落，然後被處決。為此負責的幾名日本軍官在一九四七年以戰爭罪起訴，定罪後被判處絞刑。

在九州墜毀，飛行員被帶走接受審訊，其他十名機組人員則被押往福岡的秘密實驗室，成為七三一部隊截肢和活體解剖的活體實驗品。

每名機組人員死去的方式都令人毛骨悚然。

而這一切都得到了「神聖」天皇的許可[6]。

裕仁天皇終於準備對內閣說出自己的意見[7]。房間裡每個人都起身向天皇低頭敬禮。坐定後，裕仁因為將要說出口的話而一度激動得不能自已，但他很快打起精神，開始說話。「鑑於世界形勢及日本國內之局勢……若如今仍繼續戰爭，則世界仍將面臨暴行及虐殺，日本仍將遭受嚴重破壞。」

裕仁天皇說話聲音高亢，用圓唇母音說出斷斷續續的句子。這些平靜的說話，是從一個不以雅緻說話方式著稱的男人口中說出。裕仁的情緒難以自持，開始哭泣，房間裡很多人也被這種情緒感染了，趴在桌子上啜泣。

裕仁繼續說道：「每每念及朕那些在海外作戰的忠誠士兵，那些在戰場上失去生命或者受傷的人們，那些在國內遭受轟炸失去財產乃至生命的人們——每每想到這些犧牲，朕都情難自禁，難過不已。」

「朕無法承受忠誠英勇的部隊將被繳械，無法承受那些為戰爭負責的人即將面臨懲罰。」

「現在只得去承受那些無法承受的了。[8]」

八月十日早上六點三十分，杜魯門總統在白宮官邸寢室，接到日本的投降書。自從日本偷襲珍珠港後，華府就沒有日本的外交使館，裕仁天皇將這份照會送到中立國瑞士的大使館，瑞士使館再轉交給美國戰爭部。

「謹遵天皇陛下聖諭，」文件開頭寫道，「日本政府已準備接受一九四五年七月二十六日由美、英、中三國在波茨坦簽署及後來蘇聯加入的聯合聲明。」

到這裡，杜魯門還沒看到任何對日本的無條件投降感到失望的地方。這個一年前才被提名為副總統，在世界歷史上最為關鍵的時刻接任美國總統的人，以為自己再往下讀幾句就可以看到第二次世界大戰的結束了。五月時，德國的投降是在所難免的；而日本這邊的情況則複雜許多，這需要杜魯門展現出與美國軍事實力相稱的鐵腕外交。他做出了許多艱難的決定，但一直不失風度和目標。他現在手裡拿著的這張紙是他在總統位子上煎熬了四個月的轉捩點。但他還是戰戰兢兢接著往下讀，想確認整份文件是否符

6 原註：日軍七三一部隊很多慘無人道的醫學試驗都是在中國人身上進行，東京也有一家醫療研究機構。直到二〇一一年，人們才開始發掘這家研究機構外面所埋著的遺體，日本政府一直否認曾犯下七三一部隊的罪行。在日本拒不承認歷史的過程當中，美國與日本串通一氣，因為美國曾給予七三一部隊的部隊長石井四郎將軍及其許多下屬免於被起訴的豁免權，讓他們逃過了戰爭的審判，以換取他們在人體試驗中獲得的資料。這一交易由道格拉斯．麥克亞瑟將軍親自批准。

7 編註：亦即「聖斷」。

8 原註：裕仁天皇的談話，是由鈴木首相的首席內閣書記官長水久常記錄的，他事先知道天皇將要做出聖斷。

合美國所提出的投降條件。

然而並非如此。日本附加了一個重要的投降條件：「公告應該不包含任何損害天皇陛下作為日本最高統治者的要求。」

杜魯門早料到會有這一招，其實他也有點願意讓裕仁留在皇位上。戰爭部長史汀生一直主張保留天皇制對於日本戰後秩序的復原非常必要。當然了，麥克亞瑟將軍對此也表達了類似的觀點。

但杜魯門對此並不確定，他後來寫道：「我們能把一份帶有如此大的『但是』的訊息，當做是我們努力爭取的無條件投降嗎？」這在他心裡是一個非常沉重的問題。

本來，杜魯門總統應該在這一天——週五下午兩點與內閣成員會面，但是他急忙地召開了更為慎重的正式會議來討論日本投降的條件。在場的有戰爭部長史汀生、國務卿伯恩斯、海軍部長詹姆斯·福萊斯特（James Forrestal）以及海軍上將總司令參謀長[9]李海。

與會人員各執己見。伯恩斯認為應當繼續要求日本無條件投降，史汀生則堅稱天皇對於日本戰後重建非常重要。杜魯門之前已經下令，沒有他的命令不能再投下原子彈，現在他耐心聽著雙方的觀點。福萊斯特則指出，《波茨坦宣言》的措辭漏洞，使得接受日本的投降條件是有可能的。

杜魯門下令對日本提出的條件作出答覆：裕仁能留下來，但他不得免於戰爭罪的指控。

杜魯門在當天晚上的日記中寫道：「在書桌上吃午飯，討論了日本投降的條件。他們想在投降前提出一個條件。我們之前給出的是『無條件』投降。他們想保留天皇。我方的答覆是，我們將告訴他們如何保留天皇，但條件由我們訂。」

美國做出的回電到了瑞士，接著到了東京。

電報內容如下：「盟軍收到日本政府接受《波茨坦宣言》的電報，但是電報中提出，『應該不包含任何損害天皇陛下作為日本最高統治者的要求』。我們的立場是：從投降時刻起，天皇以及日本政府統治國家的權力將隸屬於盟軍最高統帥，統帥將採取他認為貫徹投降條件應有的步驟。」

一天過去了，日本方面沒有傳來任何消息。接著又一天過去了。

第三天也過去了。

杜魯門怒火中燒。

9 編註：Chief of Staff to the Commander in Chief，美國參謀首長聯席會議主席的前身。

第二十六章
最後一役

牡丹江，中國
一九四五年八月三日
下午

日本陸軍已經走投無路。距東京六百英里之外，在中國兩省交界的十字路口旁、樹木叢生的小山上，日本關東軍第五軍以防禦姿態，準備對入侵的蘇聯軍隊做最後的抵抗。蘇軍佔絕對優勢，與日軍兵力相比是二十九萬對六萬。蘇軍裝備有四千門火砲及火箭砲，日軍只有一百多門。蘇軍的虎式和從美國「租借」的雪曼戰車加起來有一千輛，日軍則沒有任何裝甲車輛[1]。

對日軍更不利的是，士兵已經到了飢餓的邊緣；因為彈藥稀少，很多士兵手裡的武器只有一把刺刀

1 原註：儘管杜魯門總統終止了蘇聯的租借法案，蘇聯仍請求並獲得了五百輛雪曼戰車、將近一百噸的物資，以及二十多萬噸燃油。諷刺的是，這些物資被蘇聯全部用在攻打滿洲的行動，而美國對此一無所知。

（而且大多是由破銅爛鐵鑄成）。日軍處境是如此之慘，以至於他們連逃跑都逃不掉，因為沒有摩托車輛。

就在蘇軍主力翻越海拔高達一英里的大興安嶺山脈時，西面一千五百英里外的蘇軍也在炎熱的蒙古沙漠裡急行軍。如果蘇聯佔領滿洲的東部，他們就可以進入日本海，從而為日後進攻日本本土佔有先機。

到目前為止，蘇軍一路勢不可擋。士兵中既有毫無作戰經驗的年輕新兵，也有經歷了東線作戰、經驗豐富的老兵——這些精兵三個月前才攻佔了柏林。反觀那些年輕士兵，他們當中大多數都曾在蘇聯東部駐防，但缺乏營養，一個個都瘦得皮包骨。這些「東方人」當中，許多連像樣的衣服和靴子都沒有，只能用布把自己的腳纏起來。

不過這都無所謂。蘇聯軍隊已經打開了一個二十英里寬的缺口，逼得日軍退後了十英里。蘇聯一方面用毫不留情的地面攻勢，以及無法阻攔的空中轟炸來摧毀敵軍。另一方面傘兵空降至日軍防線後面很遠的地方，佔據了重要橋樑和鐵路隧道。蘇軍的行動非常隱密——以至於有些日軍哨兵搞不清發生什麼事情以前，就被切斷了喉嚨。

一如既往，蘇軍所過之處也發生了一幕幕暴行。中國的鄉下地區四處瀰漫著戰爭帶來的噁心氣息。蘇軍飛行員對潰逃日軍的轟炸留下的彈坑在地上星羅棋佈。滿洲東部森林和沼澤隨處可見浮腫的屍體，死者身上帶的照片和信件隨風四處飄散，人和軍馬的屍體散發出的惡臭與空氣交織在一起。

蘇聯的戰略目標是從三個不同方向進入中國，然後會師於滿洲國首都長春——日本改名為「新京」，意為新的首都。生活優渥的中國末代皇帝就在長春，三十九歲的他對英王亨利八世有著一種匪夷所思的迷戀。日本佔領後，就把溥儀立為傀儡皇帝。現在史達林也想為自己找一個代言人[2]。

指揮蘇軍作戰的基里爾·梅列茨科夫元帥（Kirill Meretskov）正在享受人生中最為得意的時刻。之後，梅列茨科夫因為指揮蘇軍在滿洲作戰的戰功而獲得了蘇聯最高軍事榮譽——勝利勳章。元帥魁梧又冷酷，曾在列寧格勒保衛戰中擊敗德軍。列寧格勒曾被德軍圍困數年之久，最後終於在一九四四年一月二十七日解圍。這對梅列茨科夫來說是人生的重大轉折，因為在此之前兩年，史達林懷疑他不忠而關進牢裡，受盡折磨。

現在那些不愉快的事都已經過去了。

牡丹江市是滿洲重要的交通樞紐，現在已經來到蘇軍跟前了。蘇軍之前的作戰計畫曾預計需要十七天才能抵達牡丹江市；可是梅列茨科夫僅用了四天。現在滿洲東部正下著滂沱大雨，可是再大的雨也阻擋不住蘇軍前進的腳步。

就在這天早上出現了預兆，蘇軍戰車摧毀了日軍一列有三十節車廂載著援兵的火車。九百名增援的日軍現在已經死了。

第二次世界大戰最後一場大規模戰役即將上演。

2 原註：溥儀兩歲登基，之後隨著時勢風雲的變幻，多次登上或失去皇位。他年少時享盡榮華富貴，起居有妃嬪相伴，吃的是四十道菜的御膳。後來貶為庶民，還當過園丁，六十一歲時去世。一九八七年由柏納多·貝托魯奇（Bernardo Bertolucci）執導的《末代皇帝》，描述的就是溥儀的一生，該片一舉贏得九座奧斯卡獎。

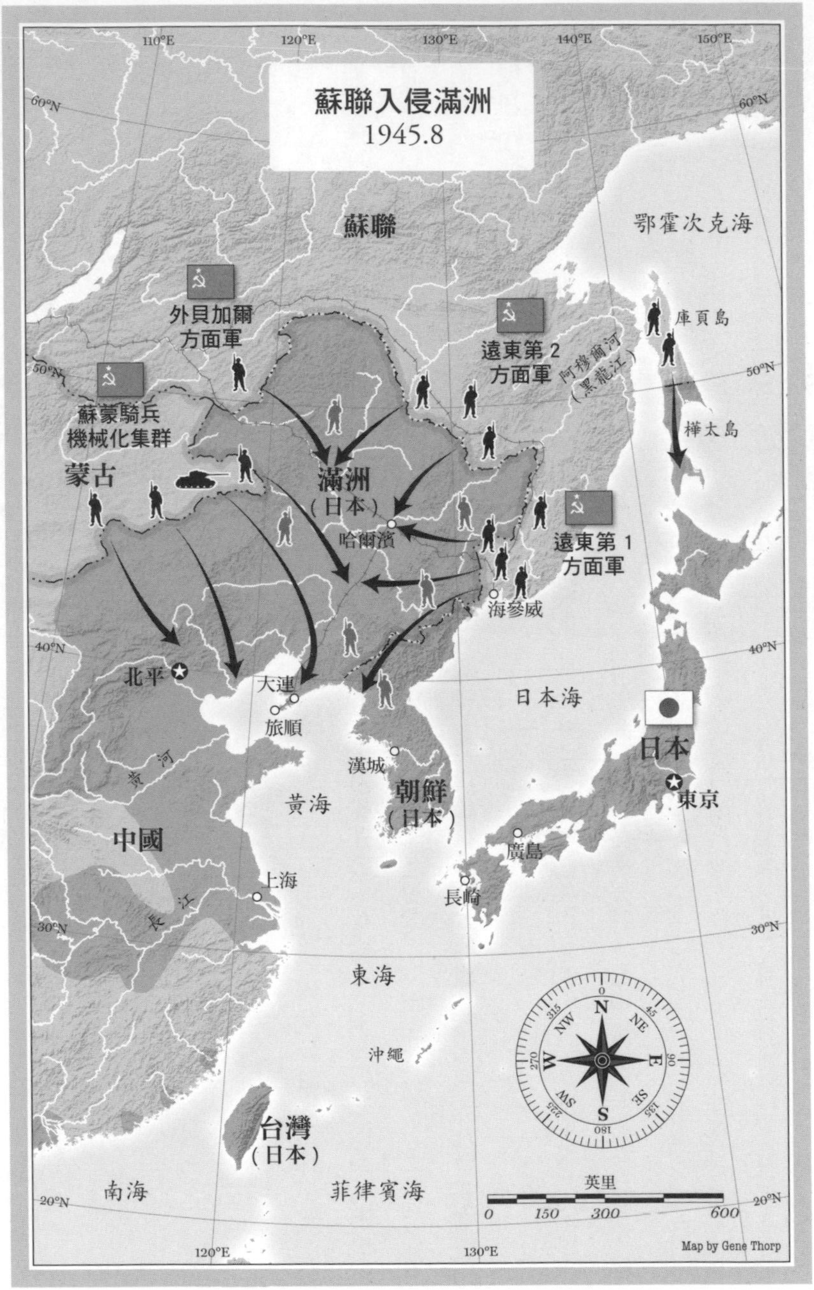

蘇聯入侵滿洲
1945.8
蘇聯
鄂霍次克海
外貝加爾
方面軍
遠東第 2
方面軍
阿穆爾河
(黑龍江)
庫頁島
樺太島
蘇蒙騎兵
機械化集群
蒙古
滿洲
(日本)
哈爾濱
遠東第 1
方面軍
海參威
北平
大連
旅順
日本海
日本
東京
漢城
朝鮮
(日本)
黃海
黃河
中國
廣島
上海
長崎
長江
東海
沖繩
台灣
(日本)
南海
菲律賓海
英里
0
150
300
600
110°E
120°E
130°E
140°E
150°E
60°N
50°N
40°N
30°N
20°N
Map by Gene Thorp

遠在半個地球之外的華府，杜魯門總統已經等得不耐煩了。他對日本投降的答覆早在八月十日週五晚上就已電報給日本，但是整個週末都過去了，仍沒有收到答覆。

「我們都在焦急地等待日本的答覆，」杜魯門在八月十一日週六的日記中寫道，「今天過得糟糕極了。」

週日也一樣的讓人失望。杜魯門通常在週日休息，但這一天他很早就穿上西裝，準備處理公務。杜魯門每天的活動都會記錄在官方的日誌上：「上午九點，到行政辦公室等待日本投降的消息。」

可是什麼事都沒有發生。

八月十三日週一，杜魯門再次於上午九點到橢圓形辦公室開始工作。他感覺到日本不會接受他給出的答覆，於是下達了恢復B－29使用炸彈和燒夷彈轟炸的命令。下午，杜魯門一直和麥帥的參謀長薩瑟蘭中將待在一起。他們討論的議題是即將發動的日本本土登陸。但杜魯門還想和五十一歲的薩瑟蘭討論一個自己想出的秘密計畫，那就是任命麥克亞瑟指揮日本的戰後重建。

與此同時，正如過去將近一週，筋疲力竭的新聞記者和攝影師又湧入白宮的記者室，等待著日本投降的消息。如果杜魯門要發表什麼聲明的話，白宮記者團就會爭先恐後地衝向橢圓形辦公室，像往常一樣大聲提出各種問題。

白宮外，華府各街道都流傳著日本即將投降的小道消息。白宮對面的拉法葉廣場聚集著眾多翹首以待的民眾，他們都想在第一時間聽到日本投降的消息。

然而，日本方面仍是一片靜默。

八月十四日週二，依然如此。

往常的八月，官員通常會休假躲避華府的炎熱天氣，但現在杜魯門肯定是不能離開了。如果杜魯門不是在等待二戰結束的話，他可能正在一個更為涼爽的地方度過夏天[3]。

在外人看來，杜魯門的舉止非常淡定，記者對他的評價是「大膽闊步」和「雲淡風輕」。

拉法葉廣場聚集的民眾已經有一萬人了。媒體仍然在二十四小時全天候堅守，不敢離開白宮片刻。

七千英里之外的滿洲，日軍和蘇軍正在牡丹江市外的一座小山上展開激烈交鋒。在日軍的頑固抵抗下，蘇軍戰車一直沒能登上山頂，於是在山坡上重整旗鼓，開始了一場持續四個小時的「火力集中」——摧毀日軍據點。日軍採用直接瞄準射擊和單兵自殺式攻擊方式，共摧毀了二十一輛蘇軍戰車。不過，日軍還是很快敗下陣來。到了早上，經過五天激戰的日軍撤退了，只有少數狂熱者留下來，至死方休[4]。

東京，數十萬傳單由B－29轟炸機撒到街頭，告訴日本人，抵抗已經不切實際了。

幾小時後，由於日本高層一直保持沉默，八百二十一架B－29組成的大規模轟炸編隊，如入無人之境，再次飛臨東京上空——只不過這次他們要投下的不再是傳單。美國第二十航空軍多此一舉地，把曾經轟炸過的目標再炸了一遍，把已經摧毀的地方重新摧毀一次。這次大規模的武力展示很快被人們戲稱為「大結局」。

八月十四日週二下午一點，正當華府民眾翹首期待著戰爭結束時，東京再次騰起了轟炸引燃的火焰。

裕仁天皇並沒有看到那些騰起的火焰，他正蜷縮在溼氣重的地下掩體裡，身上還穿著全套戎裝。宮城之外，一群陸軍少壯派軍官發動政變，正在造反。他們的目的是挾持裕仁天皇，從而阻止日本投降。但現在已經太晚了。

三小時前，裕仁對美國開出的投降條件的同意答覆已經發送至中立國瑞典和瑞士，並請兩國將日本

3 原註：一九二九年平安夜，白宮發生了嚴重的電氣火災，其中白宮西翼遭到嚴重損壞。時任總統的胡佛下令在西翼和官邸裝上冷氣機。在此之前兩年，開利公司就幫眾議院裝上了冷氣機。這些簡單的技術進步，改變了美國首都的辦公方式。在此之前，美國政府不得不在極為炎熱與潮溼的八月離開華府。

4 原註：二戰結束後，蘇軍留在滿洲，以支持全球共產主義的傳播。滿洲成為中國革命者毛澤東軍事行動的基地。蘇軍於一九四六年撤出。毛澤東在一九四六年至一九五〇年的內戰中贏得勝利。毛澤東的支持度和對中國的控制驅逐了蘇聯，否則勝利將屬於史達林。蘇聯人將滿洲各個工廠整個拆解搬到蘇聯，那些不能運走的都被摧毀，不讓中國成為更強大的商業國家。

接受投降的消息轉交給美、英、中、蘇。然後，裕仁天皇史無前例地約見了日本放送協會[5]的技術員，他們錄下了天皇朗讀《終戰詔書》的錄音。「玉音放送」的兩張錄音唱片，現在藏在皇后的私人保險箱裡。

謀反的少壯派軍官以畑中健二少佐和椎崎二郎中佐為首。從前一天下午四點開始，他們控制了偌大的宮城中的一部分。因為近衛師團長森赳拒絕參與政變，他們開槍將他殺了。

他們二人還用森赳的印章偽造了師團命令，愚弄保衛天皇的近衛步兵連隊，偽造的命令意在勸說近衛師團也參與政變。宮城與外界的聯繫很快就中斷。畑中和椎崎開始四處搜索兩個重要目標：天皇本人，以及天皇《終戰詔書》的錄音。位於東京中心的宮城以及各個御苑佔地一英里寬；天皇能藏的地方太多了。畑中和椎崎用盡方法搜索，雖然他們沒有找到想要的東西，卻成功解除了皇宮警察的武裝，抓捕和關押了十八名宮內省人員。不可思議的是，這十八人都不肯向政變軍官吐露裕仁藏身之地。

一切突然暗了下來。美軍的轟炸切斷了東京所有的電力，裕仁藏身的地下掩體變得更為陰森恐怖。裕仁知道，一旦為了逃出地下掩體的幽暗而離開的話，自己將性命不保。於是他繼續躲著。

裕仁與外界完全隔絕開來。宮城裡那些一直保護著他的厚牆，現在反倒成了囚禁他的監獄。裕仁一生當中，這是第一次沒有人在身邊侍候或保護。就像那些死在太平洋各島嶼地洞裡的日本兵，裕仁只得躲在自己的石頭堡壘裡等待著，不知道是否還能活著見到明天的太陽。

凌晨三點，忠於天皇的部隊衝進皇宮。畑中和椎崎趁夜逃走，他們沒有找到裕仁和錄音盤。幾小時後，為了逃避承擔政變的後果，兩人選擇結束自己的生命。

上午七點二十一分，杜魯門在華府收到日本投降的消息後不到十五分鐘，ＮＨＫ就開始播送特別新聞：天皇陛下將在中午親自對臣民談話。

杜魯門剛在白宮游泳池裡短暫地伸展一下自己。現在是八月十四日週二晚上，剛過七點。白宮的橢圓形辦公室有三十六乘二十九英尺的空間，現在每一寸空間都擠滿了記者、閃光燈和照相機。

總統身穿海軍藍雙排扣西裝和藍色襯衫，站在書桌後面向世界宣告：「今天下午，我收到來自日本政府的消息，」杜魯門開口講道，右手拿著講稿，「日本政府宣佈完全接受關於日本無條件投降的《波茨坦宣言》。」

5 原註：日本放送協會日語為 Nippon Hōsō Kyōkai（ＮＨＫ）。

杜魯門在橢圓形辦公室的書桌後，向媒體宣佈日本投降的消息。（Everett Collection）

白宮外面，將近五十萬美國人開始在華府街道上舉行盛大的街道派對。「這座首都城市……放鬆了緊繃著的神經，開始慶祝戰爭的勝利。人們歡呼雀躍，舉杯痛飲，碎彩紙狂吹，縱情親吻，看起來就像是新年和狂歡節的綜合版。」《美國佬》（*Yank*）雜誌如此報導。

杜魯門在夫人貝絲的陪伴下步出白宮，走到白宮草坪上。「我們要杜魯門，」排在白宮黑色圍籬外面的人群齊聲高呼，「我們要杜魯門。」

作為回應，杜魯門伸手做出代表勝利的手勢。

二戰總算結束了。

日本，舉國的哀痛開始了。八月十五日中午，正當華府民眾歡呼慶祝時，裕仁天皇的玉音廣播傳到全國各個城市、小鎮和村莊，在國外的日本兵也通過短波收聽。日本民眾從未聽過天皇的聲音，因此他們聽廣播時的反應既好奇又震驚。錄音內容對他們來說非常難懂，因為錄音的品質本來就差，而且天皇使用的是古文。不過，天皇的訊息最終還是能夠清楚地傳達出來。

「朕深鑑世界大勢與帝國現狀，」音調有點高的天皇聲音從收音機傳來，「欲以非常措置收拾時局，茲告爾忠良臣民。」

「然交戰已閱四歲，朕陸海將兵之勇戰、朕百僚有司之勵精、朕一億眾庶之奉公，各不拘於盡最善；

而戰局未必好轉，世界大勢亦不利我。」

裕仁並沒有提到「投降」的字眼。他只是說讓自己的子民「然時運所趨，朕堪所難堪、忍所難忍，欲以為萬世開太平」。對於許多人來說，這其實是一個巨大的解脫：他們的父親、丈夫和兒子終於可以從戰場回家了。但其他人則感到屈辱和憤怒。在裕仁廣播的結尾，日本民眾聽到了他們以為永遠不會聽到的話。

「宜舉國一家，子孫相傳，確信神州不滅，念任重而道遠，傾總力於將來之建設，篤道義，鞏志操，誓發揚國體精華，可期不後於世界之進運。爾臣民，其克體朕意哉。」

日本全國上下都意識到事實的真相：戰敗。在聽到裕仁承認投降的玉音時，許多日本人震驚得癱軟在地。幾百名官兵寧可

關押在關島的日本戰俘，聽到天皇的「玉音放送」宣佈投降，一時控制不住情緒，放聲落淚。（US Navy）

切腹自殺也不肯接受裕仁提出的投降。一群陸軍和海軍軍官選擇將自己的自殺展現在世人面前，他們跪在宮城前廣場，舉槍自盡。

有些地方，日本人則是憤怒以對。九州的戰俘營，十幾名美軍飛行員戰俘被拉到營外用軍刀處決。正因為日本犯下了太多這樣的惡行，所以當裕仁天皇的「玉音放送」一結束，全國的軍事機關都開始焚毀文件和檔案。因為這些文書將會被美國調查員用來定他們的罪。

事到如今，曾經四處佔領別國土地、不可一世的日本也將被佔領了。就連神聖的裕仁天皇也不能阻止這一切的發生。美國人會報復嗎？佔領者會破壞日本人的生活方式嗎？

沒有人能確定，也沒有人知道日本人將如何面對被征服的事實。

但明顯的是，新的君主即將降臨。

麥克亞瑟將軍萬歲！

第二十七章

戰爭結束了，危險還沒過去

厚木機場
關東，日本
一九四五年八月三十日
一四〇五時

駐日盟軍的最高統帥到了。麥克亞瑟將軍乘坐C－54專機降落在坑坑疤疤的跑道上。美軍曾對這座機場進行過數週轟炸，跑道上許多彈坑都還沒填好。

這天炎熱又潮溼。麥克亞瑟的座機正在跑道上向機庫滑行，機庫外面掛著一面美國國旗。通過機艙窗口，麥帥環視著周遭的環境。他看到一排排新到的美軍B－29轟炸機停在跑道邊上；整齊列隊的軍樂隊已經做好奏響進行曲的準備；一隊日本公務車正等著將他和手下的參謀人員送至他們位於橫濱新格蘭酒店（Hotel New Grand）的總部。現場還有兩百多名攝影師和記者準備衝到飛機前採訪，其中大部分是日本人。

短短三天之後，日本政府將在東京灣的美國密蘇里號戰艦（USS Missouri, BB-63）上簽署投降書。屆時世界各國要員將齊聚密蘇里號的甲板見證這一時刻，而麥克亞瑟將是最顯眼的那個。

但今天也同樣值得載入史冊，而主角只有麥克亞瑟自己。

歷史上，日本從未真正被征服者的靴子踐踏過。作為駐日盟軍最高統帥，麥帥不僅要統領已經開始湧入日本的佔領軍，還將成為日本實質的統治者。日本的媒體和政治都將掌握在他手中。與在德國南部即將被免去類似職位的巴頓不同，麥克亞瑟將擁有無限的權力。對於蘇聯認為應該派一位將軍來和麥克亞瑟平起平坐的要求，杜魯門表達堅決的譴責[1]。

麥克亞瑟計畫接下來幾個月，在日本做出翻天覆地的改革：賦予日本婦女投票權；決定哪幾位將軍以戰爭罪起訴；取代裕仁天皇成為日本的統治者。後來，許多日本人因為麥克亞瑟將軍的治國之道，而將其比作從一一九二年至一八六七年間統治日本的幕府將軍。

麥克亞瑟在日本的權力交接，是無法有所保證的。大量日本軍人依然是武裝的。正如在偷襲珍珠港時的表現，欺敵是日本根深柢固的軍事文化。美國情報官員認為，這場正在等待麥克亞瑟的機場歡迎儀式，很有可能是日本為謀害將軍設下的局。

因此，麥帥手下的統帥部人員在排隊等待下飛機的時候，都是緊張不安的。他們穿著熨得筆挺的卡其制服，但沒有隨身武器。較早前，麥克亞瑟發現人員正要掛上槍帶，命令他們住手。「把它們取下來，」麥克亞瑟命令道，「如果他們打算殺死我們的話，手槍也不足以應付。只有拿出毫無畏懼的架勢，才能給他們留下深刻的印象。如果日本人還不知道已經被打敗了的話，那麼當我們毫不畏懼地走下去時，他們自然就知道了。」

麥克亞瑟最信任的參謀，在沒有防身武器，也不確定走下去的命運如何的情況下，就準備這麼跟在他後面步下梯子。惠特尼少將（Courtney Whitney）後來對這個緊張時刻的描述是，「此時全世界都停止了呼吸」[2]。

一週前，厚木機場還是日軍戰鬥機中隊的基地，其職責是保衛東京並與前來轟炸的美國轟炸機作戰。這裡還是神風特攻隊飛行員的訓練地。就在戰爭結束前一刻，成千上萬平民還在這裡揮汗如雨修建地下通道和機庫，以抵禦美國入侵。裕仁天皇宣佈投降的「玉音放送」一結束，很多飛行員叛變，駕機在東京空投敦促日本人民繼續戰鬥的傳單。傳

麥克阿瑟一幅萬夫莫敵的氣勢，站在專機「巴丹號」的艙口，他要用氣勢壓過在厚木迎接他的日本人。結果他做到了。（US Army）

---

1 原註：巴頓將軍一直公開批評美國的蘇聯盟友，他認為美國應當將二戰繼續下去，直到將蘇聯趕回他們的境內。巴頓的言行與之前的納粹類似，因此被解除美國第三軍團司令職務。一九四五年聖誕前不久，原本該返回美國退役的那一天，巴頓因車禍傷重不治。一說認為車禍是蘇聯的復仇謀殺，《殺死巴頓》（*Killing Patton*）一書更是有系統地整理這種說法。

2 原註：前英國首相邱吉爾之後，寫下自己對於麥克亞瑟抵達日本時感到的震驚。麥帥身邊沒有強大的武裝力量守衛，只有幾名連手槍都沒帶的高級軍官。邱吉爾：「二戰期間所有驚人的勇敢行為當中，我認為麥克亞瑟將軍在日本厚木機場的降落才是為最。」

言，其中有些飛行員今天將駕機起飛上演自殺式攻擊。「天哪，」薩瑟蘭將軍曾警告麥克亞瑟，「天皇被當做真神一樣供奉，但就這樣日本人還想著刺殺他。想想你會是一個怎樣的目標吧？」

但是，當飛機停下後，麥克亞瑟無所畏懼地從第一排座位上站起。他將陸軍將官的帽子戴在頭上，點燃玉米芯菸斗，走向飛機後艙門。他並不是不把威脅當一回事，只不過他之前在日本的經歷讓他了解到東方人的方式。如果麥克亞瑟顯露出害怕的樣子，哪怕只是一絲緊張，他將成了日本人眼中的軟腳蝦。他將專機命名為「巴丹」（Bataan），就是要大膽地在日本人面前紀念一九四二年菲律賓淪陷落後，被日軍屠殺的成千上萬名美國和英國將士。

麥克亞瑟明白，前一天先遣到來，負責保護麥帥的小部隊美軍，面對三萬名奉長官之命，排列在通往橫濱的十五英里道路兩旁全副武裝的日軍士兵，是顯得那麼的無能為力。日軍手上拿著上刺刀的步槍。為了表示尊重，他們覺得不配直視麥克亞瑟，於是都是背對著道路立正站好。這種待遇通常只有天皇才享有。

當麥克亞瑟步下梯子的時候，一陣夏季潮溼熱浪從他身邊吹過。看到攝影師後，麥克亞瑟一如既往地擺好了姿勢。將軍戴上他的墨鏡，嘴裡叼著玉米芯菸斗，並揚起了下巴。樂隊開始奏樂。這一切正如麥克亞瑟所料。

只要日本這個國家還存在，這一刻就不會被遺忘。

在離日本海岸約一英里的地方，另外一位堅強的美國軍事將領——小威廉．「蠻牛」．海爾賽海軍上將（William "Bull" Halsey）——及其率領的美國海軍比麥克亞瑟早三天抵達了日本。海爾賽的旗艦密蘇里號戰鬥艦正航行在離東京南邊不遠的相模灣。颱風剛過，海面風平浪靜，密蘇里號的艦砲，可以平穩精確地瞄準日本海岸的方向。

海爾賽今年六十二歲，是一名好戰的老海軍。許多人認為他蠻勇的作戰方式略顯愚蠢，可是麥克亞瑟卻對他有著深厚的敬意。「他一心想的就是靠近敵人，然後和他戰鬥到死，」麥克亞瑟後來在自傳中提到海爾賽時這樣寫道，「在美國海軍歷史上，沒有人的功績能超越他。」

戰爭對於海爾賽來說可謂漫長。日本偷襲珍珠港時，海爾賽就在企業號航空母艦（USS Enterprise, CV-6）上。作為美國海軍第三艦隊司令，他在太平洋幾乎每場大海戰都扮演了關鍵角色。太平洋戰爭的勝利由麥克亞瑟和他指揮的陸軍打頭陣，海爾賽和他的上司——太平洋艦隊總司令尼米茲將軍都感到憤憤不平。舊金山與東京之間隔著八千英里，橫跨八個時區；美國海軍將士都深知，如果沒有海軍的話，美國是不可能在這樣廣闊的大洋上贏得戰爭。

不過，最終美國海軍還是得到了應有的肯定。杜魯門總統最終決定，正式的投降儀式將不是在陸地上舉行，而是在海上。艦隊裡有傳言說舉行這場儀式的地方已經選定在南達科塔號（USS South Dakota, BB-57）戰鬥艦。

現在，為了大規模展示武力，將近三百艘戰鬥艦、驅逐艦、巡洋艦、輕型航空母艦、巡防艦、潛艦、補給艦、醫院船和掃雷艦排列整齊，準備駛過守衛著東京灣入口的佈雷區。除了美國艦隊，還有英國、澳洲和紐西蘭的軍艦。如果還有日本人對戰敗有所懷疑的話，他們只需要站在相模灣的黑色沙灘朝海面上看一眼就足以信服。

眾多軍艦當中，最為強大的當然是海爾賽的旗艦——密蘇里號戰鬥艦。該艦上每一門十六吋艦砲有六十七呎長，每座艦砲都可以在五十秒內向二十三英里之外，發射一枚兩千七百磅重的穿甲彈。此外，外號「大莫」的密蘇里號還裝有二十門五吋副砲，精確射程可達十英里。這是一艘軍艦中的巨獸，長度幾乎與三座美式足球場相當，有兩千名官兵，最高航速三十二節。密蘇里號巨大的艦砲曾對著硫磺島、沖繩島、菲律賓群島以及日本本土傾瀉砲彈。六個月前，該艦曾遭到日本神風特攻隊的攻擊，但是不僅船艦沒被擊沉，而且沒有任何人員傷亡[3]。

密蘇里號的聲望還包括許多象徵性因素：這艘灰色軍艦是以杜魯門總統家鄉所在的州命名的。一九四四年一月，當密蘇里號從布魯克林造船廠下水時，杜魯門的女兒瑪格麗特曾在艦艏揮灑香檳，為它主持下水和命名儀式。那時瑪格麗特才二十歲，杜魯門還是副總統。曾掛在華府國會大廈上的星條旗正安全地保存在密蘇里號，等待著在即將到來的週日升起[4]。該艦還存放著另一面國旗：這面三十一顆星的美國國旗屬於馬修．培里海軍代將（Matthew Perry），他曾在一八五二年率領艦隊來到日本，並打開了日本對美貿易的港口，這是歷史上一件具有重大意義的事。

密蘇里號也是美國建造的最後一艘戰鬥艦。在駛入東京灣之前不久，南達科塔號就將主持日本投降儀式這一殊榮讓了出去。論資格和聲望，密蘇里號實至名歸。

一九四五年八月二十九日早上，一名日本領港登上密蘇里號，引導海爾賽的艦隊穿過雷區、通過東京灣。領港幫助航海上兵艾德．卡蘭塔（Ed Kalanta），在艦橋的駕駛台，操縱著四萬四千五百六十噸的密蘇里號。一年前，卡蘭塔曾操縱著密蘇里號通過巴拿馬運河，當時狹窄的船閘兩邊只有一英尺的空間。當二十歲的卡蘭塔在身旁的日籍領港的幫助下，熟練地將密蘇里號駛入東京灣，去迎接等待著這艘軍艦的歷史使命時，海爾賽上將就在駕駛台下一層。

密蘇里號於上午十點左右下錨，緊接著開始投降儀式的彩排。官兵費盡心思，騰出足夠的空間容納來自世界各國的兩百名媒體記者，以及數十位的各國代表。歷史性一刻將於週日上午九點準時舉行。官兵當中要選出八名個子最高的，來充當日本投降代表團登艦時的迎接隊伍。此舉意在向那些身材矮小的日本外交官暗示，現在美國才是老大。

連續幾天的排練，盟軍的軍艦也排成長隊蜿蜒進入東京灣。在此期間，密蘇里號的巨大艦砲，始終是瞄準著東京的方向。

3 原註：那架神風特攻機撞上密蘇里號右舷主甲板稍微往下一點的位置。官兵在清理過程中，發現了駕駛該機的特攻隊員遺體，死者是十九歲的石野節雄。艦長威廉．卡拉漢（William M. Callaghan）認為年輕的飛行員只不過是在盡己所能完成軍人職責，便下令舉行代表軍人榮譽的海葬。遺體覆蓋的日本國旗是由水兵縫製而成。儀式後還進行禮槍齊射，隨後官兵向被扔下海裡的石野節雄遺體敬禮。

4 原註：這面星條旗，於一九四一年十二月七日珍珠港偷襲當天，掛在美國國會大廈。

戰爭也許是結束了，可是危險還沒有。

剛過早上九點，麥帥就經過海爾賽海軍上將，走到麥克風前的位置。麥克亞瑟和其他美國陸海軍將官穿的都是全新的卡其制服。日本代表團的十一人，則穿著軍禮服或正式的燕尾服，甚至還戴著大禮帽。但是麥克亞瑟認為：「我們跟日本人作戰時穿的是卡其服，接受投降時也應該穿著卡其服。」[5]

密蘇里號上身穿白色夏季制服的兩千名海軍水兵擠在砲塔及四周圍[6]，搶佔見證歷史性時刻的有利位置。甲板上擠滿了媒體、各國代表，當然還有艦上的武器裝備。今天上午，暴風雨襲擊過後的天空灰沉沉的，而參加儀式的人都神情肅穆。

「今天，我們各交戰國代表，締結一項莊嚴協定，促使和平得以恢復。」麥帥在麥克風前宣佈，「不同的理想和觀念的爭端已在世界戰場上決定，所以不用我們來討論和辯論。」

儀式是在美國國歌《星條旗永不落》的歌聲中開始的。培里代將曾懸掛過的三十一星的星條旗，固定在上層甲板的一個相框裡，這面飽經歷史滄桑的旗幟已經禁不起在風中飛舞了。不過，今天早上在旗杆上升起、來自美國國會大廈的國旗，正在風中瀟灑地呼呼作響。日本代表團一個個愁眉苦臉，似乎想盡快完成儀式。他們當中的將軍已經遭受了交出軍刀之恥，而外交官公務車上的日本旗，也在今天早上被摘掉。

「作為盟國最高統帥，我宣佈按照我所代表的各國傳統，開始以正義和容忍的精神執行我的責任，同時採取一切必要的處置，藉以保證投降條件完全地、迅速地、確實地遵守。」

麥克亞瑟手裡拿著一疊筆記。在他挺立著演講的時候，坐在簽署投降書桌前的日本代表只得默默忍受。

「現在請日本天皇代表、帝國政府代表和日本大本營代表，在投降書指定的地方簽字。」

之前英國為投降儀式捐贈的紅木禮儀桌太小了。於是今天早上，把密蘇里號餐廳裡的一張折疊桌搬上甲板，現在這張折疊桌上蓋著一幅沾著咖啡漬的深綠色桌布。桌上放著兩份投降書文本，一份是由美國保留的真皮封面文本；另一份是交給日本的帆布封面文本。

首先由戰敗國簽字，然後才是戰勝國。官兵和媒體都在忙碌著記錄這一時刻，一時間都是相機快門的喀嚓聲。這場全世界直播的儀式共持續了二十三分鐘。

麥帥坐在桌子前一張簡樸的木椅上，耐心地用好幾支筆在兩份文件上簽了兩遍。他將一支筆遞給了「瘦皮猴」溫萊特中將。溫萊特是麥帥的好友，在菲律賓淪陷後被關在戰俘營度過了戰爭歲月。麥帥曾在科雷希多失陷後，拒絕頒授榮譽勳章給溫萊特，他相信美軍本可以在那裡堅守得更久。當溫萊特再次

---

5 原註：日本沒有人情願代表出席儀式，認為這將成為個人洗刷不掉的恥辱。代表團成員有，外相重光葵、大本營代表陸軍參謀總長梅津美治郎大將；陸軍代表，宮崎周一陸軍中將、永井八津次少將、杉田一次大佐；海軍代表，富岡定俊少將、橫山一郎少將、柴勝男大佐；外務省代表岡崎勝男、加瀨俊一、太田三郎。

6 編註：美國海軍軍官及士官的熱帶軍便服，有卡其及夏季白兩種。水兵則是白色的夏季水手服。

出現在麥克亞瑟面前，他的瘦骨嶙峋身影，體現作為戰俘所遭受到的毒打、折磨以及飢餓。目睹此等情形，麥克亞瑟再也沒有理由懷疑他的勇氣。

麥帥再將另一支簽名筆遞給了白思華中將（Arthur Percival），這位英國將軍在新加坡失守後，也在戰俘營裡遭受了百般折磨。為了不讓盟軍將溫萊特和白思華解救出來，日本曾將他們兩人輾轉於多座戰俘營。戰爭結束前，白思華和溫萊特都被關在滿洲西安縣[7]的戰俘營。麥克亞瑟特意邀請兩位骨瘦如柴、營養不良的倖存者站到簽署投降書的桌子後，讓他們正對著日本代表[8]。

所有儀式都完成了，麥克亞瑟起身筆直地站著，向在場所有人員宣佈「現在儀式結束」。

投降儀式結束後，大編隊美機在東京灣上空轟隆作響飛過密蘇里號。（US Navy）

當日本代表在引領下走向將把他們帶回岸上的小艇時，大型的美軍飛機編隊從上空飛過。他們抬頭望去，彷彿看到這樣一句話：美國人現在是你們的主人了。

7 譯註：今吉林省中南部的遼源市。

8 原註：麥克亞瑟將其餘的簽名筆，分別送給了西點軍校、海軍官校，以及妻子珍。麥克亞瑟用送給妻子的筆，簽下他姓氏中的「Arthur」。他知道妻子肯定會珍視這一禮物，「亞瑟」也是他們兒子的名字。投降書上的麥克亞瑟的簽名，「麥克」和「亞瑟」之間有明顯的間隔。

第二十八章
救活他，然後絞死他

東京，日本
一九四五年九月十一日
上午

對東條英機來說，戰爭還沒有結束。

這位六十歲、身材矮小的前日本首相，大搖大擺地在眾目睽睽之下，耐心等待以戰爭罪來逮捕他的美國大兵。東條英機本來可以逃走，他行事縝密而細緻，儘管人們都覺得他是個瘋子。與那些偷渡到南美洲並在那裡擔驚受怕、隱姓埋名的德國納粹分子不　樣，東條英機是世人最為熟悉的人物之一。他惡名昭彰，人人都想除之而後快。而且他還是徹頭徹尾的日本人。天下雖大，卻不可能有他的藏身之處。

於是，東條一直待在他東京郊區的農舍，身邊隨時帶著一把手槍。他甚至請醫生在他胸口畫了一個黑色標記，免得開槍自殺時錯過心臟的位置。

成千上萬的美國陸海軍官兵不斷湧入日本，他們解除了日軍的武裝，堵住了海軍的艦砲，拆除了飛機的螺旋槳。這是消除美日分歧、緩慢而漫長過程的開始。在中國，四萬名美國海軍陸戰隊士兵——他們當中許多人都歷經了一年前慘烈的貝里琉登陸作戰，並從長達好幾個月的可怕戰鬥中倖存了下來——正在北上準備進駐，那些沒有向蘇聯投降的日軍將對他們投降。許多中國戰區的日軍部隊戰時從未嘗過失敗的滋味；對他們來說，放下武器、將團旗付之一炬，是莫大的痛苦和恥辱[1]。

戰事雖然結束了，但亟待解決的事情還有太多。可以說，日本和美國以贏得戰爭為名，都犯下了可怕的行為。李梅將軍認為，如果是美國輸掉了戰爭，他無疑會因轟炸東京的決策而被以戰爭罪起訴。最後的懲罰是由勝者決定的。正如德國納粹高層將在紐倫堡受審一樣，日本的將軍和外交官也很快將為犯下的暴行被追究責任。

八月，日本近衛師團曾向各野戰部隊下令，要他們銷毀所有關於虐待戰俘、慰安婦、生化武器以及非法毒品交易的檔案。但這並不能將所有的罪證完全銷毀。早在一九四二年，麥克亞瑟就預料到早晚有一天會用到日本戰爭罪行的證據，因此他下令美國陸軍的盟軍翻譯與解讀部（Allied Translator and Interpreter Section, ATIS）整理俘獲的文件，作為日軍暴行的證據。至一九四五年九月二日戰爭結束時，ATIS掌握了三十五萬多份此類文件。一天後，ATIS指揮官麥緒比爾上校（Sidney Mashbir）就是拿著手上這些資訊與日本外務省的岡崎勝男對峙。他手上的照片證明，日軍攻佔馬尼拉時，曾下令士兵燒死、致殘成千上萬名無辜的菲律賓人。

「那麼，你手上有該為暴行負責的士兵名單嗎？」岡崎勝男問道，想試探麥緒比爾是不是在虛張聲勢。

「還真他媽的讓你說對了，」麥緒比爾上校憤怒地答道，「手上有了證據，我們很快就會要求你把這些士兵一個個交出來，讓他們得到應有的懲罰。」

很難說到底會有多少日本外交官和軍人將接受謀殺、強姦和虐待戰俘等戰爭罪行的審判。奇怪的是，日本最十惡不赦的戰犯，卻一直被盟軍檢察官忽略了。事實上，在投降書簽署和佔領開始後將近兩週，東條英機還沒碰到過哪怕一名美國大兵。

時間一天天過去，美國憲兵隊還沒找上東條英機，彷彿美國人已經把這傢伙給忘了。但是東條知道自己的特殊情況：是他發動了太平洋戰爭，是他親自過目了偷襲珍珠港計畫的每個細節，是他鼓勵手下的指揮官屠殺戰俘。他是如此惡名昭彰，肯定不會逃過被起訴的命運。但他是不會讓自己走到行刑那一步的，他早已下定決心不能被活捉。

東條英機沒有足夠的勇氣跪在地上、寫好遺書，然後將一把鋒利的刀刃刺進腹部。柯爾特．三二英寸自動手槍，可以讓死亡來得更快一點。

1 譯註：日本陸軍的聯隊旗（團旗）為天皇親自授予，每個聯隊的聯隊旗僅此一面，所以極為珍貴。每面軍旗均選聯隊中最好的少尉軍官任護旗隊長，日軍戰鬥準則規定，當判斷戰局有全軍覆沒危險時，應焚燒軍旗。

説來奇怪，如果不是前一天有兩名輕率的美國記者突然來訪，美軍可能還在四處尋找東條英機。這兩人是美國聯合通訊社（美聯社）的莫林・史賓塞（Murlin Spencer）和羅素・布萊恩斯（Russell Brines），出乎意料的是，東條英機非常樂意接受他們的獨家採訪。對東條來說，這是在自殺前最後一個講述自己故事的機會了。兩名記者不斷提出問題時，他一支菸接著一支地抽，完全陶醉在採訪之中。除了將來的戰爭罪審判，東條英機無所不談。

「這個禿頭曾一度是籠罩在整個亞洲的惡魔，」兩名美國記者在共同署名的報導中寫道，「但他現在願意談論許多事情……談話氣氛從一開始鋼鐵般的冷酷，到最後是發自內心的笑容。」

正如東條所料，報導出現在全球各地的報紙上。現在，東條從農舍的窗戶看到又有一名記者來了，還帶來攝影。他們看起來好像是在等待著什麼，兩人都沒有試圖靠近東條英機的屋子。

果不其然，兩輛美國陸軍軍車很快停在農舍前面。東條英機數了數，來逮捕他的士兵共有五人，每個都全副武裝。其中一人發現正在向窗外看的東條英機，因此趕緊衝向前門。

東條英機把窗戶打開，對著外面的人喊道：「我就是東條英機！」

留給他的時間不多了。他關上窗戶，解開襯衫上的衣扣，將上膛的柯爾特・三二英寸自動手槍對準了胸前的黑色標記，然後扣了扳機。

隨著響亮的槍聲，一顆子彈射入心臟。鮮血從傷口噴湧而出。

自殺計畫的每個細節都完美地執行了。但只有一個細節稍微出了點差錯：子彈沒打中心臟。

東條英機沒有死。

約翰・威爾波斯中尉（John Wilpers）聽到了槍響。二十五歲的威爾波斯是美國陸軍情報官，聽到槍響後，他飛快似地躍上門前的台階，一腳踹開東條家前門。麥帥早上親自下令三〇八反情報大隊逮捕東條英機，威爾波斯決定盡己所能完成任務。

對威爾波斯中尉來說，如果東條英機死了的話就不好交差了[2]。

可是現在前首相看上去離死已經不遠了。他的身體攤在椅子上，胸口只有微弱的起伏。美聯社攝影師查理・格里（Charlie Gorry）跟著威爾波斯進入房間，當威爾波斯掏出配槍指著東條的時候，格里就開始拍照。東條為自己遲遲沒有斷氣連連道歉。威爾波斯馬上把瀕死的東條英機的手槍收了起來，然後不顧一切地趕緊尋找醫生。

2 原註：一九四五年九月十一號，威爾波斯在東條家農舍的逮捕和搶救行動為他贏得一枚銅星勳章。可惜，頒發勳章的文書被陸軍弄丟了，直到九十歲他才拿到那枚獎章。

命令就是命令：東條英機必須得活捉。

一九四五年九月十七日，也就是東條英機自殺未遂的六天後，在一艘位於東京西南方向八百英里的船艦上，來自布魯克林的年輕海軍少尉正在擔心自己的船會不會在颱風中沉沒。

奧奈達號攻擊人員運輸艦之前在朝鮮的仁川港停留了五天，現在才剛剛趕到沖繩島渡具知灣。但為了躲避颱風，奧奈達號不得不再次離港出海。本來，停在沖繩島港口很有希望挺過暴風雨，但是上週暴雨中發生的慘劇表明還是小心為妙。

奧蘇拉颱風（Ursula）以每小時超過一百英里的風速，從日本海肆虐而過。運送美國戰俘回家的飛機不幸遇到了颱風造成的暴風雨。令人痛心的是，這些戰俘本來已經從過去幾年的折磨與飢餓中存活了下來，卻再也見不到美國的土地了；強烈的暴風雨三十架飛機墜入日本海，機上九百名戰俘無一倖免[3]。

當奧奈達號急忙離開渡具知灣時，官兵對剛剛過去的奧蘇拉颱風強大的破壞力仍然記憶猶新。下一個艾達颱風（Ida）正在向繁忙的戰時港口逼近。如果能跑得比暴風雨更快的話，這艘運輸艦免遭損害的機率就要更大一些。

最終，艾達颱風造成的災難比奧蘇拉還要嚴重。艾達兇猛地登陸了日本本土，然後被改名為「枕崎」。廣島經歷五週前的原爆過後仍是一片廢墟，現在又被大浪和洪水吞沒，成了一片沼澤。被原子彈塗炭過一次的廣島，又被這次颱風奪走了三千人的性命，還有六千幢房屋被沖毀。若換在其他任何時候，這樣大規模的災難肯定會震驚全世界。但是剛剛結束的太平洋戰爭，就有來自世界各地的上千萬人喪生，原爆也剛剛奪走十多萬人的性命。在觸目驚心的傷亡面前，這次颱風造成的災難只有報紙上寥寥幾行的報導。

來自布魯克林的海軍少尉個子高高，不久前才從麻州的聖十字學院畢業，十個月前登上奧奈達號。他和其他官兵一樣，過的都是船上日常生活：四小時值勤、軍官餐廳裡準時用餐，剩下的就是執勤結束後海上生活那種深不見底的無聊。很快，奧奈達號也參與了代號魔毯行動（Operation Magic Carpet）——令人高興的撤軍行動。數百艘美國軍艦——甚至包括航空母艦這樣的龐然大物——都在清理各自的甲板，容納成千上萬的陸、海軍和陸戰隊官兵，帶著他們回家。這些從殘酷的戰爭中挺過來的兄弟姐妹值得最好的待遇。海軍少尉深知這點。

在布魯克林老家，他父母心裡懸了數月的石頭終於可以落下了，無數的祈禱終於等到了回報，現在他們正等著少尉走進家門。但離那一天還為時尚早，因為日本這邊還有大量任務需要完成。

少尉接到了登岸去幫助日本戰敗後重建的命令。十一月二十六日，他將在橫須賀海軍通訊站開始一段為期六個月的任期，為東京放送局工作。對於他這樣一位既機智風趣又能言善道的年輕人來說，這簡直是再理想不過的工作。

但是，六個月任期後，是可以從海軍退役還是得再服役一兩年，就不得而知了。

3 原註：這次慘烈的事故無人生還，是史上承平時期最為嚴重的空難。

一九四五年九月二十七日上午十點，一輛褐紅色的一九三〇年勞斯萊斯停在美國駐東京大使館門前，緊張不安而又心事重重的裕仁天皇步下車[4]。對天皇來說，與東條英機及來自布魯克林的年輕海軍少尉一樣，戰爭遠未結束。此時的裕仁滿臉沮喪，雙手也止不住地顫抖。由於患上了黃疸病，他本來就灰黃的皮膚顏色更深了。昨天晚上失眠，他一直擔心會和東條一起站在法庭上，聽著美國檢察官用洪亮的聲音一條條地列出他犯下的眾多戰爭罪行。

裕仁深吸了一口氣，暫時平復了內心的恐懼。或許自己可以免於絞刑呢。他現在唯一的希望就是直接向麥克亞瑟求情，這也是他今天早上乘車來到美國大使館的原因。現在他最需要的就是勇氣了，哪怕是假裝的也可以。

如果裕仁天皇在一個星期前就來拜見麥克亞瑟的話，他就可以省去幾天擔驚受怕的日子。裕仁住的宮城與麥克亞瑟在東京第一生命大廈的新總部僅有一街之隔[5]。搬進新總部後，麥克亞瑟給日本第一保險公司三天時間把這座宏偉的建築物給空出來，他在六樓選了一間普通的辦公室，不過從這間辦公室能俯視對面的宮城。

雖然裕仁只要從自己的窗戶向外看就能看到麥帥的辦公室，而且麥帥也能隨時從辦公室看到裕仁，但裕仁一直在等麥克亞瑟邁出第一步。可惜老練如麥克亞瑟，怎會想不到如果去拜訪裕仁天皇的話豈不是自掉身價。就算要見面，也得讓裕仁來登門拜訪。

麥克亞瑟是在傳遞一個資訊：裕仁就像《國王的新衣》裡的國王，何必再自欺欺人。

麥帥特意把會見的地點選在美國大使館，這樣東京市民就可以一覽天皇那輛標誌性的勞斯萊斯，通往麥帥住所的羞恥之旅。從宮城櫻田門出發往南，不到十分鐘時間，穿過滿目瘡痍的東京街道就到達大使館門口。一路上，他乘坐的御駕轎車後面跟著三輛黑色賓士，裡面坐著其他宮內省的官員。如今天皇沒在管他們了。

裕仁身穿黑色西裝背心，頭戴高頂大禮帽，腳踏油光錚亮的禮服鞋，走進美國大使館前門。他還不習慣讓平民碰他身上的東西，當兩名陸軍軍官向他敬禮，然後上前拿過他的帽子時，他退縮了一步。「閣下，非常、非常歡迎！」麥克亞瑟咧嘴笑著，人步邁進房間，打破了僵局。他並沒有穿著正式的禮服，而是穿了平時的卡其軍服，皺巴巴的襯衫甚至連勳標都沒有佩掛。麥帥伸出手想表示歡迎，沒想到裕仁正好深深地鞠了個躬，麥克亞瑟伸出去的手，只得尷尬地停在裕仁的頭上。裕仁繼續鞠躬，然後才向上伸手握住麥帥的手。

稍作猶豫，麥帥邀請裕仁和他的口譯走進一間沒人的房間。兩人交談了四十分鐘，期間裕仁針對戰爭之事開口道歉——麥克亞瑟在過程中對此不過是輕描淡寫。

接下來數年，兩人總共有十一次會面，這次不僅是第一次，還是最為重要的一次。因為，在今天上

4 原註：在日本，只有天皇的座駕才有資格是褐紅色的。裕仁長久以來都非常喜愛勞斯萊斯，文中這輛只是他眾多勞斯萊斯其中之一。

5 原註：麥克亞瑟選擇這座保險公司總社作為辦公地點，不僅是因為大廈本身緊鄰宮城，且是歷經轟炸後為數不多仍然矗立的顯眼建築之一，同時它的名字可以象徵美國對日本人的生活與文化的完全控制。

午的簡單對話，麥克亞瑟明確表示他認為天皇對於兩國同盟以及日本重建都非常重要。雖然裕仁天皇坦承有罪這件事，使得他名列甲級戰犯，但是麥帥將在相當大的權力下盡己所能，讓裕仁免於牢獄之災——也不必體會絞刑的繩索套在脖子上的感覺。

會談結束時，麥克亞瑟的攝影師，法雷斯上尉被叫進房間。六個月前，正是法雷斯拍下麥克亞瑟在菲律賓涉水上岸的著名照片，而現在他即將拍下的照片也將流傳下來。其實，法雷斯共拍了三張麥克亞瑟和裕仁在桌子前並肩而站的照片。不過，前兩張照片，麥帥的眼睛是閉著的，而裕仁看起來則像是在打呵欠。幸好第三張沒有問題，這張照片也將永遠提醒日本人：他們的天皇不再是日本的統

麥克亞瑟將軍與裕仁天皇在美國大使館的歷史性合影。（Everett Collection）

治者了。

身高六呎的麥克亞瑟比裕仁要高出一個頭，看起來大局在握，神情倨傲，對站在他左邊的小個子無動於衷。裕仁天皇僵硬地直挺站立，神情拘謹；而麥克亞瑟則非常隨意，兩手放在臀部，手肘向身體兩側撐著，看上去就像一個誤入天皇神秘聖殿的普通美國遊客。

為了將資訊傳達得一清二楚，麥克亞瑟下令把照片發給媒體，讓全日本都看到現在統治著日本的這位高大威猛的「外人將軍」。

不出所料，日本民眾都被嚇壞了。

三個月後的一九四六年一月一日，在麥克亞瑟的敦促下，裕仁天皇否認了自己「現人神」的身分，向日本人民承認自己並非天神。

至此，日本天皇的神性被揭穿了——但是對於那些因為日本侵略而在戰爭中死去的上千萬條人命來說，這謊話揭穿得也太晚了。

一九四六年五月三日，東京的遠東國際軍事法庭，正在宣讀戰爭罪起訴書；在一系列「東京審判」中，由多位法官組成的審判庭，將聆聽有關戰犯的證據。來自印度的拉達賓諾德·帕爾法官（Radhabinod Pal）認為，這種審判程序「是同盟國對戰敗的日本進行的傲慢報復」。除他之外的其他有效判決如下：

七名戰犯因甲級戰爭罪判處死刑，十六名戰犯被判處無期徒刑，另有兩人被判處有期徒刑[6]。

東條英機也在起訴庭上出現。幸虧約翰．威爾波斯反應迅速、處置得當，前首相開槍自殺後，威爾波斯很快就找到一名醫生。但是，醫生拒絕救治東條，腦筋動得快的威爾波斯馬上又找來另一個醫生。治療復原後，東條被單獨拘禁在巢鴨監獄，由全副武裝的衛兵全天候看守。

現在，東條英機正坐在被告席上，一位試圖靠裝瘋賣傻逃避起訴的日本文官被告，走上前在東條的後腦勺連甩了兩掌。儘管訴訟對他不利，東條卻被此舉逗笑了。

此處還有另外一點怪誕的幽默——不過東條對此卻一無所知。東條戴有假牙，囚禁期間，他曾要求換一副假牙。美國很樂意滿足了要求。不過東條不知道的是，「勿忘珍珠港」這幾個字，被以摩斯密碼點、線方式鑲在新的假牙上，二戰對於東條英機來說還沒有徹底結束——尤其當他深夜裡孤獨地躺在巢鴨監獄的單人牢房，用舌頭舔過新假牙時，他肯定會好奇，假牙光滑的陶瓷表面上，怎麼會有莫名的凸點。

6 原註：東京審判中，以甲級戰犯起訴的二十八名被告，有二十五人被判有罪。此外，盟軍檢察官在亞洲和太平洋地區的其他幾處法庭開審日本的軍官、外交官、士兵及衛兵。英國特別力主對那些在修建泰緬鐵路時殺害成千上萬條生命的戰犯提起公訴。除了在東京審判被定罪的二十五人之外，還有四千三百名日軍官兵被以強姦、虐待戰俘以及謀殺等罪名定罪，其中一千人判死刑，其餘判無期徒刑。不過，很多戰犯都獲得減刑。

第二十九章
史上最殘酷時代的終結

白宮，華府
一九四八年冬
日間

當保羅·提貝茲上校走進橢圓形辦公室時，二戰已經結束三年多了。除了他這位資深飛行員之外，總統還同時邀請了另外三人前來會面片刻。提貝茲上校和斯帕茨將軍、杜立德將軍、大衛·席倫上校（Dave Shillen）從五角大廈一起驅車前往，路途不遠，很快就來到白宮。不過他們並不曉得被召來的緣由。

提貝茲是艾諾拉·蓋號轟炸機的飛行員，二戰後一直忙得不可開交。雖已小有名氣，但從太平洋戰區飛回家鄉後，很快就退出公眾人物的生活，低調處理婚姻矛盾，並繼續他的空軍生涯。

回首一九四五年九月，二戰剛結束，美軍大量進駐日本，提貝茲是和佔領軍一起進入東京的第一批飛行員。幾乎就在第一生命大廈報到的同時——毗鄰東京中心的皇居，道格拉斯的盟部的所在地——提貝茲就收到命令，要將一名日本物理學家送到廣島，讓他研究原爆後的情況。這是提貝茲一生唯一一次有機會可以親臨艾諾拉・蓋號轟炸過後的廢墟。

事與願違，廣島附近的機場不適合大型飛機降落。因此，提貝茲將都築正男教授（Masao Tsuzuki）送到長崎，和艾諾拉・蓋號的幾個組員一起在那兒待了三天。提貝茲和同行的飛行員被日本人的友善所感動，難以將這種表現和「攻擊並殺死美國飛行員的野蠻暴民」連結在一起。

提貝茲上校、投彈手費勒畢少校以及領航員狄奧多・「荷蘭人」・馮・柯克上尉（Theodore "Dutch" Van Kirk）住在濱水區的賓館，這裡環境恬靜宜人，牆壁是竹子，屋頂是茅草建成。提貝茲無意中發現，這個區域曾經也是長崎原爆的目標地點。如果不是投彈當天烏雲密佈，博克斯卡號在偏離原有目標位置幾英里的地方投彈，這座古香古色的賓館將不復存在。

外號「胖子」的原子彈強大破壞力，讓美國軍官們震驚。「一整個地區被夷為平地，彷彿龍捲風襲擊過一般。」

「然而奇怪的是，我並未看到死亡的跡象。周圍沒有一具屍體，」提貝茲之後寫道，「這次短暫的來訪讓我對日本人民充滿敬意，雖然不久前他們曾是敵人。」

當提貝茲、斯帕茨、杜立德和席倫來到橢圓形辦公室時，杜魯門並不在座位上。投下原子彈是否符合道德的問題，仍然瀰漫在這間神聖的房間裡，接下來幾十年也不會有答案。奇怪的是，四名空軍軍官到來，卻只安排三張椅子。有一人必須站著。

他們幾個當中位階最高的是斯帕茨，他最近被選為首位美國空軍參謀長。一九四五年六月，是斯帕茨要求出具書面命令以授權投原子彈。按照禮節，他應該坐在右邊最遠的那張椅子。

杜立德的飛行生涯是最具傳奇色彩的，他在一九四二年指揮的東京轟炸，也就是後人皆知的「杜立德空襲」。他是軍階排行第二的，將軍坐在斯帕茨的左邊，即中間的椅子。

席倫上校和提貝茲是同階。他們誰坐下誰站著都還不太清楚。

白宮管家阿隆佐·菲爾茲（Alonzo Fields）馬上介入。

「斯帕茨將軍，」菲爾茲說，指著一張椅子，「你願意坐在面朝桌子的位子嗎？」

不出所料，斯帕茨坐在最右邊的位子。

提貝茲依然站著。在軍隊待了差不多十五年，他知道不說話是最好的。

白宮管家根據總統的指令，把提貝茲帶到總統書桌的另一邊，示意他坐在面對另外三張椅子的那個位子，在杜魯門的右邊，讓提貝茲深感意外。

驚訝的保羅·提貝茲在那個位子坐下了。

大家邊喝咖啡，邊等候總統的蒞臨。十分鐘後，杜魯門面帶微笑走進來，軍官們馬上起立。

「坐、坐。」杜魯門高興地說，大家都放輕鬆了。

自四年前總統走馬上任以來，他從一個彈鋼琴的副總統變成了世界上最重要的政治家之一。

但這並不表明從戰爭到和平的過渡是輕而易舉的。美國和蘇聯的緊張關係始於二戰即將結束的時候，現在繼續惡化，因為俄羅斯不放棄擴大共產主義在全球的影響力。一九四五年，杜魯門在波茨坦告訴史達林，美國擁有了超級武器。那時他感受到權力的強大，但現在感覺變弱了許多。有情報顯示，蘇聯遲早會研發出原子彈[1]。

除了與俄國的爭端，杜魯門口無遮攔的特點使他與美國部分選民疏離。許多人指責經濟發展遲緩，認為他是個糟糕的領袖。有時他的支持率下降到百分之四十以下，選民普遍認為杜魯門不會再次競選連任——他的支持率一定會讓他輸得徹頭徹尾。

然而，杜魯門的確有些功績。一九四五年他片面選擇麥克亞瑟任駐日盟軍最高統帥的決定是受到認同的。麥克亞瑟成功地把日本從昔日的敵人改造成新的盟友，重建了斷垣殘壁的日本，阻止它像周邊的亞洲國家那樣擁抱共產主義。

私底下，杜魯門現在認為任命麥克阿瑟是個錯誤。他不再信任這位將軍的決定，認為麥克亞瑟的自我把日本變成了他個人的領地。但目前為止，杜魯門只是心裡這樣想，並沒有對外說過。

杜魯門保持微笑，他看著書桌周圍坐著的一排空軍軍官，開始了短暫的會見。

「斯帕茨將軍，恭喜你成為首位空軍參謀長。」總統說道。

「謝謝，總統，」斯帕茨回答，「非常榮幸，我很感激。」

杜魯門將視線移向杜立德，恭祝他一九四二年對東京發動了傳奇式的空襲行動，震驚了日本上下，中型轟炸機從航空母艦起飛的壯舉，曾經被認為是不可能的。「駕機從航艦上起飛是件了不起的事。」杜魯門讚歎道。

「不足為奇，總統先生。」向來自信的杜立德回答。

對席倫，杜魯門說明了他了解戰後航空科技的最新情況。「席倫上校，我想祝賀你卓有遠見，看到了空中加油的發展前景。我們終有一天會非常需要它。」

「非常感謝，總統。」

最後，杜魯門面向提貝茲上校。一開始總統什麼也沒說，用這些時間建立某些聯結。

經過了漫長的十秒鐘，總統還是沒有說話。

「你怎麼想？」杜魯門最後開口問道。

「總統先生，」提貝茲回答道，他非常清楚杜魯門在說什麼，「我認為我完成了任務。」

杜魯門拍了一下桌子，拍得戰後才放在桌上的那塊具有傳奇色彩、寫著「責無旁貸」的牌子嘎嘎響。

「你幹得真他媽的好。是我讓你去幹的。」

八個多月之後，午夜前的二十分鐘，東京的巢鴨監獄，佛教徒和監獄僧人花山信勝，是七名甲級戰犯的教誨師。今晚戰犯將上刑台，他在監獄的佛壇與每一個犯人共度了最後時刻。這天是一九四八年

1 原註：蘇聯於一九四九年八月二十九日首次成功試爆原子彈。

十二月二十二日。

兩個美國牧師將見證死刑，但花山不被允許進入刑場。隨著每個人結束佛教儀式，牧師再向東條英機以及前首相廣田弘毅等殺人狂告別。

九名證人將親眼目睹戰爭最後篇章的開始。劊子手、衛兵、獄卒和法院代表一共二十人將在刑場見證。戰犯家屬並未受到邀請。刑場裡的每個見證人都收到了嚴格的指令，不得有不合宜的行為，也不准拍照。

執行令規定，絞刑將在十二月二十三日午夜後盡快執行。巢鴨監獄刑場非常小，只能放得下四具絞索，戰犯必須分兩批執行。當時間指向十二點鐘時，每個戰犯都穿著美軍清潔工的制服，沒有佩掛任何軍事相關的標記。

他們上腳鐐，腰上繫腰帶。每名囚犯將由兩名美國衛兵陪同走上絞刑台。第一組四名戰犯都是大將：土肥原賢二、松本石根、武藤章和東條英機[2]。

腳鐐匡噹作響，這一組人朝著絞刑台走去，走上十三級台階到達平台。劊子手站在一邊。他的三位助手在每個死刑犯頭上套了一塊黑布。套索緩緩從黑布上方降下來，緊緊地勒住他們的脖子。

第二組戰犯行刑的過程也一樣：板垣征四郎大將、廣田弘毅、木村兵太郎大將[3]。

絞刑進行了二十分鐘。僧人花山信勝之後寫道，在凌晨十二時零一分他聽到了活板門搖晃打開的聲音，再次聽到這個聲音是凌晨十二時三十分。

踩上活板門後九十秒，每個人都在繩索下搖晃著。接著屍體被搬走、火化，骨灰灰飛煙滅，這樣就不會有神社來供奉他們的遺體。

東條英機，這個導致二戰太平洋戰場百萬人喪命的人物，臨終時說他很抱歉。

曾經狂妄自大、殺人成癮的首相現在如此落魄。

因此，聖誕前兩天，日本殺人狂不復存在了，史上最殘酷的時代告一段落[4]。

---

2 原註：土肥原賢二大將是個吸鴉片成癮的指揮官，他領軍入侵滿洲，隨後又征服了中國人；松井石根大將被指控主導了南京大屠殺；武藤章大將負責在中國、蘇門答臘和菲律賓展開非人道行動；東條英機是把日本帶進戰爭的首相。

3 原註：板垣征四郎大將有八項戰爭罪行確定，包括非人道對待戰俘。日本入侵中國時，前首相廣田弘毅當時掌權，因侵略和進一步擴大戰爭而被判刑。木村兵太郎協助東條英機，也在亞洲各地指揮作戰，他因同意放寬日軍殘忍對待盟軍戰俘而受到指控。

4 原註：與一九四八年十二月二十三日被處死刑另外六人一樣，東條的遺體也被火化了。儘管美國人做出了最大的努力，他的骨灰還是被保存在東京一處公墓和靖國神社，靖國神社是一個仍然有爭議的紀念館，用來供奉在日本戰爭中光榮死去的人。附近遊就館裡的陳列品呈現著修正主義歷史思潮，聲稱美國是大東亞戰爭——日本對二戰太平洋戰場的稱呼——中的種族主義侵略者。行刑前不久，東條把他的勳章送給了一名美國獄卒。

第三十章

我的父親

紐約市，紐約州
一九四九年九月十日
上午九時

來自布魯克林的年輕海軍少尉看著他那一頭褐髮的妻子，她正抱著他們剛出生的孩子。孩子長得很大，有十磅多。少尉從太平洋戰場回來已經兩年了，現在正過著新生活：當了爸爸，開始養家。

威廉·詹姆斯·歐萊利（William James O'Reilly）希望他剛出生的兒子會繼承祖輩的傳統，成為一個勤奮工作的愛爾蘭天主教徒，重視家庭和忠誠超過金錢和物質財富。他和新婚一年的妻子安潔拉（Angela）剛剛有了一個男嬰，他們非常興奮，叫他「比利」，全名「小威廉·詹姆斯·歐萊利」。

比爾和安潔拉一九四八年在紐約市聖派翠克大教堂結婚。當時新娘已經有了一份好工作，在曼哈頓上西區的哥倫比亞長老教會醫院當物理治療師，小比利就是在那裡出生的。歐萊利少尉有聖法蘭西斯學院（Saint Francis College）的學位，還在聖十字學院接受過軍事訓練，現在正面臨職業選擇。有了孩子以後，就更要盡快做出決定了。

新婚夫婦住在紐澤西北部喬治華盛頓大橋附近。他們手頭很緊。少尉已經開始後悔離開了海軍，因為在軍中生活穩定，也不會對未來迷茫。和許多同伴不一樣，老比爾・歐萊利熱愛服役的時光。佔領日本的經歷讓他學會尊重日本人，在他看來，即使面對被佔領，日本人還是有紀律的忍受著一切。

威廉・歐萊利少尉。（From the collection of Bill O'Reilly）

少尉沒多久就搬家，把妻子孩子帶到熱鬧的紐約市郊，長島的萊維敦。這裡正大量建造廉價房屋，還給老兵提供優惠房貸。一座簡樸的兩房售價是八千美元。比爾和安潔拉將終生住在那裡。

爸爸一直很懷念海軍生涯，也津津樂道自己的二戰經歷。他堅信，如果麥克亞瑟登陸日本本土的計畫最終實施的話，自己一定會戰死。當時他所在的奧奈達號，計畫運輸幾百名陸戰隊官兵前往日本近岸。後來，父親才知道，當時日本幾千名神風特攻隊員就在那裡虎視眈眈，等著襲擊美國艦隊。這場大屠殺一旦發生，將會是毀滅性的結果。

少尉歐萊利和妻子、兩個孩子——我妹妹珍妮特（Janet）兩年後出生——在一九五〇年代到六〇年代建設了又一個傳統美國家庭。爸爸從來沒做過什麼賺大錢的買賣，快三十年來一直幹著初級金融分析師的工作。他是大蕭條年代出生的孩子，最珍惜的就是穩定的收入。因此他選擇安定下來做一份平庸的工作，任由自己的溝通天賦被埋沒。

爸爸通常很少回首當年，但他確信一件事——他幾次跟我講過——他本人的生命，以及隨之而來的我的生命，想來很有可能是被一顆可怕的炸彈、一個冒著千夫所指，至今仍有爭辯空間的總統級決策所挽救的。

但對於當時，年輕少尉和他如今已長大成人的兒子而言，沒有什麼好爭辯的，只有鐵一般的事實：如果那時沒用上原子彈，很可能你現在就讀不到這本書了。

後記

裕仁天皇被麥克亞瑟將軍剝奪了所有權力。不過，將軍覺得裕仁仍然是日本民族的精神象徵，對於日本修復戰後創傷非常重要。因此，麥克亞瑟悄悄下令免除裕仁所有的戰爭罪責。為了隱瞞真相而讓人們相信天皇沒有直接參與戰爭，也沒有參與暴行，麥克亞瑟和裕仁密謀在戰爭罪被告的證詞上做手腳。最近幾十年來，日本歷史修正主義者拒絕接受「天皇非神」的說法，認為天皇《人間宣言》中的措辭只是用一種迂迴的方式來安撫美國的侵略勢力。

「侵略勢力試圖切割天皇和日本人民之間的連結，」東京備受爭議的靖國神社和遊就館裡的一塊紀念匾上寫道，「他們廣泛宣傳天皇在新年發表的《人間宣言》，是『天皇關於人性的宣言』，但事實上天皇只是說要回歸明治天皇（一八六八年）發表的御誓文中的原則。」

戰後，得知日本戰犯的骨灰被秘密供奉在東京都心的靖國神社內，裕仁大感不快。戰爭結束到他去世的四十多年裡，裕仁經常出席公眾場合，歡迎外國元首來訪東京，還出國會見英國伊莉莎白女皇二世（Queen Elizabeth II）和美國總統福特（Gerald Ford）。一九七五年，他拍了一張舉世聞名的照片：參觀加州迪士尼樂園時與一位「另類」領袖——米奇老鼠合影。在位六十三年後，裕仁天皇於一九八九年一月七日去世，終年八十七歲。據說他入土的時候手腕上戴了一只米奇的手錶。

歐本海默在原子彈空投引爆，及曼哈頓計畫被詳細披露後一舉成名。他成了《時代》和《生活》雜誌的封面人物，被譽為開啟核能時代的知識分子。歐本海默曾試圖回歸學術界，但後來他意識到對教學的熱情已經淡去，接受智庫普林斯頓高等研究院的院長職務。他主張核武軍備控制。一九五二年，新的武器——氫彈的試爆迎來了熱核武器的時代，其威力遠遠超過在廣島和長崎的原爆。新武器其實需要原子反應來觸發更強大的熱核爆炸，由此有了這樣的說法：「所有的核子武器都是原子武器，但不是所有的原子武器都是核子武器。」

如今，包括美國、俄羅斯、以色列、英國、法國、中國、巴基斯坦、印度和北韓等國家，擁有或懷疑擁有發動核子戰爭的能力：估計當前共有一萬六千三百枚核彈。

歐本海默的安全許可在一九五三年被中止，一九五四年被完全註銷。FBI指控他與共產黨有瓜葛。後來翻閱解密文件發現，歐本海默從沒背叛過美國，而且幾次拒絕了蘇聯克格勃要他當間諜的要求。然而，在六十二歲的歐本海默於一九六七年二月十八日死於喉癌後很久，他的嫌疑才得以洗清。妻子凱蒂——歐本海默有過幾次出軌但仍然沒有和妻子離婚——火化了他的遺體，在維京群島（Virgin Islands）他們的海邊房子附近，把骨灰罈埋在海邊。後來這棟房子在暴風雨中被毀，所以也不知道骨灰罈安放何處，只留下謎團——正如歐本海默本身就是個謎一樣。

原子彈對廣島和長崎的影響遺留了幾十年。兩座城市都已經改頭換面，所有的建築都是鋼筋水泥結構，就像那些在爆炸中倖存下來的建築一樣。在廣島，傳奇性的原爆圓頂館，成為在戰爭時期使用第一枚原子彈的永恆象徵。T型相生橋是艾諾拉・蓋號的目標點，在原爆中倖存了下來，後來好幾年也依然屹立不倒。然而，原子彈造成的結構性損毀最終還是顯現了出來，橋樑後來要重建。

原來的藝備銀行也倖免於難，不僅仍然矗立在那，還免費開放參觀。這棟建築的很多東西都沒變，出納櫃台還是在原來的位置，不過翻新了。遊客可以從街上走九級台階來到這棟鋼筋混凝土結構的大樓，感受一下高藏信子上班的早到習慣，是如何在一九四五年八月六日早上救了她一命。

長崎距廣島西南不到四小時的新幹線車程。那裡，鄉間的崎嶇路況顯示，奧林匹克行動將需要克服非常惡劣的地勢。長崎的忙碌港口和碼頭是眾多遊輪、商船，以及日本軍艦經常往來的航點。離市中心兩英里電車車程的巨大光滑石碑，標記這裡曾是原爆的爆心點（這與廣島原爆點紀念處形成鮮明對比，廣島的只是放在小巷子裡的一小座石碑，上面還把「Enola Gay」錯拼成了「Enora Gay」）。

如同廣島，長崎並沒有停留在原爆的陰影裡無法走出來。兩座城市現在都因為原爆而成了旅遊景點。當地詳細介紹原子彈破壞力的紀念碑和紀念館都非常值得一去。

愛因斯坦是原子彈之父。他在一九〇五年提出了著名的方程式 $E = mc^2$，解釋了質量如何轉化為能量，奠定了核爆的理論基礎。這位出生在德國的物理學家於一九三三年訪問美國，當時希勒特剛上台。他選擇不回國，因為第三帝國不接納猶太人。一九四〇年，六十一歲的愛因斯坦獲得了美國籍。前一年，他給當時的總統羅斯福寫了一封信，提醒他注意納粹德國研發原子彈的野心，導致了曼哈頓計畫的成立，也開啟了美德之間開發原子彈的競賽。

然而，愛因斯坦不被允許參加曼哈頓計畫。聯邦調查局認為，他公開承認是反戰主義者，還是個充滿同情心的自由主義者，因此是極大的安全隱憂。聯邦調查局局長胡佛留有一份關於愛因斯坦的秘密文件，但一直沒能證明這位物理學家和共產黨有關係。愛因斯坦的許多朋友都搬到了洛斯阿拉莫斯參加曼哈頓計畫，他們一直告訴他計畫的進展。

一九四七年，愛因斯坦在紐澤西州普林斯頓的原子能科學家緊急委員會（The Emergency Committee of Atomic Scientists）工作。作為委員會成員，他在一封信裡寫道：「吾等科學家言之鑿鑿：吾等當抉擇——今後數載，為或不為，無論成敗，皆可決定文明之命運也……」

「今原子彈降禍，芸芸眾生皆為同胞，此易見之理也。信之從之，則人類發展更進一步；拒之背之，任民族主義之仇恨狼吞虎噬，則自取滅亡耳。」

一九五五年，愛因斯坦因腹主動脈瘤病逝，享年七十六歲。愛因斯坦的遺體火化前，普林斯頓大學附屬醫院一個病理學家擅自把他的大腦取出作為科學研究。

提貝茲上校餘生都因執行廣島任務而備受爭議。然而他從來沒有讓步，堅信自己的所作所為是正確的。艾諾拉·蓋號本身也未必就免遭悠悠之口，華盛頓史密森尼學會旗下的國家航空航太博物館（Smithsonian's National Air and Space Museum），在她被忽視多年後計畫對其翻修、公開展覽，紀念二戰結束五十週年。技工花了二十年、三十多萬工時才把飛機恢復原狀。展覽的主題是愧悔，認為美國不該投下原子彈，而且如果進攻日本本土的話，前幾個月美軍的死亡人數將少於三萬一千人。後來由於來自老兵的壓力，展覽改變了主題，讓遊客各自解讀投放原子彈的是非。艾諾拉·蓋號如今在國家航空航太博物館維吉尼亞州尚蒂利（Chantilly）的史帝文中心（Steven F. Udvar-Hazy Center）展出。

博克斯卡號——長崎任務的轟炸機，也以重金修繕。如今在俄亥俄州代頓的萊特—派特森空軍基地的美國空軍國家博物館（National Museum of the US Air Force）展覽。

艾諾拉·蓋號的提貝茲上校和博克斯卡號斯維尼少校，在他們漫長的軍旅生涯中都升上了將軍。提貝茲一直留在空軍，對螺旋槳轟炸機到噴射式轟炸機的改進貢獻卓著。斯維尼戰後退出現役，但仍然在麻州空軍國民兵（Massachusetts Air National Guard）當飛行員。斯維尼於二〇〇四年在波士頓去世，終年八十四歲。提貝茲九十二歲去世，生前要求被火化而不是土葬，這樣抗議者就不會把他的墓園當成反核集會的據點。他的骨灰撒在二戰期間曾多次飛過的英吉利海峽。

橋本以行，擊沉印第安納波利斯號的伊五十八號潛艇艦長，在海上得知了原爆的消息。他和潛艇官兵以為這些消息只是美國人的虛張聲勢。八月十五日，伊五十八號回到母港，剛好得知日本投降的消息。

雖然戰爭結束了，但橋本以行升官了，被任命為雪風號驅逐艦艦長，還被派去中國帶那裡的日本軍人回來。然而，美國海軍仍然對印第安納波利斯號的悲劇耿耿於懷，於是傳喚橋本以行去調查馬克威艦長的軍事法庭作證。

一九四五年十二月十一日，橋本在華府出庭，表示當時馬克威根本救不了官兵，應該被判無罪。話雖如此，馬克威還是被判有罪。橋本於一九四六年回國後不久就從日本海軍退役。後來，子承父志，橋本也成了神道教神社的宮司。他於二〇〇〇年十月二十五日去世，終年九十一歲。

珍．麥克亞瑟，麥克亞瑟的妻子，終年一〇一歲。二〇〇〇年，在丈夫離世三十六年後，珍在紐約市壽終正寢。她為麥克亞瑟紀念館的建造付出了巨大貢獻，麥克亞瑟紀念館位於維吉尼亞州的諾福克，是一座博物館加研究中心。在紀念館的建設過程中，珍是董事會主席，並以九十一歲高齡為紀念館剪綵。

一九八八年，雷根總統授予總統自由勳章（Presidential Medal of Freedom）。一九九四年，明仁天皇和美智子皇后訪美，曾私下拜訪珍在紐約華道夫酒店的寓所。麥克亞瑟將軍去世後，她一直沒再婚，死後也和丈夫一起安葬在麥克亞瑟紀念館。

亞瑟·麥克亞瑟四世，麥克亞瑟將軍的獨子，仍然在世。他的行蹤已經成為流傳於街頭巷尾的傳奇故事。七十七歲[1]的他早已改名換姓為大衛·喬丹（David Jordan）。二〇一四年，他得到六十五萬美元的安家費，供他搬離在曼哈頓五月花酒店租住的公寓。他去了格林威治村（Greenwich Village）[2]，聽說在那裡成了一名鋼琴師，不與任何把他和麥克亞瑟這個名字聯繫起來的人接觸。

後來幾位的美國總統都曾在二戰中當過兵，其中有海軍軍官吉米·卡特（Jimmy Carter）和喬治·布希（George Bush）。

1 譯註：一九三八年出生的亞瑟·麥克亞瑟，二〇二〇年時是八十二歲。
2 譯註：美國紐約市曼哈頓一個地區，是作家、藝術家等聚居的地方。

當時，卡特還是海軍官校的學生，就打算要在戰時轉為現役。他於一九四三年入學，一九四六年畢業。如果戰爭還沒結束，他和同學一定會被派去太平洋戰場參加針對日本本土的海上作戰。卡特後來在「密西西比」號戰艦（USS Mississippi, BB-41）服役，該艦曾在太平洋戰場上活躍。一九四八年，他轉到潛艦部隊，是第一批核動力潛艦官兵之一。卡特於一九五三年從海軍退役。

喬治．布希，美國第四十一任總統，於一九四二年十八歲時加入海軍，十九歲生日前成為海軍飛行員。派往太平洋戰場，執行了五十八次飛行任務。一九四四年九月二日，正是日本投降前一年，他的復仇者式俯衝轟炸機，被敵人高射砲擊中，他被迫跳傘並成功到達安全地帶，然後乘著救生筏在海上漂浮了四小時，最後被一艘美國潛艇搭救。後來他到聖哈辛托號（USS San Jacinto, CVL-30）輕型航空母艦報到，繼續飛行任務。一九四四年十二月，服役滿十五個月，布希被派往維吉尼亞州諾福克海軍基地擔任飛行教練，直到一九四五年九月日本投降後從海軍退役。

布希總統和卡特總統都應作者比爾．歐萊利的要求，對杜魯門總統投放原子彈的決策提出了看法。在布希總統的提議下，兩人所寫的信首次在本書公開。克林頓和歐巴馬總統拒絕就杜魯門的決策表態。

杜魯門和麥克亞瑟的關係到最後是不歡而散。二戰最後的餘韻一直到一九五二年四月二十八日才消退，當時美國通過舊金山和約結束了對日本的佔領，兩國之間正式言和。那時，道格拉斯．麥克亞瑟身為盟軍最高統帥的任期早就結束了。一九五〇年六月二十五日，共產陣營北韓攻打其南面鄰國，麥克亞瑟被任命為美國和南韓部隊的指揮官，負責擊退共產陣營的來襲。一九五〇年九月，麥帥成功實施了史上重要的兩棲登陸行動之一：源源不絕的軍隊登陸上岸，遠遠越過敵人在仁川的防線，奪回當時的南韓首都漢城。一九五〇年十月，杜魯門總統飛往威克島與麥克亞瑟討論韓戰的狀況，並準備授予傑出服役勳章（Distinguished Service Medal）——麥克亞瑟的第五枚同樣的獎章。

然而，會談不歡而散。杜魯門一開始就非常惱火，因為麥克亞瑟讓總統足足等了四十五分鐘才從飛機上下來。此外，麥克亞瑟對待總統就像對待同等地位的人一樣，才初次見面就跟總統握手而不是向總統敬禮。杜魯門從來不會忘記別人的怠慢或炫耀之舉。他一直對麥克亞瑟耿耿於懷，麥帥曾公開質疑他的太平洋外交政策，稱之為「綏靖和投降主義」的戰略——還被寫進官方文件《國會紀錄》（Congressional Record）裡[3]。

而這次麥克亞瑟姍姍來遲，更增添了杜魯門對他狂妄自大性格的不滿，他覺得麥克亞瑟簡直太離譜了。將軍不回別人的電話，因為他覺得這不符合他「國家元首」的身分。當被要求向美國國務院報告朝鮮半島危機時，麥克亞瑟大刺刺地說：「我是國家元首，幹嘛要向他們匯報？杜魯門總統會去匯報嗎？英國國王或其他國家的領袖會要匯報嗎？」

威克島會議之後，韓戰局勢開始不利於麥克亞瑟。中國軍隊與北韓聯手阻擋美軍前進的步伐。麥克

3 編註：美國國會參、眾兩院的議事實錄。

亞瑟根本不聽杜魯門直接給他的命令，而是想著擴大戰爭規模，把戰線向北推進到中國境內跟那些入侵的共產黨分子抗爭。

一九五一年四月五日，麥克亞瑟違逆杜魯門的意願，下令美軍向中國領土滲透進去。當時，麥克亞瑟聲名顯赫，解職他將會造成一場政治風暴，但杜魯門不為所動。四月六日，他召集高級顧問開會，談論有關解雇妄自尊大的將軍一事。不過問題的根本是，文官在軍事政策上到底有沒有發言權。很明顯，麥克亞瑟按照自己的意志與北韓和中國的交戰，完全不在意乎美國總統的職權[4]。

參謀首長聯席會議很快表達了意見，贊同以抗命為由將麥克亞瑟解職。四月七日，杜魯門在有關參謀首長聯席會議的日記裡寫道：「大家一致同意解任麥克亞瑟。所有四人均如是提議。」

但在一九五一年四月十一日，杜魯門正式宣告解除麥克亞瑟的指揮權時，民眾大舉抗議，表示強烈支持麥帥。杜魯門的支持率再次盪到谷底。雖然如此，四月十一日華府時間晚上八點，麥克亞瑟還是被解職了。杜魯門授意陸軍部長小法蘭克·培斯（Frank Pace Jr）傳話給麥克亞瑟，但培斯沒有收到正式命令。麥克亞瑟是在東京和妻子共進午餐時，從廣播裡聽到自己被解職的消息。

這結束了麥克亞瑟的軍旅生涯。他榮歸故里，紐約市準備了盛大的遊行隊伍熱烈歡迎他，圍觀群眾有七百多萬人，在曼哈頓街道上綿延十九英里。三千多噸碎紙片從窗戶、陽台和屋頂飄落。

而同時也出現了彈劾杜魯門的呼聲。由於支持率跌至百分之二十二，他不得不放棄一九五二年的大選。

麥克亞瑟餘生過得錦衣玉食，他和妻兒居住在紐約華道夫大廈的頂層寓所。一九六二年，他在西點軍校發表了著名的演說《責任、榮譽、國家》，結尾是如此寫道：

我已老耄，黃昏已至。我的老年已快結束，聲音與顏色都漸黯淡。它們經由往事的夢境而漸漸消逝。它們的回味是奇美的，有淚水的滋潤，也有昨日微笑的撫慰。

那時到來，我會急切的聽著，聽著那迷人的起床號音，聽著那遙遠的召集鼓聲。在我的夢中，我再度聽到槍枝的撞擊聲，步槍的響聲，戰場上奇異而悲傷的低語。

在我夢境的黃昏，我又回到了西點軍校。那裡總是一再迴響著：責任、榮譽、國家！今天是我最後一次校閱你們。但是我要你們知道，當我渡過這條河的時候，我的內心深處仍將思念著西點軍校的同學們，同學們，同學們！

現在我向你們道別了。！

一九六四年四月五日，麥克亞瑟因原發性膽汁性肝硬化病逝，這種疾病會破壞肝臟中的膽管，但病因不明。麥克亞瑟終年八十四歲。入土前，靈柩安放在國會大廈圓拱大廳，約十五萬人排隊瞻仰麥帥遺容。

---

4 原註：杜魯門在一封信裡寫下了他對麥克亞瑟忤逆態度的感受，這封信現為比爾·歐萊利所有，並刊載於本書中。

杜魯門每天習慣長時間散步，並適度喝點加了水的波旁威士忌，因此他一生長壽健康。杜魯門於一九七二年十二月二十六日以八十八歲高齡壽終正寢；妻子貝絲十年後隨他而去。兩人都安葬在密蘇里州獨立城的杜魯門總統圖書館裡。

附錄

附錄（一）杜魯門致魯斯·史都華

THE WHITE HOUSE
WASHINGTON

April 26, 1951

Dear Russ:

Your letter of the twelfth interested me tremendously, and I also want to thank you for sending me the original of Jacob Burck's cartoon. I need not tell you that I am grateful for your favorable comments concerning the replacement of General MacArthur and the speech of explanation to the American people. It seems to me that everyone who stops to think should understand that under our constitutional system military commanders are subordinate to civil authority.

I am very glad that you wrote me, and your prayerful wishes are especially appreciated.

Very sincerely yours,

Harry Truman

Mr. Russ Stewart,
General Manager,
Chicago Sun-Times,
211 West Wacker Drive,
Chicago 6,
Illinois.

白宮

華府

一九五一年四月二十六日

親愛的魯斯：

你的第十二封信極大地引起了我的興趣，我也想感謝你給我寄來了伯客的卡通原畫。我要告訴你，我感謝你對換掉麥克亞瑟將軍，以及向美國人交代事情原委的演說給予正面的評論。在我看來，只要能靜下心來想一想就會明白，根據我國憲法，軍隊指揮官應當服從於政府領袖。

非常高興收到你的來信，尤其感謝你所表達的虔誠祝願。

真誠的

哈瑞·杜魯門

魯斯·史都華先生

總經理

《芝加哥太陽報》

西威克大道 211 號

芝加哥 6

伊利諾州

附錄（二）吉米・卡特致作者

JIMMY CARTER

This is an excerpt from "A Full Life." I haven't changed my mind.

"We… were again at sea about a year later, when we sat on deck and listened to President Truman's nasal voice announce over the loudspeaker that a formidable weapon had been dropped on Hiroshima and that he hoped this would convince the Japanese to surrender. All of us agreed with his decision, because it was generally believed that 500,000 Americans would have been lost in combat and many more Japanese killed if we had invaded the Japanese homeland and it was defended with suicidal commitment by Japanese troops on the ground. We were disappointed when we didn't return to port in time to join in the celebration when Japan surrendered just a few days later."

Sincerely,

Jimmy Carter

吉米・卡特

這是《充實的一生》節選。我的想法如故。

「我們……大約一年後又來到海上，我們坐在甲板上，聽著杜魯門總統對著大聲公用他那鼻音說，一件超強武器已經被空投到廣島，他希望可以就此說服日本投降。我們所有人都同意他的決定，因為大家都認為，如果我們進攻日本本土，日本軍隊和我們拚死一戰的話，就會有五十萬美國人戰死，而日本方面的傷亡將更為慘重。幾天後，我們沒能及時趕回碼頭參加日本的投降儀式，大家都非常失望。」

真誠的，

吉米・卡特

附錄（三）喬治・布希致作者

GEORGE BUSH

January 5, 2016

Dear Bill,

In response to your question, I think Harry Truman did the right thing. Thousands of Americans would have died invading Japan. Maybe even me. My squadron was training for the invasion and close to shipping out again when Harry dropped the bomb. So would I have done the same thing? I think so. At that time, it was the right decision. Tough but right.

I hope this helps. Happy New Year.

Sincerely,

G Bush

Mr. Bill O'Reilly
Anchor
Fox News Channel
1211 Avenue of the Americas
17th Floor
New York, NY 10036-8795

喬治・布希

二〇一六年一月五日

親愛的比爾：

對於你的問題，我認為杜魯門做得對。如果我們攻打日本本土，那麼成千上萬的美國人會喪生，也許連我也會死。我的中隊當時正在為登陸進行訓練，正當我們馬上要再次乘航艦出發的時候，哈瑞投下了原子彈。如果是我，我會做同樣的事嗎？我覺得我會。當時，投放原子彈是正確的決定。這是一個艱難的抉擇，但卻是正確的。

希望我的信會對你有所幫助。新年快樂。

真誠的，

喬治・布希

比爾・歐萊利先生

主持人

福克新聞

第六大道一二一一號十七樓

紐約，NY 10036-8795

附錄（四）小布希致作者

GEORGE W. BUSH

February 9, 2016

Mr. Bill O'Reilly
New York, New York

Dear Bill:

Thank you for writing about this consequential time in our Nation's history, and thanks for asking my opinion.

When Harry Truman took office suddenly in the final months of World War II, he said, "I felt like the moon, the stars, and the all the planets had fallen on me." Yet the man from Missouri knew how to make a hard decision and stick by it.

In the presidency, there are no do-overs. You have to do what you believe is right and accept the consequences. Harry Truman did just that. I admire his toughness, principle, and strategic vision. He led with our country's best interests at heart, and he didn't care much what the critics said.

As an American and the son of a World War II veteran, I support his decision and am grateful.

Sincerely,

George W. Bush

喬治・W・布希

二〇一六年二月九日

比爾・歐萊利先生

紐約，紐約

親愛的比爾：

感謝你記述我們國家歷史上這一重大時刻，也感謝你徵求我的意見。

杜魯門在二戰結束前幾個月才突然上任，他說：「我感覺像是月亮、星星，以及所有的星球都掉在了我的身上。」話雖如此，這位密蘇里人知道如何做出艱難的抉擇並堅持下去。

當總統的，做出的決定無法收回。必須要做你認為正確的事並承擔後果。杜魯門就是這樣。我敬佩他果斷、有原則、有戰略遠見。作為國家領袖，他把國家的最高利益銘記於心，不管別人怎麼指責。

作為美國人，同時也是二戰老兵之子，我支持他的決定，以及感激他的決策。

真誠的，

喬治・W・布希

參考資料來源

撰寫歷史傳記的一大樂趣在於，作者要像偵探一樣對史料抽絲剝繭，再化零為整，如此便可把某一事件或話題寫得有血有肉，躍然紙上。我們查閱了大量資料，如遊記、檔案、政府資料庫、網站、其他作者的作品等，不一而足。我們想感謝維吉尼亞州諾福克市麥克亞瑟紀念基金會（MacArthur Memorial Foundation）的詹姆斯．佐貝爾（James Zobel），他不懈地幫助我們搜尋麥克亞瑟將軍夫婦一些鮮為人知的資料。希望去諾福克的遊客都能到這座少人問津的博物館看看，裡頭提供了大量關於麥克亞瑟生平的資料，還展出了他的眾多私人物品。

海軍戰爭學院（Naval War College）檔案管理主任達拉．貝克爾（Dara Baker）鼎力幫助我們在一部叫《尼米茲灰皮書》（Nimitz Graybook）的文獻裡，查尋尼米茲上將的事蹟。密蘇里州獨立城杜魯門圖書館和博物館的大衛．克拉克（David Clark）也慷慨幫助我們找到了關於這位已故總統生平一些較少人知的細節。和所有總統圖書館網站一樣，杜魯門圖書館網站也詳細介紹了總統在任期間的事蹟，並提供有關杜魯門寫信習慣的詳情。杜魯門政府中大量層級較低官員的資料，也可以在網站上找到。讀者可參閱 www.trumanlibrary.org。

安納波利斯的美國海軍官校博物館（US Naval Academy Museum）應該是每個歷史迷的必遊之地，即使你對歷史的興趣有限，也應該去看看。這座博物館展出了有關美國海軍的一切以及其他文物。

遊客可以看到約翰．威爾克斯．布思（John Wilkes Booth）的靴刺，就是他在刺殺林肯後，從總統包廂跳下來時被旗幟勾到的靴刺。還可以看到傳奇人物約翰．保羅．鐘斯（John Paul Jones）之墓。寫作本書的時候，我們主要關注的是詳細介紹海軍對太平洋戰爭影響的展覽以及大量文物。如尼米茲上將用來簽署日本投降書的鋼筆，以及一九四五年九月二日上午，日本代表交給盟軍的一把軍刀。博物館裡還展出一些在美國海軍史上扮演重要角色的旗幟，如海軍代將馬修．培里一八五三年來到東京灣時懸掛的星條旗。這面國旗後來在日本投降的那個早上掛在密蘇里號上。美國海軍官校博物館也藏有另一面曾在密蘇里號上空飄揚的國旗，但目前沒有展出。感謝檔案管理員吉姆．契夫斯（Jim Cheevers）的大力相助。

海軍官校博物館也有關於珍珠港的精美展覽，也會放映相關影片。但為了完整地了解珍珠港事件，我們建議讀者前往夏威夷的檀香山參觀亞利桑那號紀念館（USS Arizona Memorial），除了在陸上紀念館參觀內容豐富的展覽，欣賞生動描繪偷襲珍珠港事件及事件結果的影片外，遊客還可以乘船親臨亞利桑那號曾經停泊、如今殘骸猶在的地方。許多在亞利桑那號爆炸、沉沒的那個週日早上犧牲的士兵仍然在艦裡沉睡。那些大難不死的，身後也會要求把骨灰放到亞利桑那號裡，如此他們就能和曾經同船的戰友一起長眠。

一旁停靠的密蘇里號戰鬥艦，艦上火砲象徵性地保衛著這座紀念館。外號「大莫」的密蘇里號，如今已成為一座博物館，遊客可以登上船艦，看看當年日本簽署投降書的確切位置。

作者也想感謝華府的史密森尼學會旗下的國家航空航太博物館，以及傑出的二戰文學作家、研究人員布萊恩・索貝爾（Brian Sobel）。

以下是寫作中用到的其他資料，儘管沒有詳盡地一一列舉，但也能為讀者自行做歷史研究時提供方向。

網站、報刊雜誌和檔案：一般性背景知識

報刊雜誌

New York Times, *Life* magazine, *Los Angeles Times*, the *Guardian*, *Washington Post*, *Spokane Daily Chronicle*, *Australian*, *Wall Street Journal*, *Times of India*, Associated Press, *U.S. News & World Report*, *New Yorker*, *Japan Times*, *New York Post*, *Chicago Tribune*, *Marine Corps Chevron*, Fox News, PBS, BBC.

網站

Architect of the Capitol (www.aoc.gov); Office of the Clerk, US House of Representatives (www.clerk.house.gov); National Archives (www.archives.gov), especially dated February 26, 1945, entitled「Captured Japanese Instructions Regarding the Killing of POW」; Battle of Manila Online (www.battleofmanila.org); Congressional Medal of Honor Society (www.cmohs.org); Supreme Court of the United States (www.supremecourt.gov); ＦＢＩ Records—The Vault (https://vault.fbi.gov); Office of the Historian (history.state.gov); Central Intelligence Agency (www.cia.gov); USS Indianapolis (www.ussindianapolis.org); Bulletin of the Atomic Scientists (www.thebulletin.org), especially Ellen Bradbury and Sandra Blakeslee,「The Harrowing Story of the Nagasaki Bombing Mission.」

檔案

Franklin D. Roosevelt Presidential Library and Museum; United States National Archives; Prince ton University Library, The Manhattan Project— US Department of Energy; The George C. Marshall Foundation; US Department of State— Office of the Historian; Library of Congress— Carl Spaatz Papers; Congressional Record, V. 145, Pt. 8, May 24, 1999, to June 8, 1999; Congressional Record, V. 146, Pt. 15, October 6, 2000, to October 12, 2000; National Library of Australia— Trove (archives of the *Argus*); US Naval War College (especially the Nimitz Gray book); Harry S.

Truman Library and Museum; Records of the United States Marine Corps; US Naval Institute *Naval History* Archive; US Army Center of Military History Combat Chronicles of US Army Divisions in World War II.

貝里琉島

Adam Makos with Marcus Brotherton, *Voices of the Pacific*; E. B. Sledge, *With the Old Breed*; John C. Mc Manus, *Grunts*; John Toland, *The Rising Sun: The Decline and Fall of the Japanese Empire, 1936–1945*; Major Frank O. Hough, USMC, *The Assault on Peleliu.*

麥克亞瑟

Douglas MacArthur, *Reminiscences*; Samuel Eliot Morison, *History of United States Naval Operations in World War II*, vol. 13: *The Liberation of the Philippines— Luzon, Mindanao, the Visayas, 1944–1945*; Robert Ross Smith, *Triumph in the Philippines (United States Army in World War II: The War in the Pacific)*; Gavin Long, *MacArthur.*

杜魯門

Jon Taylor, *Harry Truman's Independence: The Center of the World*; Sean J. Savage, *Truman and the Democratic Party*; David M. Jordan, *FDR, Dewey, and the Election of 1944*; Jules Witcover, *No Way to Pick a President*; Margaret Truman, *Harry S. Truman*; Steven Lomazow and Eric Fettman, *FDR's Deadly Secret*; Leslie R. Groves, *Now It Can Be*

Told: The Story of the Manhattan Project; Thomas Fleming, *Truman*; David McCullough, *Truman*; Margaret Truman, *Bess W. Truman*; Steve Neal, ed., *Eleanor and Harry: The Correspondence of Eleanor Roosevelt and Harry S. Truman*; J. Samuel Walker, *Prompt and Utter Destruction: Truman and the Use of Atomic Bombs Against Japan*.

裕仁天皇和日本

Arne Markland, *Black Ships to Mushroom Clouds: A Story of Japan's Stormy Century 1853–1945*; Francis Pike, *Hirohito's War: The Pacific War, 1941–1945*; Herbert P. Bix, *Hirohito and the Making of Modern Japan*; Michael Kort, *The Columbia Guide to Hiroshima and the Bomb*; D. M. Giangreco, *Hell to Pay: Operation Downfall and the Invasion of Japan, 1945–1947*; Douglas J. MacEachin, *The Final Months of the War with Japan*; Tsuyoshi Hasegawa, ed., *The End of the Pacific War: Reappraisals*; Hutton Webster, *Rest Days: The Christian Sunday, the Jewish Sabbath, and Their Historical and Anthropological Prototypes*; Edward J. Drea, *In the Service of the Emperor: Essays on the Imperial Japanese Army*; Noriko Kawamura, *Emperor Hirohito and the Pacific War*; Gavan Daws, *Prisoners of the Japanese: POWs of World War II in the Pacific*; E. Bartlett Kerr, *Surrender and Survival: The Experience of American POWs in the Pacific, 1941–1945*; David M. Glantz, *Soviet Operational and Tactical Combat in Manchuria, 1945:*「*August Storm*」; Stephen Harding, *Last to Die: A Defeated Empire, a Forgotten Mission, and the Last American Killed in World War II*.

陸軍航空軍

Robert Frank Futrell, *Ideas, Concepts, Doctrine: Basic Thinking in the United States Air Force, 1907–1960*; Samuel Russ Harris Jr., *B-29s Over Japan, 1944–1945: A Group Commander's Diary*; James G. Blight and Janet M. Lang, *The Fog of War: Lessons from the Life of Robert S. McNamara*; Edwin P. Hoyt, *Inferno: The Fire Bombing of Japan, March 9–August 15, 1945*; Graham M. Simons, *B-29: Superfortress: Giant Bomber of World War 2 and Korea*; Robert O. Harder, *The Three Musketeers of the Army Air Forces: From Hitler's Fortress Europa to Hiroshima and Nagasaki*; Eric Larrabee, *Commander in Chief: Franklin Delano Roosevelt, His Lieutenants and Their War*.

「三位一體」和原子彈

Everett M. Rogers and Nancy R. Bartlit, *Silent Voices of World War II*; Robert James Maddox, ed., *Hiroshima in History: The Myths of Revisionism*; Gar Alperovitz et al., *The Decision to Use the Atomic Bomb*; Robert Cowley, ed., *The Cold War: A Military History*; Richard Rhodes, *The Making of the Atomic Bomb*; Michael D. Gordin, *Five Days in August: How World War II Became a Nuclear War*; Robert Jay Lifton, *Death in Life: Survivors of Hiroshima*; John Hersey, *Hiroshima*; Paul Ham, *Hiroshima Nagasaki: The Real Story of the Atomic Bombings and Their Aftermath*; Al Christman, *Target Hiroshima: Deak Parsons and the Creation of the Atomic Bomb*; Charles Pellegrino, *To Hell and Back: The Last Train from Hiroshima*; Gerard DeGroot, *The Bomb: A Life*; Tsuyoshi Hasegawa, ed., *The End of the Pacific War: Reappraisals*; Dennis D. Wainstock, *The Decision to Drop the Atomic Bomb: Hiroshima and Nagasaki: August 1945*; Ray

Monk, *Robert Oppenheimer: A Life Inside the Center*; Samuel Glasstone, ed., *The Effects of Nuclear Weapons.*

印第安納波利斯號和美國海軍

Richard F. Newcomb, *Abandon Ship!: The Saga of the U.S.S.* Indianapolis, *the Navy's Greatest Sea Disaster*; Doug Stanton, *In Harm's Way: The Sinking of the U.S.S.* Indianapolis *and the Extraordinary Story of Its Survivors*; Edwyn Gray, *Captains of War: They Fought Beneath the Sea*; Christopher Chant, *The Encyclopedia of Code Names of World War II*; Raymond B. Lech, *The Tragic Fate of the U.S.S.* Indianapolis*: The U.S. Navy's Worst Disaster at Sea*; Walter R. Borneman, *The Admirals: Nimitz, Halsey, Leahy, and King— the Five- Star Admirals Who Won the War at Sea*; Kit Bonner and Carolyn Bonner, *USS* Missouri *at War.*

謝誌

本書是「謀殺」（killing）系列書籍團隊的又一力作。感謝團隊所有成員，出版經紀人艾瑞克．西蒙諾夫（Eric Simonoff），精明敏銳、洞察力強的出版商史蒂夫．魯賓（Steve Rubin），以及性情安靜的天才編輯吉蓮．布萊克（Gillian Blake）。我也對我的電視節目老闆羅傑．艾爾斯（Roger Ailes），以及為我工作二十年、處事沉著冷靜的助手馬可達．烏布內（Makeda Wubneh）表示萬分感激。謝謝你們！

——比爾．歐萊利

感謝好朋友艾瑞克．西蒙諾夫、吉蓮．布萊克、史蒂夫．魯賓的關心以及從專業角度給予的啟發。感謝馬可達．烏布內。感謝德文（Devin）、康納爾（Connor）、利亞姆（Liam）。感謝妻子克萊娜（Calene），她是一位出類拔萃的女性。當然，還要感謝勇敢無畏的比爾．歐萊利。

——馬汀．杜格

狙殺太陽旗：美國如何擊潰大日本帝國

Killing the Rising Sun: How America Vanquished World War II Japan

作者　比爾・歐萊利（Bill O'Reilly）馬汀・杜格（Martin Dugard）
譯者　莊逸抒、劉曉同、劉彥之
主編　區肇威
封面設計　莊謹銘
內頁排版　宸遠彩藝

社長　郭重興
發行人兼出版總監　曾大福
出版發行　燎原出版／遠足文化事業股份有限公司
地址　新北市新店區民權路 108-2 號 9 樓
電話　02-2218-1417
傳真　02-8667-1065
客服專線　0800-221-029
信箱　sparkspub@gmail.com
Facebook　www.facebook.com/SparksPublishing/

法律顧問　華洋法律事務所／蘇文生律師
印刷　成陽印刷股份有限公司

出版日期　二〇二〇年八月／初版一刷

定價／四八〇元

地圖授權 Gene Thorp

Simple Chinese text @ Beijing Mediatime Books CO.,LTD.
本中文繁體版譯文由北京時代華語國際傳媒股份有限公司授權獨家出版發行

狙殺太陽旗 : 美國如何擊潰大日本帝國 / 比爾 . 歐萊利 (Bill O'Reilly), 馬汀 . 杜格 (Martin Dugard) 著 ; 莊逸抒 , 劉曉同 , 劉彥之譯 . -- 初版 . -- 新北市 : 燎原出版 , 2020.08
368 面 ; 14.8 X 21 公分
譯自 : Killing the rising sun : how America vanquished World War II Japan
ISBN 978-986-98382-5-2 (平裝)

1. 第二次世界大戰 2. 太平洋 3. 戰役

712.84 109010560